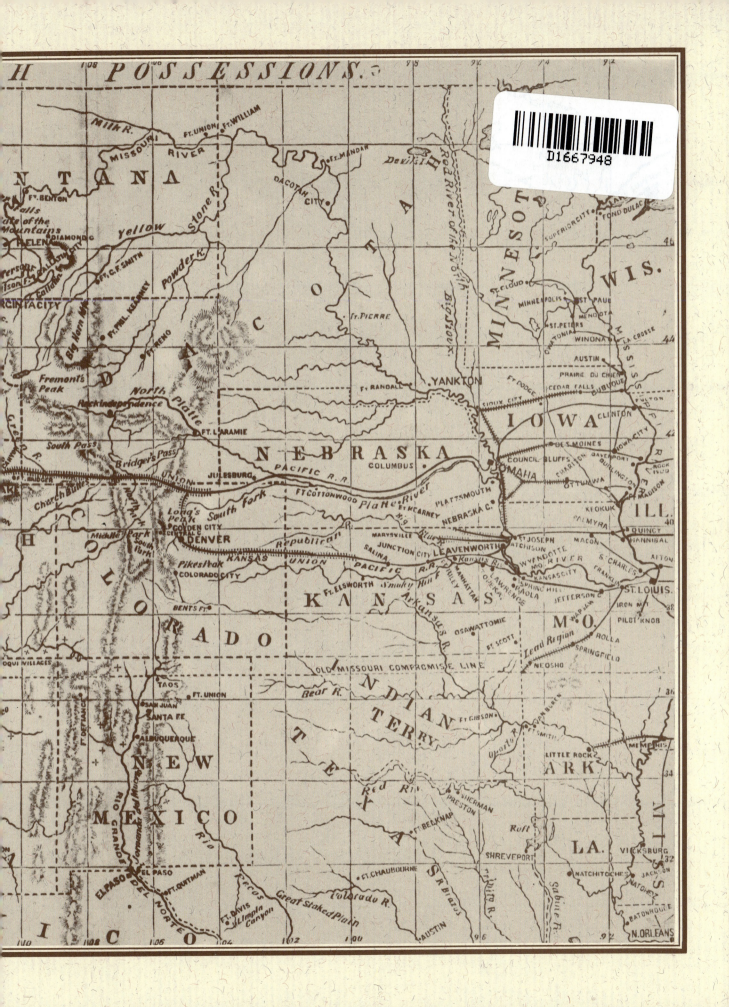

ARMIN M. BRANDT

NICHT NUR HELDEN —
NICHT NUR SCHURKEN

ARMIN M. BRANDT

Nicht nur Helden — Nicht nur Schurken

ABC der großen Namen des Alten Westens

1981

VERLAG C. H. WÄSER · BAD SEGEBERG

Der Außenumschlag zeigt die mühevolle
Überwindung eines Flusses auf dem Oregon Trail

Titelbild: Das letzte Glas vor der Hinrichtung

© by C. H. Wäser 1981
Gestaltung und Herstellung: Verlag C. H. Wäser, Bad Segeberg
Alle Rechte vorbehalten
Bildarchiv: Armin M. Brandt
ISBN 3-87883-005-X

Inhaltsverzeichnis

Vorwort 7

Einführung 9

Johann Jakob Astor (1763 — 1848) 11
Das Pelzhandelsmonopol im Westen

Moses Austin (1761 — 1821) 13
Vater von Texas

Samuel Bass (1851 — 1878) 15
Der Bandit, der an seinem Geburtstag starb

Roy Bean (1825 — 1903) 17
Das Gesetz westlich des Pecos River

Charles Bent (1799 — 1847) 19
Bent's Fort: Die Route nach Santa Fe

Billy the Kid (1859 — 1881) 21
Der Lincoln-County-Krieg

Daniel Boone (1734 — 1820) 23
Der echte Lederstrumpf

James Bowie (1790 — 1836) 25
Ein Messer und sein Erfinder

John M. Bozeman (1835 — 1867) 27
Der Bozeman Trail durchs Land der Sioux

James (Jim) Bridger (1804 — 1881) 29
Fort Bridger am Oregon Trail

Calamity Jane (1852 — 1903) 31
Eine Frau mit vielen Gesichtern

Christopher (Kit) Carson (1809 — 1868) 33
Fallensteller, Offizier und Indianeragent

George Catlin (1796 — 1872) 35
Portraitist der amerikanischen Geschichte

George Rogers Clark (1752 — 1818) 37
Die Eroberung des Nordwest-Territoriums

Samuel Langhorne Clemens (1835 — 1910) 39
Ein Journalist im Wilden Westen

John Philip Clum (1851 — 1932) 41
Der Agent von San Carlos

William Frederick Cody (1846 — 1917) 43
Der Showmann „Buffalo Bill"

Samuel Colt (1814 — 1862) 45
Der Revolver, der ihn weltberühmt machte

David (Davy) Crockett (1786 — 1836) 47
Westmann und Politiker

George Armstrong Custer (1839 — 1876) 49
Die Vernichtung des Roten Mannes

Robert Dalton (1867 — 1892) 51
Unrühmliches Ende in Coffeyville

Grenville Mellen Dodge (1831 — 1916) 53
Pionier des Eisenbahnbaus

Jacob und George Donner (1781/84 — 1846/47) 55
Die Tragödie am Donner-Pass

Wyatt Berry Stapp Earp (1848 — 1929) 57
Der Kampf im O. K. Corral in Tombstone

Hermann Christian Ehrenberg (c. 1810 — 1866) 59
Vermessungsingenieur und Agent

Thomas (Tom) Fitzpatrick (1799 — 1854) 61
Der einzig faire Indianeragent

John Charles Fremont (1813 — 1890) 63
Erforschungen des Topographischen Korps

Charles Goodnight (1836 — 1929) 65
Vom Cowboy zum Rinderbaron

Frank Grouard (1850 — 1905) 67
Der „Weiße Indianer"

John Wesley Hardin (1853 — 1895) 69
Der gefährlichste Revolverheld des Westens

Micajah & Wiley Harpe (c. 1775 — 1804/06) 71
Grenzbanditen in Kentucky

James Butler Hickok (1837 — 1876) 73
Wild Bill: Ein Hüter der Ordnung

Tom Horn (1860 — 1903) 75
Weide-Detektiv in Wyoming

Joseph Christmas Ives (1828 — 1868) 77
Soldat und Forscher

Jesse Woodson James (1847 — 1882) 79
Der Robin Hood der Grenze

Thomas Jonathan Jeffords (1832 — 1914) 81
Häuptling Cochises Bruder

Luther Sage Kelly (1849 — 1928) 83
Sie nannten ihn „Yellowstone Kelly"

James Kirker (1793 — 1853) 85
Der Skalpjäger

Jean Lafitte (c. 1780 — c. 1826) 87
Freibeuter und Patriot

John Doyle Lee (1812 — 1877) 89
Massaker und Sühne auf den Gebirgswiesen

Meriwether Lewis (1774 — 1809) 91
Die erste Überlandexpedition zum Pazifik

William Barclay „Bat"Masterson (1853 — 1921) 93
Vom Westmann zum Sportreporter

Christopher Gustavus Memminger (1803 — 1888) ... 95
Wegbereiter des Fortschritts

Joaquin Murietta (c. 1830 — 1853) 97
Der Brigant von Kalifornien

Frank Joshua North (1840 — 1885) 99
Zwei große Scouts und ihr Pawnee Bataillon

Annie Oakley (1860 — 1926) 101
Der Welt populärster weibliche Scharfschütze

„Osawatomie Brown" (1800 — 1859) 103
Die Saat geht auf in Harper's Ferry

Alfred Packer (1842 — 1907) 105
Der Menschenfresser von Colorado

George Leroy Parker (1866 — 1909?) 107
Butch Cassidy und der Wild Bunch

Isaac Charles Parker (1838 — 1896) 109
Der Frontier-Gerichtshof in Fort Smith

John „Portugee" Phillips (1832 — 1883) 111
Der heroische Ritt nach Fort Laramie

Zebulon Montgomery Pike (1779 — 1813) 113
Die Erschließung des Südwestens

Allan Pinkerton (1819 — 1884) 115
Vorläufer des FBI

Henry Plummer (1837 — 1864) 117
Straßenräuber und Vigilanten

William Clarke Quantrill (1837 — 1865) 119
Glücksspieler und Guerillaführer

Die Reno-Brüder (bis 1868) 121
Das Ende der ersten Eisenbahnräuber

Charles Alexander Reynolds (1842 — 1876) 123
Die Goldfunde in den Black Hills

William Hepburn Russell (1812 — 1872) 125
Die Geschichte des Pony Express

Albert (Al) Sieber (1844 — 1907) 127
Chefscout in der Apacheria

Pierre Jean de Smet (1801 — 1873) 129
Im „Schwarzen Rock" bei den Indianern

Jedediah Strong Smith (1799 — 1831) 131
Der größte Wegbereiter im Westen

Joseph Smith (1805 — 1844) 133
Der Prophet der Mormonen

Bella (häufiger: Belle) Starr (1848 — 1889) 135
Die Banditenkönigin

Johann Augustus Sutter (1803 — 1880) 137
Der Kaiser von Kalifornien

William Matthew Tilghman (1854 — 1924) 139
Friedensoffizier in Oklahoma

Mariano Guadalupe Vallejo (1808 — 1890) 141
Der Gefangene der „Bear Flag"-Revolte

Henry Wells (1805 — 1878)
und
William George Fargo (1818 — 1881) 143
Frachtunternehmer im Westen

Marcus Whitman (1802 — 1847) 145
Missionar in Oregon

Henry Wickenburg (1819 — 1905) 147
Die Geschichte der Vulture-Goldmine

Brigham Young (1801 — 1877) 149
Ein Denkmal im Westen: Utah

Literatur-Verzeichnis 151

Vorwort

Das vorliegende Buch soll ein Beitrag dazu sein, die allgemein verzerrten Vorstellungen über Helden und Schurken in der amerikanischen Pioniergeschichte auszuräumen.

Ich will versuchen, die Männer und Frauen, die bei der Eroberung und Besiedlung des Westens eine Rolle gespielt haben, gerafft zu skizzieren. Dabei ist nicht vergessen worden, wie sie direkt und indirekt aufeinander wirkten oder voneinander abhängig waren.

Anhand von siebzig Kurzbiographien möchte ich aufzeigen, was sich in der Zeit zwischen 1776 (Unabhängigkeitserklärung) und 1901 (Ende der Outlaws) im sogenannten „Wilden Westen" zugetragen hat. Es war ein rauhes Land, aber nur wenige Menschen verdienen die Bezeichnung „wild".

Da ich keine Person bevorzugen wollte, ist eine chronologische Reihenfolge eingehalten worden. Die in halbfett ausgedruckten Namen weisen darauf hin, daß genanntem Pionier ein gesondertes Kapital gewidmet ist.

Der Leser wird gewiß überrascht sein, daß viele deutsche Namen in diesem Buch zu finden sind. Immerhin stammen mehr U.S. Amerikaner von deutschen Vorfahren ab, als von irgendeinem anderen Volk.

Viele der nachstehenden Westleute haben bekannten Autoren für ihre Werke Pate gestanden. Nicht zuletzt finden wir die Person des Tom Jeffords bei Karl May in „Winnetous" Blutsbruder „Old Shatterhand" wieder.

Andere Western-Helden kennt man aus Spielfilmen oder Fernsehserien als „schießende, saufende und Krawall machende Männer in Saloons, in Rinderstädten, beim Bau der Eisenbahn oder als Treckführer".

Der aufmerksame Leser dieses Buches wird erkennen, was sich hinter existenten Wild-West-Figuren wirklich verbirgt.

Da das Niedergeschriebene ein Spiegelbild der wandernden Grenze ist, schließen sich Helden und Outlaws dabei nicht aus. Sie haben auf ihre Weise großen Anteil an der Entwicklung der Vereinigten Staaten.

Armin M. Brandt (DJV)
Memmingen / Allgäu

14. April 1981

Gewidmet
den
Westerners International

Einführung

Die wandernde Grenze

Die ersten Siedler in der Neuen Welt wurden mit einer völlig ungewohnten Situation konfrontiert: Hier gab es keine Grenzen im europäischen Sinn, hier reichten ihre Welt und ihre Macht gerade bis zum Rande der Lichtung um ihr Blockhaus.

Für die Urbevölkerung war solches Denken selbstverständlich: „Mein Jagdgebiet reicht vom Ufer des Flusses bis zu jener Kiefer" oder „Wenn der Büffel seine große Wanderung beginnt, folge ich seinen Spuren" — der Indianer lebte mit und in wandernden Grenzen.

Eine Zeitlang schien es so, als ob Europäer und Indianer auf dieser Grundlage durchaus tragfähige Abkommen schließen könnten. Aber die Versuchung, die „Naivität" der Eingeborenen auszunützen, war zu groß. Gegen Vermessungsbeamte und „gesetzliche" Landzuteilungen waren die Indianer rat- und hilflos.

Vertragsbruch bedeutete Konflikt — doch wer dabei den kürzeren ziehen würde, war gar nicht so sicher. Das Schlagwort von der Überlegenheit der „weißen Waffen" ist mit Vorsicht zu verwenden — bis ins 19. Jahrhundert hinein waren Pfeil und Bogen schneller und dadurch sicherer und tödlicher als die schwerfälligen, einschüssigen Feuerwaffen.

Die wichtigsten Verbündeten der Indianer waren aber die ungezähmte Natur und die Weite des Landes. Jeder Weiße wäre dagegen machtlos gewesen — wäre er nicht bei den Indianern in die Lehre gegangen. Trapper und Pfadfinder konnten nur überleben, wenn sie mit den Indianern Freundschaft schlossen, zum Teil in die Stämme einheirateten und so von den Eingeborenen in die Geheimnisse des Lebens in der Wildnis eingeführt wurden.

Waren aber erst einmal Wege durch das Land gebahnt, gab es kein Halten mehr: Die Übermacht der Weißen rollte über die Ureinwohner und alle Verträge hinweg. Dabei darf man den Weißen nicht immer unterstellen, Verträge nur deshalb geschlossen zu haben, um sie wieder zu brechen.

Das Tempo der „wandernden Grenze" überraschte auch die Weißen. Die Indianer des Südostens wurden in den 1820er Jahren reichlich brutal über den Mississippi geschafft — kaum zwanzig Jahre später wurden sie dort schon wieder von der „frontier" eingeholt.

Für kurze Zeit sah es so aus, als ob die großen Prärien zu einer Art natürlicher Grenze zwischen Weiß und Rot würden. Aber Oregon-Fieber und Goldrausch schlugen auch hier die ersten Breschen, und mit der Eisenbahn kam das endgültige Ende des „indianischen Amerika".

Der Schienenstrang und seine Siedlungen zerschnitten die Wanderwege der lebenswichtigen Büffelherden — als die Bisons hingemetzelt wurden, um für Viehherden Platz zu schaffen, war das Ende der Indianer gekommen.

Für sie blieben nicht einmal mehr Verträge, nur noch schäbige Almosen. Selbst das lächerlich kleine „Indianerterritorium", dessen indianische Nationen sogar eigene Präsidenten und Parlamente besaßen, wurde 1889 aufgehoben, um schließlich zum weißen Bundesstaat Oklahoma zu werden.

Die „Reservationen" der Indianer wurden zersplitterte, armselige Gettos, in denen die einstigen Herren des Landes vor dem — vielleicht? — schlechten Gewissen der Sieger versteckt wurden, und erst heute beginnen die Schatten dieser Vergangenheit die Vereinigten Staaten wieder einzuholen.

Johann Jakob Astor (1763–1848)

Johann Jakob Astor
1763—1848
Das Pelzhandelsmonopol im Westen

„Er ist mit Abstand der reichste Mann Amerikas." Mit dieser Überschrift charakterisierte eine New Yorker Zeitung das Lebenswerk eines Deutschen (1845).

Besagter Großkapitalist war Johann Jakob Astor, der am 17. Juli 1763 in Waldorf bei Heidelberg (Großherzogtum Baden) das Licht der Welt erblickt hatte. Sein Vater war Metzger, und seit frühester Kindheit mußte er im Betrieb mitarbeiten. Trotzdem war es ihm vergönnt, eine Schule zu besuchen.

Die wirtschaftliche Not einer so großen Familie hatte zur Folge, daß seine beiden älteren Brüder Georg und Heinrich in der Fremde ihr Glück suchten. Sie schufen sich eine neue Existenz in London als Musikalienhändler und in New York City ebenfalls als Metzger. Es scheint ihnen recht gut gegangen zu sein.

Nach dem Tod der Mutter und veränderten häuslichen Verhältnissen trieb es den 17jährigen Jakob auch nach England. Dort arbeitete er für George.

Als 1783 der Friedensschluß von Paris den Vereinigten Staaten die Unabhängigkeit brachte, machte sich Jakob im November des gleichen Jahres nach New York auf. Auch bei seinem Bruder Henry fand er herzliche Aufnahme.

Im Land der unbegrenzten Möglichkeiten gab es für den an Arbeit gewöhnten jungen Deutschen rasch eine Beschäftigung. Bereits 1786 verfügte er über einen eigenen kleinen Laden, wo er auch Musikinstrumente verkaufte. Die Verehelichung mit Sarah Todd brachte ihm eine Mitgift von $ 300 in bar ein — zweifellos der Grundstock zum späteren Reichtum.

Schon während der Überfahrt nach Amerika hatte sich John Jakob in Gesprächen mit anderen Passagieren ein Bild machen können, was ihm die Neue Welt bieten werde. Würde er diese Eröffnungen mit seinen Kenntnissen um die Notwendigkeiten auf dem europäischen Markt verknüpfen, so ließe sich ein gewinnbringender Handel mit Pelzen aufziehen.

Diese Überlegungen und die Tatsache, daß der Pelzhandel in Amerika seinen Anfang nahm, waren zwei Komponenten, die den Grundstein zu Astors weltweitem Pelzhandelsunternehmen legten.

In den wirtschaftlich gesicherten Jahren in New York nutzte Jakob die Zeit, seine Fühler weit ins Land auszustrecken. So hatte er Gelegenheit, an Ort und Stelle die Gegebenheiten zu studieren, sich selbst ein Bild über die Art des Fangs, den Umgang mit den Eingeborenen, die günstigste Transportweise und einen Blick für gute oder schlechte Waren anzueignen.

Die im Laufe der Zeit erworbenen Kenntnisse ließen ihn mit sicherem Instinkt den richtigen Zeitpunkt zur Gründung eines eigenen Unternehmens wählen. Der Ausgang der **Lewis** & Clark Expedition und die damit festgelegten Rechtsansprüche der Vereinigten Staaten auf das Louisiana-Territorium, wo auch Kanadier Pelzhandel trieben, führte bei Astor 1807 zum Entschluß, die Mackinaw Company zu kaufen.

Berühmt machte ihn die Gründung der American Fur Company am 6. April 1808 in New York City — mit Astor als alleinigem Besitzer. Das Geschäft blühte, auch mit China. Diese Überlegungen führten dazu, an der Mündung des Columbia River eine befestigte Station zu errichten: Fort Astoria.

Zu diesem Zweck schuf er die Pacific Fur Company, zugleich eine Herausforderung für die von Kanada aus operierende North West Company.

Im September 1810 brach die „Tonquin" unter Kapitän Jonathan Thorn zu einer Fahrt um Kap Hoorn auf. An Bord befanden sich vier Partner und 29 Angestellte nebst lebenswichtigen Ausrüstungsgegenständen.

Sieben Monate später, nach großen Schwierigkeiten bei der Landung an der Mündung des Columbia, konnte mit dem Bau des Handelspostens begonnen werden.

Das gute Verhältnis zu den Indianern nahm eine entscheidende Wende, als Thorn einen Häuptling ohrfeigte. Die Rache folgte auf dem Fuße: Die Besatzung wurde massakriert, und der letzte Überlebende sprengte sich und die Krieger an Bord der „Tonquin" in die Luft.

Inzwischen war im Frühjahr 1811 eine Landexpedition unter Wilson Price Hunt von St. Louis aufgebrochen. Sie folgte weitgehend der Route von Lewis & Clark, bekam aber in den Bergen die Unbillen der Natur zu spüren. Erschöpft erreichten die Männer im Spätherbst ihr Ziel — Fort Astoria.

Somit hatte Astor eine Möglichkeit geschaffen, einen florierenden Handel zu Wasser und zu Land zu betreiben.

Wirtschaftliche Rückschläge, gegen die auch ein so großes Unternehmen nicht gefeit war, entmutigten Astor keinesfalls. 1812 brach zudem der zweite englisch-amerikanische Krieg aus. Die konkurrierende britische North West Company machte ihre Ansprüche auf Fort Astoria geltend und erwarb es schließlich im Herbst 1813 für $ 58 000.

Während sich sein neues Vaterland, bedingt durch den Krieg, in Not befand, half er mit finanzieller Unterstützung. Nach 1815 war Astor schnell wieder bereit, weitere kleinere und mittlere Pelzhandelsunternehmen seiner großen American Fur Company anzugliedern. Im Osten wie im Westen entstanden neue Handelsposten, nachdem sich die Regierung durch Kongreßbeschluß aus dem staatlichen Pelzgeschäft (seit 1796 betrieben) zurückzog.

1822 errichtete die American Fur Company ihr Hauptquartier in St. Louis, damals das Tor zum Westen. Die Blütezeit der Trapper und Mountain Men war angebrochen. Männer wie **Jim Bridger** oder **Tom Fitzpatrick** haben direkt oder indirekt für Astors Pelzmonopol gearbeitet.

Bei allem kaufmännischen Aufschwung um Astor muß erwähnt werden, daß ihm das Menschliche nicht verloren ging. Es bedrückte ihn, wenn er erfuhr, daß seine Fallensteller Opfer von Naturereignissen geworden waren oder im Kampf mit Indianern ihr Leben lassen mußten. Wußte er doch aus eigener Erfahrung, wie risikoreich und mühselig dieser Beruf war.

Im Alter von 71 Jahren beschloß Astor, sich vom Pelzgeschäft gänzlich zurückzuziehen. Sein riesiges Vermögen von über zwanzig Millionen Dollar teilte er selbst so sinnvoll ein, daß nicht nur Verwandte und Freunde bedacht waren, sondern auch kommunale Einrichtungen und Künstler seiner Unterstützung sicher waren.

Ein erfülltes Leben ging am 29. März 1848 im Astor House in New York zu Ende.

Die Tradition einer wirtschaftlichen Grundlage konnte die Familie Astor bis in die heutige Zeit bewahren.

Moses Austin
1761—1821
Vater von Texas

„Habt ihr Geld, um für das Land zu bezahlen? Nein. Kennt ihr die Gegend? Nein. Gibt es etwas Absurderes als menschliches Verhalten? Sie wissen nicht wozu, sie wissen nicht wohin. Was werden sie finden, wenn sie kommen?"

In den zurückliegenden Jahren war mehrmals der Versuch unternommen worden, eine amerikanische Kolonie in der spanischen Provinz Texas-Coahuila zu errichten. Da es sich ausnahmslos um freibeuterische Aktionen handelte, mußten diese Unternehmen zwangsläufig scheitern.

Es bedurfte der Initiative eines Kaufmanns und Minenbesitzers, damit die Vorstellungen von einer Siedlung westlich des Sabina River realisiert werden konnten: Moses Austin, am 4. Oktober 1761 als Sohn von Elias und Eunice Austin in Durham (Connecticut) geboren.

Während der amerikanischen Revolution verdingte sich Austin in den Bleiminen von Middletown — Blei war zur Kriegsführung unerläßlich. Da ihm diese Beschäftigung zusagte, blieb er weiterhin im Geschäft.

1783 trat Austin der Firma Merrill & Co. in Philadelphia bei. Mit seinem Bruder Stephen konnte eine Reorganisation des Unternehmens vorgenommen werden; die Verbindungen reichten bis nach Europa.

Schließlich machten sich die Brüder selbständig. Moses Austin & Company übernahmen die Chiswell-Bleiminen in Südwest-Virginia. Sie wurden Lieferanten der Regierung, neue Schmelzen mußten gebaut werden. „Unsere Kinder und Kindeskinder können noch von den Erträgen leben."

Im Winter 1796/97 reiste Austin nach Missouri, wo es große Bleivorkommen gab. „Eine solche Ausdehnung habe ich bislang nicht für möglich gehalten, weder in Amerika noch in Europa."

Die Umsiedlung in das spanische Louisiana war beschlossene Sache. Man kaufte ein großes Stück Land mit der „Mine a Burton" und errichtete eine Siedlung namens Potosi mit Häusern für die Angestellten, Säge, Mühle und Läden.

In den nächsten zwanzig Jahren blühte das Geschäft. Das Vermögen überstieg bald den Wert der Mine in Höhe von $ 150 000 — eine riesige Summe in jener Zeit. Entsprechend abgesichert, konnten sich die Brüder einer neuen Aufgabe widmen.

Im Dezember 1820 traf Austin in San Antonio ein. Es gelang, dem spanischen Gouverneur das Versprechen abzuringen, wonach 300 Familien aus den Staaten in Texas siedeln durften. Unter einer Voraussetzung: Die Neuankömmlinge mußten sich zum katholischen Glauben beken-

Moses Austins Sohn um 1825

nen und das Versprechen abgeben, sich loyal der Verwaltung gegenüber zu verhalten.

Nach Akzeptierung dieser Bedingungen besprach sich der Gouverneur mit Baron de Bastrop, einem einflußreichen Europäer. Da dieser nichts dagegen einzuwenden hatte, stand der Unterzeichnung eines Übereinkommens nichts mehr im Wege.

Am 17. Januar 1821 setzten Austin und der „Befehlshaber der ‚Östlichen Inneren Provinzen' in Monterey" ihren Namenszug unter das Papier. Jeder Kolonist hatte eine kleine Gebühr zu entrichten und mußte sich zudem bereiterklären, den Boden in festgesetzter Zeit zu kultivieren.

Freudig trat Moses die Rückreise nach Missouri an. Ehe die vorbereitenden Arbeiten abgeschlossen waren, riß ihn am 10. Juni 1821 der Tod aus seinem Schaffen.

Seine Pläne fanden einen würdigen Nachfolger — **STEPHEN FULLER AUSTIN** (geb. 3. 11. 1793 Wythe County, Virginia). Das Leben an der Grenze hatte ihn wohl darauf vorbereitet, in die Fußstapfen seines Vaters zu treten.

Stephen reiste nach San Antonio, um sich die Abmachung bestätigen zu lassen. Er traf mit dem Gouverneur zusammen, der das Abkommen nach wie vor als gültig betrachtete. Der Umsiedlung stand nichts mehr im Wege.

Im Januar 1822 langten 300 Familien am Brazos River an. Fruchtbare und wasserreiche Täler erstreckten sich zu beiden Ufern. Sie hatten eine neue Heimat gefunden.

Unverzüglich gingen die Kolonisten daran, den Vertrag zu erfüllen. Ihrer Hauptstadt gaben sie den Namen San Felipe de Austin.

„Dieses Land ist für Männer und Hunde ein Paradies auf Erden", erklärte ein Siedler, „aber es ist die Hölle für Frauen und Ochsen."

In der Zwischenzeit hatte Mexiko seine Unabhängigkeit von Spanien erlangt. Stephen Austin reiste nach Mexico City, wo er mitten in politische Unruhen geriet. Erst nach einjährigem Aufenthalt konnte er nach Texas zurückkehren — mit der Anerkennung der ursprünglichen Abmachung.

Austin war es gar gelungen, einen weiteren Schritt nach vorne zu tun: In den Jahren 1825, 1827 und 1828 kamen Kontrakte zustande, wonach weitere 900 Familien das Recht zum Siedeln am Brazos erhielten.

Zu Beginn der dreißiger Jahre waren die Amerikaner bestrebt, eine Selbstverwaltung zu erreichen. Die unnachgiebige Haltung der Zentralregierung führte zu Unruhen, die sich im Unabhängigkeitskrieg von 1835/36 entluden.

Austin reiste nach Washington, konnte aber die U. S. Regierung zu keiner direkten Unterstützung gewinnen. Als er im Juni heimkehrte, war jedoch die „Republik Texas" bereits geboren.

Vergebens bewarb sich Stephen um die Präsidentschaft. Loyal unterstützte er Sam Houston, der ihn zum Außenminister ernannte. Völlig unerwartet starb Austin am 27. Dezember 1836 in San Antonio. Seine letzten Worte waren: „Nun ist Texas wirklich frei."

Samuel Bass
1851—1878
Der Bandit, der an seinem Geburtstag starb

Auf seinem Grabstein steht: „Ein tapferer Mann, der für seinen Tod voll verantwortlich ist. Warum ist er nicht dem Gesetz treu geblieben?"

Diese Worte beziehen sich auf Sam Bass, der am 21. Juli 1851 in der Blockhütte einer kleinen Farm bei Mitchell (Lawrence County, Indiana) geboren wurde. Es war eines von zehn Kindern der Eheleute Daniel und Elizabeth Sheeks Bass.

Die Eltern standen in hohem Ansehen bei den Nachbarn, und ihre Farm gehörte zu den Musterbetrieben in der Umgebung. Als Sam zehn Jahre alt war, starb seine Mutter. Und der Vater, der wieder verheiratet war, schied 1864 von dieser Welt.

Der Stiefmutter lag das Schicksal der Kinder überhaupt nicht am Herzen. Während sie sich nach einem neuen Gatten umsah, kam Sam mit seinen Geschwistern in die Obhut eines Onkels mütterlicherseits. Es ging ihnen recht gut, da sie weitgehend auf einer Farm leben durften.

Spätere Biographen haben herausgefunden, daß keines der Kinder eine Schule besuchte — an der Grenze ein nicht unüblicher Zustand. Und so mag es keinesfalls verwundern, daß Sam weder lesen noch schreiben konnte.

Ende 1869 stellte er sich auf eigene Füße. Sam zog nach St. Louis, ehe er nach Rosedale in Mississippi gelangte. Dort fand er Arbeit bei einem Müller und leistete stets gute und geschätzte Dienste.

Nach einem Jahr hielt es ihn nicht mehr am Ort. Er ritt nach Denton in Texas. Dort erhielt Sam eine Anstellung bei einem Mr. Lacy, der ein gutgehendes Hotel betrieb.

Auf diese Weise lernte Sam die verschiedensten Charaktere an der Grenze kennen. Begierig nahm er alles Neue in sich auf. Dann reifte in ihm der Entschluß, sein Glück als Viehtreiber zu suchen. Nach achtzehn Monaten gab er seine feste Arbeit auf, was Mr. Lacy zutiefst bedauerte.

Sam wurde Cowboy in der Mannschaft von Colonel William F. Egan. Doch suchte sein Boß ebenfalls neue Aufgaben und bewarb sich als Sheriff im Denton County — er gewann die Wahl ganz überlegen. Bei der Suche nach geeigneten Deputies fiel Egans Wahl auf seinen jungen, tüchtigen Mann Samuel Bass.

Sam hatte bis zum 18. Lebensjahr, als er von zu Hause weggegangen war, eine recht behütete Jugend. Und so stellt sich die berechtigte Frage: Wann hat sich sein eigentlicher Sinneswandel zum Bösen vollzogen?

Der Historiker Charles L. Martin (1880) will herausgefunden haben, daß er „bereits in Indiana mit ruhelosen und

Kompanie D der Texas Rangers in Realitos

zweifelhaften Elementen zusammengetroffen ist." Die „rauhen Gesellen" der kleinen Siedlung sollen ihn irgendwie angezogen haben.

Fest steht dagegen, daß Sam die ersten vier Jahre in Texas als fleißiger, sauberer und ehrenwerter Mann verbracht hat. Der große Umschwung trat 1875 ein. Damals kaufte er sich — aus welchem Grund auch immer — ein Rennpferd; schon bald war er durch Wetten in recht undurchsichtige Geschäfte verwickelt.

Sein Abstieg vollzog sich rasch. Man sah Sam immer häufiger in Saloons und Spielhallen sowie in Gesellschaft recht anrüchiger Gestalten des Grenzgebietes.

Der erste Schritt zum Desperado wurde vollzogen, als sich Bass einer Gang anschloß, die zum Pferdestehlen auszog. Sie ritten ins Indianerterritorium, wo man es auf die Herden in den indianischen Choctaw- und Cherokee-Nationen abgesehen hatte. Der Coup gelang.

Nach Auflösung dieser Bande machte Sam die Bekanntschaft von Joel Collins, einem Viehzüchter. Er half diesem, eine Rinderherde nach Abilene in Kansas zu treiben. Der Verkauf brachte allen Beteiligten einen schönen Gewinn.

Als sie wieder in Texas anlangten, war das Geld vertan. Das würde niemanden gewundert haben, wenn nicht die meisten gen Norden getriebenen Rinder guten Freunden von Collins gehört hätten. Ihre verständliche Wut ließen sie an Collins Eigentum aus, der, wollte er sein Leben retten, das Weite suchen mußte.

Bass, Collins und vier Begleiter flüchteten in die Boomtown von Deadwood in den Black Hills. Die entstandenen Verluste konnten durch Postkutschenüberfälle rasch ausgeglichen werden. Auf den Geschmack gekommen, faßten sie den Beschluß, das ganz große Ding zu drehen.

Am 19. September 1877 stoppten sie bei Big Springs in Nebraska einen Zug der Union Pacific Railroad Company. $ 60 000 in Gold und $ 5 000 aus den Börsen der Passagiere fielen den Räubern in die Hände. Nun wurden sie auf einem Steckbrief der **Pinkerton** Agency verewigt.

Ihre Flucht nach Süden entwickelte sich zu einer wilden Verfolgungsjagd. Polizeiaufgebote und Bürgerwehren hefteten sich an ihre Fersen. Joel Collins und seine Mannen fielen Kugeln in Kansas zum Opfer. Die gnadenlose Jagd ging weiter.

Ein „gutaussehender, junger Mann" namens Bass konnte sich nach Denton durchschlagen. Dort organisierte er eine neue Gang, die im Winter und Frühjahr 1878 vier Überfälle auf Eisenbahnen in der Umgebung von Dallas und Fort Worth durchführte.

Diese Aktionen riefen die berühmte Polizeitruppe der Texas Rangers auf den Plan. Ein Bandit wurde erschossen, drei gerieten in Gefangenschaft. Unter ihnen befand sich ein gewisser Jim Murphy, der zur Zusammenarbeit mit den Rangers bereit war. Er wollte sie über die weiteren Schritte der Bande unterrichten.

Als Spion reihte sich Murphy in die alte Gang ein. Indem er den Kameraden gegenüber eine Ausrede über seinen Verbleib gebrauchte, weihte Bass den Weggefährten in seinen neuen Plan ein. Man wollte nach Süden reiten und diesmal eine Bank ausrauben.

Am Morgen des 19. Juli 1878 ritten die Outlaws in Round Rock (Williamson County) ein. Dort warteten bereits die Texas Rangers unter Major John B. Jones — von Jim Murphy rechtzeitig informiert. Es kam zu einem heftigen Feuergefecht, wobei Sam eine tödliche Verletzung davontrug.

Zwei Tage später, an seinem 27. Geburtstag, starb Sam Bass im örtlichen Gefängnis. Er fand die letzte Ruhe auf dem Friedhof von Round Rock.

Bass war etwa 173 cm groß, wog rund 63 kg und galt als Typ eines Sonnyboys. Seine Raubüberfälle haben nachweislich keine Menschenleben gefordert.

Roy Bean
1825—1903

Das Gesetz westlich des Pecos River

Ein unbekannter Toter mit $ 40 und einem Revolver in der Tasche wird aufgefunden. Ordnungsbewußte Bürger bringen diesen Fall vor ihren Friedensrichter, der sich wie folgt äußert: „Ich verurteile diesen Mann zu einer Geldstrafe von vierzig Dollar wegen unerlaubtem Waffenbesitzes!"

Man brachte einen Weißen vor ebendiesen Richter, mit der Anklage, einen Chinesen erschossen zu haben. Der Vorsitzende blättert im Gesetzbuch, und seine Äußerung ist überliefert: „Ich kann, verdammt noch mal, keinen Paragraphen finden, der über den Tod eines Chinesen Auskunft gibt. Sie sind frei!"

Die Rede ist von Roy Bean, wohl einer der wunderlichsten Richter, die jemals einem Gerichtshof vorstanden.

Er kam 1825 als Sohn von Francis und Anne Bean in einer einsamen Hütte in den grünen Hügeln am Ohio in Kentucky zur Welt. Häusliche Armut hatte in allen Kindern den Willen erweckt, es später, vor allem durch Reichtum, zu Ansehen zu bringen.

Roy führte, im Vergleich zu seinen Geschwistern, ein sehr bewegtes Leben, das ihn mehr als einmal auch mit dem Gesetz in Konflikt geraten ließ. So eignete er sich selbst ein juristisches Wissen an, das er letztlich zu seinem eigenen Vorteil ausnützte.

Der Sklavenhandel brachte ihn nach New Orleans und seit 1845 auf dem Santa Fe Trail bis nach Chihuahua. Mit seiner Frau, der blutjungen Petra Kirker, Tochter eines berüchtigten Apache-Skalp-Händlers, zog er nach Kalifornien. Dort waren seine Brüder zum General und Bürgermeister avanciert.

Das Duell mit einem Schotten ging unblutig aus, doch mußte er eine Gefängnisstrafe in Kauf nehmen. Roy gelang die Flucht aus der Haft, und er setzte sich ab nach Los Angeles, wo er einen gutgehenden Saloon betrieb.

Trotz seiner jungen Frau blieb er kein Kostverächter des weiblichen Geschlechts und mußte sich auf Grund dessen — und weil ihm ein Bankraub zur Last gelegt wurde — nach New Mexico absetzen.

Zur Jahreswende 1858/59 traf Roy in Mesilla ein, wo sein Bruder Sam bereits ansässig war. Gemeinsam betrieben sie mehrere Geschäfte, die in jeder Beziehung blühten!

Zu Beginn des Bürgerkrieges soll Bean als Spion für die Südstaaten fungiert haben. Nach deren militärischem Rückzug folgte er den Verbänden nach San Antonio, wo er in den Handel groß einsteigen konnte. Seine Beliebtheit, vor allem beim weiblichen Geschlecht, führte öfters zu Komplikationen.

Doch unbeirrt verfolgte er sein Ziel. Um seiner Eitelkeit zu fröhnen, gründete er eine kleine Ansiedlung: Beanville, selbstverständlich mit ihm als Bürgermeister. In seiner Cleverness erreichte er für seine Stadt fast alles Erdenkliche.

Freunde vermuteten — und sprachen es ihm gegenüber auch aus —, daß er „mindestens die Universitäten in Har-

Richter Roy Bean (1825—1903), auf einem Faß sitzend mit Sombrero

vard oder Yale besucht hat". So verblüffend waren sein Durchsetzungsvermögen und seine juristischen Spitzfindigkeiten.

Seine zweifelhaften Praktiken hatten zur Folge, daß er sich erneut ein anderes Betätigungsfeld suchen mußte. So kam er westlich des Pecos River nach Eagle's Nest, einer verschlafenen kleinen Gemeinde, auserkoren als Depot der Southern Pacific Railroad Company.

Der zusammengewürfelte Haufen der Streckenarbeiter kam seiner Passion als Richter sehr entgegen. Er brauchte sich selbst nicht um „Kundschaft" zu sorgen, die am gleichen Ort stationierten Texas Rangers trugen ihm die Delinquenten zu.

Am 2. August 1882 erhielt Roy Bean von der Regierung in Washington die offizielle Ernennung zum Friedensrichter westlich des Pecos River, mit einem Gehalt von $ 1 000.

Als Mann in den sogenannten besten Jahren nahm er noch jede Gelegenheit wahr, für Frauen zu schwärmen. Nur fiel seine Wahl dieses Mal auf eine bekannte englische Schauspielerin namens Lily Langtry. Wie es darum ging, Eagle's Nest einen neuen Namen zu geben, bestand er darauf, seine Angebetete hier zu verewigen.

So entstand die „Stadt" Langtry. Und sein richterliches Hauptquartier, einen Saloon, nannte er sinnigerweise „Jersey Lily".

Mit einem Sombrero auf dem Kopf und auf einem leeren Faß sitzend hielt „Richter" Roy Bean seinen Gerichtshof im Freien ab. Daß es bei dieser Art der Urteilsfindung nicht immer mit rechten Dingen zuging, ist bereits zum Ausdruck gekommen.

Mit der Schaffung des Val Verde County (18. 2. 1887) wurde es, wie in den Vereinigten Staaten überhaupt, üblich, daß sich Friedensrichter alle zwei Jahre der Wahl der Bevölkerung zu stellen hatten. Alles ging gut, bis sich Bean als Gegenkandidat seinem „Intimfeind" Jesus P. Torres gegenüber sah.

Bei der Wahl im November 1896 kam ein aufschlußreiches Ergebnis zutage. Die ausgezählten Scheine ergaben, daß hundert Stimmen mehr abgegeben worden waren, als es überhaupt Wähler gab. Torres wurde neuer Friedensrichter.

Unverdrossen stellte sich der greise Bean den Bewohnern von Langtry: 1898 — 15:26; 1900 — 19:10. Roy war wieder Friedensrichter, der die nächste Wahl ohne Gegenkandidaten gewann.

Nur ein halbes Jahr konnte er sich dieses Sieges freuen. Am 16. März 1903 starb Roy Bean als „das Gesetz westlich des Pecos River".

18

Charles Bent
1799—1847

Bent's Fort: Die Route nach Santa Fe

Im Jahre 1857 diktierte **Kit Carson** seine Memoiren. Auf seine Beziehungen zu den Brüdern Bent angesprochen, gab er kurz und bündig zu verstehen:

„Ich kann ohne Übertreibung sagen, daß man Ihresgleichen nie wieder in den Bergen gefunden hat."

Am 11. November 1799 hatte Charles Bent, der älteste von vier Brüdern, in Charleston (West-Virginia) das Licht der Welt erblickt. Der Vater, Silas Bent, war Richter am Appellationsgericht in Marietta (Ohio), als das von **George Rogers Clark** „eroberte" Nordwest-Gebiet den Status eines Territoriums erhielt.

Charles war genau sieben Jahre alt, da zog die Familie nach St. Louis. In jenen Tagen kehrte die **Lewis** & **Clark** Expedition von ihrer dreijährigen Exkursion zum Pazifik heim.

Den Jungen faszinierte die neue Umgebung ungemein. Er, der als Sohn eines Richters einem guten Haus angehörte, beobachtete sehr genau die handels-politische Entwicklung am Missouri. Für ihn stand frühzeitig fest, sein Glück im Westen zu suchen.

Im Frühjahr 1823 schloß sich Bent der American Fur Company (**Astor**) an. Er gelangte ins Gebiet der Sioux, die sich den Weißen gegenüber noch recht aufgeschlossen zeigten. Da trat eine familiäre Entwicklung ein, die neue Überlegungen erforderlich machte.

Seine Brüder wandten sich lukrativen Handelsgeschäften im Südwesten zu, wozu ihnen Ceran St. Vrain geraten hatte. Ihre Trapperexpeditionen führten zum oberen Arkansas, wo es reichlich Biberkolonien gab. In der Nähe der heutigen Stadt Pueblo entstand eine Einzäunung als Depot und Zwischenstation.

In den Sommermonaten 1826 traf Charles Bent in Santa Fe ein. Er durchstreifte New Mexico, damals die nördlichste Provinz der Republik Mexiko. Zwei Jahre später gab es ein neues Handelsunternehmen: Bent & St. Vrain.

Beide Partner waren bei Vertragsabschluß übereingekommen, am Arkansas (bei der heutigen Ortschaft La Junta) einen neuen Handelsposten zu errichten — das berühmte Bent's Fort.

Fast jedes Jahr führte Charles eine Karawane, beladen mit Pelzen, nach den amerikanischen Siedlungen und mit Tauschwaren zurück nach Santa Fe. Mit der Vollendung des wichtigen Postens im Jahre 1833 nahmen Bent und St. Vrain die mexikanische Staatsbürgerschaft an.

Das Management von Bent's Fort lag weitgehend in familiären Händen. Charles holte seine Brüder, die allesamt in den Annalen dieses Landes ihren festen Platz haben: William (1808—1869), George (1814—1846) und Robert (1816—1841).

Der Posten schloß eine Fläche von 137 x 178 Fuß ein, mit Lagern für die Felle, Warenhäusern, Wagenställen, Büro-und Versammlungsräumen, Quartieren und Gästezimmern. 200 Menschen und 300 Tiere konnten sich im Fort aufhalten. Auf dem Wachturm war ein Teleskop installiert.

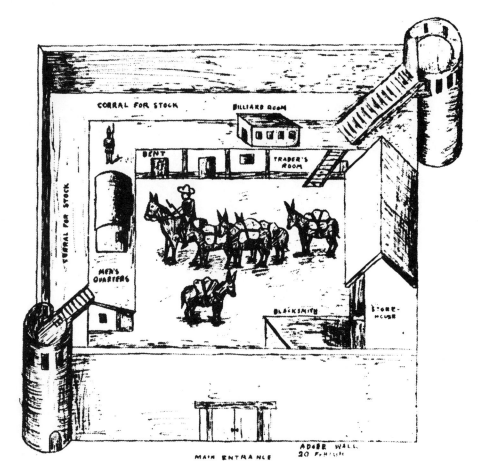

Bent's Fort (Skizze)

Durch das eisenbeschlagene Tor zogen Arapaho, Cheyenne, Comanche, Gros Ventre, Kiowa und Ute. Schließlich lag das Bollwerk inmitten der südlichen Plains am Schnittpunkt zahlreicher Indianerpfade. Die Häuptlinge wußten die Ehrlichkeit der Besitzer wohl zu schätzen — ein seltener Fall unter Händlern.

Charles Bindungen an die Neumexikaner gewannen im Sommer 1835 an Intensität, als er Maria Ignacia Jaramillo aus San Fernando de Taos zur Frau nahm. Ihre ältere Schwester Josefa war mit Kit Carson verheiratet.

Die Jahre vergingen. Bent's Fort entwickelte sich zum bedeutendsten Posten, den Trapper, Siedler, Reisende und Soldaten als willkommene Zwischenstation auf dem Weg nach Santa Fe empfanden. Es war nur eine Frage der Zeit, bis die amerikanische Bundesregierung das gesamte Gebiet der Union einverleiben würde.

Im Spätsommer 1846 traf General Stephen Watts Kearny mit der Westarmee in Santa Fe ein. Ehe er zur Eroberung von Kalifornien weiterzog, ernannte Kearny den angesehenen Charles Bent am 22. September zum Zivilgouverneur von New Mexico.

Kaum waren die Truppen abgezogen, als sich die einheimischen Mexikaner mit den Pueblo-Indianern zu einem Komplott gegen die amerikanische Bevölkerung verbanden. Viel zu spät sind die entsprechenden Pläne bekannt geworden.

Am 19. Januar 1847 brach die sogenannte Taos-Revolte aus, die Charles Bent und mehreren Amerikanern das Leben kostete. Das prominenteste Opfer dieser Verschwörung war überall beliebt und wegen seines festen Charakters hoch geschätzt.

Seinen gewaltsamen Tod haben alle Grenzer zutiefst bedauert.

1849 wollte die Regierung den Posten seinem neuen Besitzer William Bent abkaufen. Das Angebot war aber derart gering, daß er aus Protest diesen Stützpunkt aufgab. Dreißig Meilen westlich entstand das neue und kleinere Bent's Fort, das bis in die achtziger Jahre (Ankunft der Eisenbahn) bestehen blieb.

Billy the Kid
1859—1881

Der Lincoln-County-Krieg

Die Auseinandersetzungen um Vorrechte, Macht und Reichtum überspielte ein Name, der Angst und Schrecken im Südwesten verbreitete. Billy the Kid soll soviel Menschen getötet wie Jahre gelebt haben.

Anders als alle anderen gefürchteten Outlaws wurde er am 23. November 1859 in New York City geboren. Seine Eltern waren William H. und Kathleen Bonney. Drei Jahre nach des Sohnes Geburt fiel der Vater bei einem Streit einer Kugel zum Opfer.

Die Witwe zog mit nunmehr zwei Kindern unruhig im Lande umher, einen Lebensunterhalt suchend. Über Coffeyville und Santa Fe fand sie 1868 eine Bleibe in Silver City (New Mexico).

Inzwischen hatte die Mutter einen Mann namens William Antrim geheiratet; William H. Bonney jr. und sein Stiefvater sollen sich nicht sonderlich gut verstanden haben. Die Verehelichung war ein Grund dafür, daß man in den Annalen Billy the Kid unter verschiedenen Namen wiederfindet.

Der Junge besaß wenig Schulbildung. Er trieb sich vielmehr in Saloons und Spielhallen herum.

Mit zwölf Jahren soll er den ersten Menschen erschlagen haben, der anscheinend seiner Mutter zu nahe gekommen war. Schließlich mußte er Silver City nach einem Diebstahl verlassen — die Flucht trug sich nach Kathleens Tod im Frühjahr 1874 zu.

Billy streifte in der Folge im Grenzgebiet umher, die verschiedensten Tätigkeiten ausübend. Im Alter von sechzehn Jahren tötete er mit einem Partner drei friedliche Indianer bei Fort Bowie in Arizona — wegen ihrer wertvollen Felle.

Später arbeitete er als Gespannführer für die Armee. Bei einem Streit erschoß Billy den Schmied von Camp Grant. Er wurde im Wachhaus eingesperrt, konnte aber entkommen und sich ins Pecos Valley absetzen.

Dort kam es zu einer schicksalhaften Begegnung mit John Henry Tunstall, einem englischen Gentleman, der als Rancher und Kaufmann im Lincoln County tätig war. Er stellte Billy als Cowboy ein. In ihm sah William einen väterlichen Freund.

Daß er ihm Arbeit gab, ohne auf seine Vergangenheit verächtlich zu reagieren, machte ihn für Billy zum erstrebenswerten Vorbild.

Es ist nicht von der Hand zu weisen, daß der Junge einen neuen Lebensweg beschritten hätte. Da ereignete sich am 18. Februar 1878 ein Vorfall, der seine ganze weitere Entwicklung bestimmte:

Er wurde Augenzeuge der Ermordung von J. H. Tunstall durch Anhänger der Murphy-Fraktion. Damit begann der Lincoln County Cattle War.

In diesem Rinderkrieg, in dem sich Menschen um Weiderechte und Wasserläufe erschlugen, fiel ein Toter mehr oder weniger nicht auf. Verbittert begann Billy innerhalb dieser Auseinandersetzungen seinen privaten Rachefeldzug gegen die Mörder seines väterlichen Beschützers.

Es blieb ihm nicht verborgen, daß Korruption und Protektion bis in die obersten Regierungsstellen betrieben wurde. Und Billy konnte seine Beschuldigungen nirgendwo anbringen, weil er vermutete, daß die Polizeioffiziere selbst zur Mörderbande gehören würden.

Am 1. April 1878 vollstreckte Billy the Kid sein erstes „Todesurteil" an Sheriff William Brady und Deputy George W. Hindman in Lincoln. Eingedenk dessen, daß mit die-

Billy the Kid (1859—1881)

sen zwei Toten nicht der korrupte Ring ausgeschaltet war, zogen seine Mordabsichten immer weitere Kreise.

In einem günstigen Augenblick konnte Billy von den Häschern dingfest gemacht werden. Man brachte ihn ins Lincoln-Gefängnis, das als besonders sicher galt. Wenig später gelang es ihm, die Handeisen abzustreifen und das Weite zu suchen. Obwohl als Einzelgänger bekannt, schlossen sich ihm bald weitere „Geächtete" an. Seine Aktionen gingen weiter.

Auf Grund dieser erschreckenden Meldungen wurde General Lew Wallace, mit Sondervollmachten ausgestattet, zum neuen Gouverneur ernannt.

Er erließ sogleich eine Generalamnestie, die auch Billy the Kid unter der Bedingung zugute kommen sollte, daß er sich für schuldig befinde und sich seiner Waffen entledige. Billy hingegen wußte, daß die Masse seiner Widersacher nicht untätig und auch in den Helfershelfern des neuen Gouverneurs zu finden sein würde.

Pat Garrett (1850—1908), seinen ehemaligen Mitstreiter, setzte man als neuen Bezirks-Sheriff auf seine Spur. Da Garrett die Verhaltensweise Billys besser als jeder andere kannte, war es ihm möglich, ihn aufzustöbern und am 21. Dezember 1880 hinter Schloß und Riegel zu setzen.

Eines hatte Garrett vergessen, nämlich die Tatsache, daß Billy ungewöhnlich starke Handgelenke und verhältnismäßig schmale Hände hatte. Dadurch gelang es Billy, inzwischen wegen der Ermordung von Sheriff Brady zum Tode durch den Strang verurteilt, am 28. April 1881 aus den Handschellen zu schlüpfen. Er konnte die beiden Deputies Bob Olinger und J. W. Bell töten und aus dem Gefängnis von Lincoln entkommen.

Zweieinhalb Monate später, als Billy im Haus von Pete Maxwell in Fort Sumner einen Unterschlupf gefunden hatte, wurde er bei Nacht, ohne eine Chance auf Gegenwehr, von Sheriff Garrett im Bett erschossen.

Am nächsten Morgen, dem 15. Juli 1881, wurde der Leichnam des legendären Desperados auf dem örtlichen Friedhof beigesetzt.

Es ist müßig zu erwähnen, daß es bis in die fünfziger Jahre unseres Jahrhunderts immer wieder Personen gab, die behaupteten, der so unglaubhaft ums Leben gekommene Billy the Kid zu sein.

Daniel Boone
1734—1820
Der echte Lederstrumpf

Kein Pionier des Wilden Westens hat so nachhaltig die Verschiebung der westwärts wandernden Grenze beeinflußt wie das historische Vorbild des Lederstrumpf.

Nach strenger Quäker-Sitte wuchs Daniel Boone auf, unter einem guten Stern am 2. November 1734 auf einer Grenzfarm bei Reading (Pennsylvania) geboren. Alles zum Leben notwendige Wissen lehrte ihn die Natur. Schon in früher Kindheit wurde er zum Miternährer der Familie von Squire und Sarah Morgan Boone.

Da sein Lebensraum von der ihn umgebenden Arbeit geformt wurde, zog Daniel mit seinen Eltern als Fünfzehnjähriger ins Shenandoah Valley nach North Carolina.

Anno 1755, während der verhängnisvollen Expedition unter General Braddock, begegnete er in John Finley einem Waldläufer, der schon weite Teile des unbekannten Westens durchstreift hatte. Und in dem jungen Boone erwachte der Wunsch, es diesem gleichzutun.

Angeregt durch die Gründung einer eigenen Familie und den verständlichen Wunsch, eigenes Land zu besitzen, stellte Daniel im Mai 1769 eine Gesellschaft zusammen, die ins heutige Zentral- und Ost-Kentucky führte. Eine erste Ansiedlung entstand am Watauga; Brückenkopf einer Besiedlung jenseits der Appalachen.

„Trotz aller Gefahren und Entbehrungen war ich glücklich wie selten zuvor. Ich war sicher, daß mir nichts geschehen konnte. Es gab keine einzige Spur menschlicher Besiedlung, und das machte mich froh. Als ich zu meiner Familie heimkehrte, stand für mich fest, daß wir einfach in Kentucke leben mußten. Es ist das zweite Paradies, und es lohnt sich, dafür sein Leben und Glück zu riskieren."

Eine Durchquerung dieser bis dahin natürlichen Grenze mit Wagen und Hausrat war nur dadurch möglich, daß sie einen Durchgang gefunden hatten: den Cumberland Gap. Ein Tor zum Westen war aufgetan, und weitere Siedler konnten es Boone gleichtun.

Daniel Boone (1734—1820)

Seine Kenntnisse der indianischen Lebensweise ist dem Umstand zuzuschreiben, daß sich Boone zwar einige Monate als Gefangener bei den Shawnee unter Black Fish aufhalten mußte, vom Häuptling jedoch wie der eigene Sohn gehalten wurde. Old Chilicothe am Ohio galt als das bedeutendste Dorf dieses Stammes.

Es ist bezeichnend für dieses Miteinander, daß die Indianer sich sehr wohl mit einem Menschen verbrüderten, von dem sie wußten, daß er zwar ein Eindringling, aber auch ein mutiger Pionier war. Nichtsdestoweniger hielt es Boone nicht länger bei den Indianern, als ihm zu Ohren kam, was die Briten mit Hilfe der Shawnee gegen die Siedler planten.

Als 1775 der Boden für Ansiedler geebnet war, konnte er sich einer weiteren Pionierarbeit widmen. Es entstand das berühmte Boonesborough, während des amerikanischen Unabhängigkeitskrieges das westlichste Bollwerk einer jungen Nation.

Die britischen und amerikanischen Kolonial- bzw. Staatsverwaltungen waren stets bemüht, mit dem Pfadfinder

Boone in gutem Einvernehmen zu leben. In Anerkennung seiner Leistungen bekam er immer wieder riesige Ländereien geschenkt.

Boone seinerseits war hierfür wohl dankbar, versäumte es jedoch, seinen Grund und Boden registrieren zu lassen.

So konnte es geschehen, daß ein Ordnungshüter eine Legitimation verlangte und Boone nicht einmal wußte, daß er inzwischen ein-, zwei- oder dreimal die Nationalität gewechselt hatte und sich anderen Gesetzen hätte unterordnen müssen.

Dies war einem so freiheitlich denkenden Menschen unvorstellbar — und er konnte sich zeit seines Lebens nicht unterordnen.

Der tatkräftige Pionier war keineswegs nur körperlich aktiv. Man schätzte seine wiederholte Mitarbeit als Sheriff, Miliz-Kommandant und Mitglied in verschiedenen Legislativen.

Nirgends hielt es ihn lange. Daniel Boone bereitete seinen Mitmenschen neuen Boden und „floh" dann die „Geister, die er rief".

Schließlich zog er sich nach Missouri zurück, auf die Farm seines Sohnes Nathan. Dort konnte er einen ruhigen Lebensabend verbringen.

Im patriarchalischen Alter von 86 Jahren schloß Daniel Boone am 26. September 1820 bei Femme Osage die Augen.

Einem Mann wie Boone, dem so mancher Siedler Herd und Heimat verdankte, der durch seine Pioniertaten und Aufopferung für andere sich ohne Waffengeklirr zum Wegbereiter machte, wurde schon zu Lebzeiten ein legendärer Ruf zuteil. Bereits nach dem Unabhängigkeitskrieg erschienen in der Literatur Gestalten, die auf ihn zugeschnitten scheinen.

So ist mit Sicherheit anzunehmen, daß James Fenimore Cooper in der Figur des „Lederstrumpf" den historischen Daniel Boone weiterleben läßt.

Es zeigt sich, daß Menschen, die mit innerer Kraft und geistiger Überlegenheit zu kämpfen verstehen, wesentlich nachhaltiger in unserer Vorstellungswelt beheimatet sind als solche, die mit Säbelgerassel zu Felde ziehen.

Nathaniel Boone, als Captain im Dienst des Topographischen Korps, unternahm 1843 eine Forschungsexpedition zum Arkansas River.

Und Albert Boone, ein Enkel des legendären Daniel, der als Trapper den Westen durchstreifte, wurde von **Kit Carson** wie folgt beschrieben: „Er ist ein Mann, der sich vor nichts fürchtet."

Jim Bowie
1790—1836
Ein Messer und sein Erfinder

General Sam Houston, Befehlshaber der Texas-Armee, sagte über ihn: „Es gibt keinen Mann, dessen Tapferkeit ich höher einschätze."

Im Jahre 1790 wurde im Logan County (Kentucky) ein Mann geboren, dessen Name man zwar kennt, über dessen Leben allerdings wenig bekannt ist: Jim Bowie. Mit ihm wuchsen vier Brüder auf, die in frühen Aufzeichnungen immer wieder erscheinen.

Bereits zwei Jahre nach seiner Geburt begab sich die Familie von James Rezin und Alvina Jones Bowie ins nahe Missouri, ehe sie sich 1802 im spanischen Louisiana niederließen. Schon als Junge suchte sich Jim stets Tätigkeiten, die seine Intelligenz ansprachen und seine Liebe zur Natur deutlich machten.

Als Achtzehnjähriger war Jim ein Lokalmatador im Catahoula Parish. Er ritt auf Alligatoren, jagte Bären mit dem Messer, fing freilebendes Wild ein und zähmte Mustangs. Seinen Lebensunterhalt verdiente er sich durch Holzfällen, wobei er selbst den gewinnbringenden Transport nach New Orleans übernahm.

Es scheint ziemlich sicher zu sein, daß er sich 1819 der freibeuterischen Long-Expedition „zur Eroberung von Texas" anschloß. Das Unternehmen endete als Desaster.

Jim ließ sich nicht entmutigen. Er begab sich nach Galveston Island, dem geheimen Versteck des berüchtigten Piraten **Jean Lafitte**. In Zusammenarbeit mit seinen Brüdern Rezin P. und John J. Bowie konnte eine Schiffsladung voll Sklaven erworben werden, die sie gewinnbringend an die Plantagenbesitzer in Louisiana verkauften.

Schließlich wandte sich Jim, dieses Mal mit seinem Bruder Stephen Bowie, recht ertragreichen Landspekulationen in Arkansas zu. Angeblich soll es bei den Wiederverkäufen nicht immer reell zugegangen sein.

Da trug sich am 19. September 1827 ein Ereignis zu, das den Namen dieses Mannes über die Staatsgrenzen hinaus bekannt machte. Auf der Vidalia-Sandbank im Mississippi, gegenüber von Natchez, kam es zu einem der verrücktesten Duelle in der U.S. Geschichte: Dr. Sam Maddox gegen George Wells.

Weil keiner der Duellanten verletzt wurde, sahen sich die Sekundanten und Herumstehenden veranlaßt, aufeinander loszugehen. In der Zeitung „New Orleans Argus" liest sich der Vorfall wie folgt:

„... Auch James Bowie sah sich als Unbeteiligter unversehens angegriffen, doch wußte er sich mit einer ihm eilig zugesteckten Pistole nicht zu wehren und nahm sich sein Gegenüber, einen gewissen Major Dwight Wright, der ihn mit einigen Schüssen schwer verletzte und ihm anschließend mit dem Säbel zu Leibe rückte, kurzerhand mit seinem Messer vor und erstach ihn. So waren am Ende des ‚Duells' nicht genügend Sekundanten und Helfer am Ort, um die Toten und zahlreichen Verletzten abzutransportieren..."

Der Verlauf dieses Kampfes war typisch für den sechs Fuß großen (183 cm) und wohlproportionierten Bowie, der sich bei allen Auseinandersetzungen, sei es mit Menschen oder Tieren, stets auf seine Muskelkraft und körperliche Überlegenheit verließ und somit nur selten mit einer Schußwaffe umzugehen brauchte.

Jim Bowie (1790—1836)

Er war es, der sich, aufgrund zahlreicher Verletzungen mit den üblichen Messern, Gedanken über ein besseres Modell gemacht hatte. Es mußte sicher in der Hand liegen und gewährleisten, daß man beim Zustechen nicht nach vorne abrutschen konnte.

So ließ er sich, nach einem selbstgefertigten hölzernen Modell, die entsprechende Waffe von einem Grobschmied namens Jesse Cliffe in Louisiana anfertigen.

Dieses Messer, auch als Werkzeug zu verwenden, gehörte bald zur Ausstattung eines jeden Westmannes. Es hat seinen Namensgeber unsterblich gemacht.

Der weitere Lebensweg Bowies ist mit der Geschichte von Texas verknüpft. Nach zweijähriger Bewährungszeit in San Antonio erhielt er im Oktober 1830 die mexikanische Staatsbürgerschaft, wodurch es ihm möglich war, größere Ländereien zu erwerben.

Ein halbes Jahr später heiratete er Ursula de Veramendi, die Tochter des Vize-Gouverneurs. Nach dem frühen Tod der von ihm so geliebten Frau zog es Bowie ruhelos zu geschäftlichen Unternehmungen nach Mexiko und in die Vereinigten Staaten.

Trotz seiner mexikanischen Staatszugehörigkeit blieb er im Herzen seinem amerikanischen Geburtsland treu. Er setzte sich für die Belange seiner Landsleute tatkräftig ein. Es war eine Selbstverständlichkeit für ihn, sich beim Ausbruch der Texanischen Revolution in die vorderste Front einzureihen.

Anfang Januar 1836 wurde Jim Bowie, zusammen mit William B. Travis, Befehlshaber der strategisch wichtigen Festung Alamo. Sich bewußt, auf verlorenem Posten zu stehen, war er ein Vorbild für die mit ihm kämpfenden Eingeschlossenen.

Seine letzte Mitteilung aus dem Alamo enthielt folgenden Satz: „Wir werden eher sterben, als dem Feind unsere Verteidigungsanlage zu überlassen."

Frühzeitig während der dreizehntägigen Belagerung war er verwundet worden. Zur Untätigkeit auf einer Pritsche verdammt, erwartete er eben dort den letzten Ansturm des Feindes.

Am 6. März 1836 ging Jim Bowie von dieser Welt, nicht ohne neun mexikanische Soldaten gleichzeitig mit in den Tod genommen zu haben.

John M. Bozeman
1835 — 1867
Der Bozeman Trail durchs Land der Sioux

„Wir bemerkten fünf Indianer, die sich uns zu Fuß näherten. Ich legte Mr. Bozeman nahe, einen Warnschuß abzugeben. Stattdessen sagte er mir: ‚Es sind Crow. Ich kenne einen von ihnen. Wir wollen sie herzlich begrüßen und sie fragen, wo sich die Lager der Blackfeet und Sioux befinden.'

Die Indianer kamen näher, und bald schüttelte ihnen Mr. Bozeman die Hände. Ich wollte ihnen gar symbolisch mein Henry-Repetiergewehr überreichen, als Mr. Bozeman kreidebleich ausrief: ‚Ich bin ein Narr! Es sind kriegerische Blackfeet. Wir müssen versuchen, diese peinliche Situation so rasch wie möglich zu bereinigen.'

Ohne Hast begab ich mich zu unseren Pferden und machte mich daran, mein Tier zu satteln. Da sah ich, wie der Häuptling den Zünder an seiner Waffe bediente. Ehe ich Mr. Bozeman eine Warnung zurufen konnte, hatte ihn bereits eine Kugel in die rechte Brust getroffen.

Der Verletzte drehte sich um, als könnte er das Geschehene nicht begreifen. Da schlug ein zweites Geschoß in der Herzgegend ein. Mr. Bozeman ging tödlich getroffen zu Boden. Es war kaltblütiger Mord. Armer Kerl." (Tom Cover, 1867)

Dieser Augenzeugenbericht schildert das Ableben eines Mannes, der dem „Bozeman Trail", einer berühmten Wagenroute durch die Wildnis von Wyoming und Montana, den Namen gab.

Über das frühe Leben von John M. Bozeman, der 1835 in Georgia geboren wurde, ist wenig bekannt. Im Alter von sechsundzwanzig Jahren, bei Ausbruch des Bürgerkrieges, verließ er seine Frau und drei Kinder, um sein Glück als Minenarbeiter am Cripple Creek (Colorado) zu suchen.

Während den Wintermonaten hörte er, daß in Montana bedeutende Goldfunde gemacht worden waren. Daraufhin brach er mit elf Begleitern nach Norden auf und langte im Juni 1862 in Virginia City an. Ihre Erwartungen wurden bei weitem übertroffen.

Tausende von Abenteurern strömten zu den Fundstellen in den tiefen Schluchten am Alder Creek. Sie hatten beschwerliche Wege zurücklegen müssen, um auf dem Oregon Trail über Fort Hall oder auf dem Missouri nach Montana zu gelangen.

Gab es wirklich keine direktere Route?, fragte sich Bozeman. Ungeachtet der Gefahren brach er noch im Winter 1862/63 zum North Platte River auf. In seiner Begleitung befand sich lediglich sein Partner John M. Jacobs.

Auf einem alten Indianerpfad zogen sie östlich der Big Horn Mountains durch das vertraglich zugesicherte Jagdgebiet der Sioux. Krieger raubten ihnen die Pferde, Waffen und Munition, doch ließen sie die weißen Eindringlinge am Leben.

Bozemans Wille blieb ungebrochen. Im Frühjahr 1863 wollte er gar einen Wagenzug gen Norden führen. Rund hundert Meilen von Fort Laramie entfernt begegneten sie Sioux und Cheyenne:

„Während die Häuptlinge mit uns sprachen, streiften die Krieger durchs Lager und nahmen sich, was ihnen gerade in die Hände kam. Nach Geschenken und Lebensmitteln zogen sie weiter. Die Furcht saß allen im Nacken. Deshalb wurde beschlossen, eine sichere Route zu nehmen."

Der aus 75 Wagen bestehende Treck fuhr westlich der Big Horn Mountains in nördlicher Richtung. Über **Bridg-**

Auf dem Bozeman Trail

er's Pass gelangten sie schließlich nach Virginia City.

Bald darauf ging Bozeman ein weiteres Wagnis ein, als er erneut ins Indianergebiet zurückkehrte. Er hatte sich in den Kopf gesetzt, eine Route vom Platte River gen Norden zu finden.

Zehn Mann durchstreiften die Big Horn Mountains, zogen durch das Tal des Big Horn River und über die Wasserscheide zum Bozeman Pass. Sie reisten hauptsächlich bei Nacht. Als die Nahrung aufgebraucht war, ritten sie entlang dem Yellowstone und Gallatin River zurück.

Ihre Mühen hatten sich jedoch gelohnt! Im Frühjahr 1864 konnten Bozeman und Jacobs den ersten Treck auf ihrer Wegstrecke, dem „Bozeman Trail", nach den Siedlungen in Montana führen.

Innerhalb eines Jahres fuhren über tausend Wagen auf der neuen Verbindung.

Erneut glaubte die Bundesregierung, das Indianerproblem durch mehrere Militärexpeditionen lösen zu können. Entlang dem Bozeman Trail entstanden die Forts Reno, Phil Kearny und C. F. Smith.

Das Fetterman-Massaker hatte zur Folge, daß der Verkehr weitgehend zusammenbrach. Schließlich konnte Häuptling Red Cloud erreichen, daß alle Militärposten auf der Bozeman Road wieder aufgegeben wurden.

Blind gegenüber den Gefahren, die im Indianergebiet lauerten, und gegen den Rat seiner Freunde ließ sich John M. Bozeman zu einem neuen Unternehmen überreden. In den Mittagsstunden des 20. April 1867 fand er, in einem Gefecht mit Blackfeet, bei Hunter's Hot Springs (Wyoming) den Tod. Sein Begleiter konnte verletzt entkommen.

Seit 1870 ruhen seine Gebeine auf dem Friedhof jener Stadt, die bis heute seinen Namen trägt: Bozeman in Montana.

James (Jim) Bridger
1804—1881
Fort Bridger am Oregon Trail

Er kannte den Westen wie kein anderer, und sein Rat wurde von Männern eingeholt, sie selbst Geschichte machten.

James Bridger erblickte am 17. März 1804 in Richmond (Virginia) das Licht der Welt. Seine Eltern, Jim und Chloe Bridger, betrieben ein Gasthaus. Um 1812 zogen sie in die Umgebung von St. Louis, was zur Folge hatte, daß der Sohn schon zu dieser Zeit Zugang zu Grenzern und Abenteurern fand.

Mit dreizehn Jahren stand Jim als Waise da. Doch packte er das Schicksal beim Schopf. Er ging bei einem Grobschmied in die Lehre, wobei er seine Kräfte stählte.

Aufmerksam geworden durch eine Annonce in der „Missouri Republican" vom 20. März 1822, in der junge Männer seines Schlages gesucht wurden, nahm sein Pionierleben seinen Anfang. Bridger kam mit der Trapper-Expedition unter General William Henry Ashley in den Westen, der ihn fortan nicht mehr losließ.

Er gehörte zunächst zur Brigade von **Jedediah Strong Smith.** Mit diesem zog er über die Rocky Mountains ins Great Basin. Bridger war nachweislich der erste Weiße, der den großen Salzsee zu Gesicht bekam und dieses „unheimliche Gewässer" mit einigen Kameraden auch als erster befuhr (Frühjahr 1824).

In den folgenden Jahren wurde er, auf Grund treuer und zuverlässiger Mitarbeit, Teilhaber der Firma „Smith, Jackson & Sublette". 1830 kaufte er mit einigen Partnern dieses Pelzhandelsunternehmen auf, das schließlich in der American Fur Company **(Astor)** aufging.

„Old Gabe", wie Bridger von seinen Freunden genannt wurde, war bekannt für seine abenteuerlichen Trapper-Geschichten. Aber das meiste Garn, das er gerne spann, beruhte auf wahren Begebenheiten.

Während allen Unternehmen fertigte Bridger detaillierte Karten an, die auf seinen genauen Beobachtungen beruhen. Diese Skizzen haben Aufnahme bis ins Kriegsministerium in Washington gefunden.

Die Tatsache, daß Jim mit unermüdlichem Eifer und ohne Unterbrechung ein weites Terrain durchstreifte, macht deutlich, wie gut er mit Land und Leuten umzugehen verstand. Seine ehrliche Art machte ihn nicht nur bei seinen weißen Kameraden beliebt, sondern hinterließ ihren Eindruck auch bei der indianischen Bevölkerung.

Dafür spricht, daß er sich zuerst mit einer Flathead-Indianerin verband, nach deren Tod eine Ute heiratete und,

Jim Bridger (1804—1881)

als diese 1849 starb, eine Shoshone-Squaw zur Frau nahm. Die Einheirat in die jeweils ortsansässigen Stämme brachte es wieder mit sich, daß er seinerseits hinzulernte und seine regionalen Kenntnisse vertiefen konnte.

Bridger beherrschte mehr als ein Dutzend Indianersprachen; daneben Französisch und Spanisch, denn zahlreiche Mountain Men stammten aus Kanada oder Neumexiko.

All das, vereinigt in einer intelligenten Persönlichkeit mit großer Herzensbildung, kam jenen Menschen zugute, die mit Jim Bridger in Berührung kamen: Auswanderer, Mormonen, Abenteurer, Pioniere, Wissenschaftler, Offiziere oder Jagdgesellschaften.

Bereits zu Beginn der West-Expansion war 1843 im südwestlichen Teil von Wyoming das bekannte Fort Bridger am Oregon Trail entstanden. Zu den ersten Besuchern dieses Handelspostens gehörten **John Charles Fremont** und sein Führer **Kit Carson,** später auch der „Prophet und Seher" **Brigham Young.** Folgende Geschichte ist uns aus jenen Tagen überliefert:

Bridger war überrascht zu hören, daß zivilisierte Menschen am Großen Salzsee leben wollten, mit Ackerbau, Viehzucht und allem, was dazu gehört. Er riet den Mormonen davon ab, sich an einer derart unfruchtbaren Gegend zu versuchen.

Dies ist sicherlich eine der ganz wenigen Aussagen von James Bridger, die nicht zutrafen!

Genau zehn Jahre lang konnte Jim diesen monopolisierten Handelsposten betreiben, bis er ihn an die Mormonen verlor, die diesen wichtigen Stützpunkt mit Beschlag belegten, um ihre junge Heimat vor unliebsamen Eindringlingen zu schützen.

Als 1857/58 kriegerische Auseinandersetzungen mit der Bundesregierung drohten, zerstörten die Mormonen das Fort Bridger, damit es dem „Feind", der Utah-Expedition unter General Albert Sidney Johnston, mit Bridger als Führer, nicht in die Hände fiel. Es wurde nie wieder aufgebaut.

Bis zum 64. Lebensjahr stand Jim Bridger allen wichtigen Militär- und Forschungs-Expeditionen, von der U.S. Regierung zur Bekämpfung der Sioux und anderer Stämme oder zur Erkundung neuer Routen für mögliche Eisenbahnverbindungen ausgeschickt, zur Verfügung. Schließlich zog er sich von den geliebten Ebenen und Bergen in die „Zivilisation" zurück.

Jim Bridger hatte frühzeitig an seinen Lebensabend gedacht. Er kaufte sich eine Farm in der Nähe von Kansas City.

Dort schloß der große Pionier, der die letzten Jahre bewußt in Abgeschiedenheit verbrachte, am 17. Juli 1881 die Augen.

Calamity Jane
1852—1903

Eine Frau mit vielen Gesichtern

Nicht nur Männer brachten Unruhe in den ohnehin turbulenten Wilden Westen. Die wenigen „weiblichen Pioniere" waren entweder strengzüchtige Hausverweser und Erzieher der Kinder oder skandalumwitterte Damen der Rotlicht-Bezirke.

Eine Person hob sich in besonderer Weise aus jenem Milieu hervor. Sie konnte mit dem Schießeisen so gut wie mit ihren weiblichen Reizen umgehen. Sie war Frau und Patriotin zugleich.

Die Rede ist von Martha Jane Cannary (Canarray), am 1. Mai 1852 in Princeton (Missouri) geboren. Sie war das älteste von sechs Kindern.

Der Unterhalt der großen Familie wurde durch einen kleinen Farmbetrieb bestritten. So erfuhr sie früh, daß nur harte Arbeit die Mäuler stopft.

Nach Ende des Bürgerkrieges suchten die Eltern weiter westlich ihr Glück. Als Jane kurz darauf die Mutter verlor, mußte sie mit vierzehn Jahren deren Stelle einnehmen.

Wenig später (1867) starb der Vater, und Martha sah sich vor die Frage gestellt, wie sie die Geschwister satt bekam.

Da diese Umstände auch im Westen für ein Mädchen ungewöhnlich waren und keine staatlichen Institutionen um Hilfe angegangen werden konnten, sah sie sich gezwungen, mit dem, was ihr von Gott gegeben war, zu operieren. Sie wurde häufig in Bars und Tanzhallen in Alder Gulch, Virginia City, Abilene, Hays oder Cheyenne getroffen, wo sie die Bekanntschaft manchen Abenteurers machte.

Von ihrer Kundschaft hatte sie öfters hören müssen, wie wenig weiblich und kratzbürstig sie eigentlich war. Kurzentschlossen drehte sie den Spieß um:

Fortan trug sie nurmehr Männerkleidung, wußte mit dem Colt geschickt umzugehen, und ihre ohnehin rauhe Stimme vervollständigte das Bild.

Die Geschäfte liefen gut in dieser Verkleidung. Sie arbeitete längere Zeit als Schwellenleger beim Bau der Union Pacific — auch für eine robuste Frau ein harter Job.

Schließlich war es ihr gar möglich, sich als Armee-Gespannführer im Februar 1875 der Newton-Jenney-Geologen-Expedition in die Black Hills (South Dakota) anzuschließen. Dieses Unternehmen wurde von 400 Soldaten aus Fort Laramie eskortiert. Janes süßes Geheimnis blieb unentdeckt.

Im Frühjahr 1876 gehörte sie als „Zivilangestellter" (Armee-Scout) der Militärexpedition unter General George Crook an. Ein Offizier konnte „ihn" jedoch als Frau identifizieren, und sie wurde entlassen, denn der Feldzug gegen die Sioux war reine Männersache.

Captain John G. Bourke schrieb in sein Tagebuch: „Hinter vorgehaltener Hand gab es das Gerücht, wonach einer unserer Angestellten eine Frau sei. Mir war klar, daß es sich in diesem Fall nur um ‚Calamity Jane' handeln konnte, eine Berühmtheit an der Grenze."

In Deadwood, einer aufblühenden Goldminen-Siedlung, lernte Jane einen gutaussehenden Mann namens **James Butler Hickok** kennen. Er kam ihrer Lebensweise und Lebensauffassung sehr entgegen, und auch Wild Bill brachte dieser Art von Weiblichkeit Sympathie entgegen. Doch blieb es, allen Gerüchten zum Trotz, bei einer freundschaftlichen gegenseitigen Bewunderung.

Ihren bekannten Namen „Calamity Jane" (Katastrophen-Johanna) verdiente sie sich aller Wahrscheinlichkeit nach dadurch, daß sie in jeder Lebenslage und bei größeren Katastrophen die einzige war, die hilfsbereit und selbstverständlich ihre Person in den Dienst der Sache stellte.

Calamity Jane (1852—1903)

So war sie zum Beispiel im Jahr 1878 die einzige Frau in Deadwood, die dem Doktor bei einer Blattern-Epidemie half und ohne egoistische Überlegungen unter primitivsten Umständen den Kranken Versorgung und Trost zuteil werden ließ.

Bei einer anderen „Katastrophe" war sie den Polizei-Dienststellen die einzige Zeugin:

Eine von ihr gelenkte Postkutsche wurde von Banditen überfallen und alle Reisenden wegen ihrer Wertsachen getötet. Geistesgegenwärtig ließ sie sich beim ersten Schuß vom Kutschbock fallen, rollte einen steilen Abgang hinunter und stellte sich tot. Die Gangster fielen darauf herein — und hatten mit ihr eine wichtige Augenzeugin ihrer blutigen Tat zurückgelassen. Die Räuber konnten wenig später überführt, verurteilt und gehängt werden.

Als in Deadwood der Boom zu Ende war, zog es Martha ruhelos durch den Westen. Endlich gelangte sie nach El Paso in Texas, wo sie einen Frachtfahrer namens Clinton Burke kennenlernte. Sie heiratete ihn am 25. September 1891.

Diese Ehe brachte ihr nicht die verdiente Geborgenheit. Burke verließ sie — und Jane war wieder auf dem Weg der Ruhelosen.

Viele Schreiber machten Geld mit ihren Memoiren, sie schrieb auch einige mehr oder weniger glaubhafte Episoden aus ihrem Leben.

Auf Fotos ist Calamity Jane in großer Pose mit dem leichten Militärgewehr für Zivilangestellte oder einem **Colt** im Gürtel zu sehen. In Wirklichkeit schoß sie höchstens einmal auf leere Flaschen, Kronleuchter oder Straßenlaternen — in angetrunkenem Zustand. Jane war ganz bestimmt alles andere als ein „weiblicher Scharfschütze".

Martha Jane Cannary Burke starb an Lungenentzündung am 1. August 1903 in Terry (South Dakota). Einer ihrer aufrichtigen Wünsche ging in Erfüllung:

Die Gemeinde überführte ihren Leichnam auf den Mount Moriah Cemetery in Deadwood, wo sie neben Wild Bill Hickok, dem einzigen wirklichen Freund, ihre letzte Ruhe fand.

Christopher (Kit) Carson
1809—1868
Fallensteller, Offizier und Indianeragent

„Er ist ein einfacher Mann, aber tapfer wie ein Löwe. Er hat unsere Herzen im Sturm erobert, und man kann mit ihm über alle Dinge reden." (General J. F. Rusling, Fort Lyon, 1866)

Die Rede ist von Christopher Carson, Sohn der Eheleute Lindsay und Rebecca Robinson Carson. Er wurde am 24. Dezember 1809 als fünftes von zehn Kindern auf einer kleinen Farm im Madison County (Kentucky) geboren. Zwei Jahre später zog die Familie in den **Boone**'s Lick District nach Missouri um, an die bewegte Grenze zum Indianergebiet.

Es mag nicht verwundern, daß der Junge keine Schule besuchen konnte; erst an seinem Lebensabend war er des Schreibens und Lesens einigermaßen kundig.

Christopher kam zu einem Sattler namens David Workman in die Lehre, der er im September 1826 entfloh. Er trampte nach Santa Fe und übte verschiedene Tätigkeiten in Taos aus, ehe er mit Ewing Young nach Kalifornien gelangte — den Spuren von **Jedediah Strong Smith** folgend.

Während dieser Expedition erlangte Carson seine „Hochschulreife" als Trapper und Indianerkämpfer. Dann zog er mit **Tom Fitzpatrick** nach Norden, gelangte ins Great Basin und ins Gebiet der kriegerischen Blackfoot.

Im Frühjahr 1833 kam es bei Pocatello (Idaho) zu einer heftigen Auseinandersetzung mit den Schwarzfuß-Indianern, in deren Verlauf Christopher seine einzige schwere Verletzung davontrug.

Nichtsdestoweniger hielt sich Carson in den nächsten acht Jahren in dieser Region auf und zog mit **Jim Bridger** und Tom Fitzpatrick umher. Dazwischen kehrte er immer wieder nach seinem Heim in Taos zurück, bzw. führten ihm Büffeljagden nach Bent's Fort am Santa Fe Trail.

Während eines Trapper-Treffens am Green River hatte Kit einen Zweikampf auszutragen, den „ein hünenhafter Franzose namens Captain Shunan vom Zaune brach". Carson wollte nicht länger mitansehen, wie die anwesenden Amerikaner verprügelt wurden.

Man einigte sich auf ein Duell zu Pferd. Beide Mountain Men waren mit einer Kentucky Rifle bewaffnet. Shunan hob seine Waffe, als eine Kugel seine rechte Hand zerschmetterte. David hatte den Goliath besiegt!

Carson war mit einer Arapaho-Indianerin verheiratet, die ihm eine Tochter namens Adaline schenkte. Nach dem Tod seiner Frau brachte er im Frühjahr 1842 das fünfjährige Mädchen zu Verwandten nach St. Louis, wo eine schicksalhafte Begegnung mit **John Charles Fremont** stattfand.

Kit Carson (1809—1868) als Indianeragent und Offizier (kleines Photo)

Kit gehörte sämtlichen Fremont-Expeditionen als Führer an, war also maßgeblich an der Eroberung von Kalifornien beteiligt. Auf Anordnung von Präsident Polk erhielt er den Rang eines Leutnants zugesprochen. Wenig später zog er sich ins Privatleben auf seine Farm nach Taos zurück.

Bereits nach Abschluß des ersten erfolgreichen Unternehmens hatte Christopher eine spanische Senorita namens Maria Josefa Jaramillo geheiratet. Es handelte sich um eine Schwester der Frau von **Charles Bent,** Miteigentümer des berühmten Bent's Fort.

Im Sommer 1853 trieb Carson eine Schafherde mit 6 500 Tieren nach den Goldfeldern bei Sacramento und konnte bei dieser Gelegenheit einen großen Profit einstreichen.

Wieder zurück in New Mexico erfuhr Carson, daß er zum U.S. Indianeragenten für die Ute ernannt worden war. Er erfüllte dieses schwierige Amt während sieben Jahren mit großer Ausdauer und stetem Erfolg.

Es läßt sich nicht mehr mit Bestimmtheit sagen, wann und wie Christopher Carson zu seinem Beinamen „Kit" gekommen ist. Das Wort bedeutet im militärischen Gebrauch „Ausrüstung". Anscheinend verfügte der junge Trapper bereits über eine vielseitige Ausstattung, weshalb ihm andere Fallensteller diesen Spitznamen beigegeben haben.

Im Winter 1857/58 hat Kit einem Militärarzt, Lieutenant-Colonel DeWitt C. Peters, eine kurze Autobiographie diktiert. Entgegen seinem Wunsch hat der Doktor das Material für ein Buch verwendet, das von allen späteren Historikern zu Rate gezogen wurde — obwohl „Peters etwas zu dick aufgetragen hat".

Bei Ausbruch des Bürgerkrieges berief man Carson zum Colonel der 1st New Mexico Volunteer Infantry. Nach der siegreichen Schlacht von Valverde, die den Südwesten endgültig für die Union bewahrte, wurde ihm der Oberbefehl über mehrere Expeditionen gegen die Mescalero-Apache und Navaho übertragen. Er konnte den Widerstand beider Stämme brechen.

Am 25. November 1864 kam es zur ersten Schlacht von Adobe Walls in Nordwest-Texas. 400 Soldaten griffen ein Dorf der Kiowa und Comanche an, das rund 4 000 Indianer beherbergte. Nach eintägigem, heftigem Kampf mußten sich die Blauröcke unverrichteter Dinge zurückziehen.

Nach dem Krieg wurde Brigadegeneral Carson zum Kommandanten von Fort Garland in West-Colorado ernannt.

Ein bereits Jahre zurückliegender Sturz vom Pferd, der einen Tumor an der Luftröhre verursacht hatte, machte ihm immer mehr zu schaffen. Trotz enormer Schmerzen nahm Kit alle ihm übertragenen Regierungsaufgaben bis zuletzt wahr.

Von der Krankheit gezeichnet, begleitete Carson noch eine Ute-Delegation nach Washington. In den Westen zurückgekehrt, begab sich der Unverwüstliche in ärztliche Behandlung nach Fort Lyon.

Zwei Wochen später, am 23. Mai 1868, starb Christopher „Kit" Carson, „diese glänzende Persönlichkeit und dieser große Charakter".

George Catlin
1796—1872
Portraitist der amerikanischen Geschichte

Vieles der wilden Schönheit und farbigen Kultur der nordamerikanischen Ureinwohner wäre uns verborgen geblieben, hätte George Catlin sich nicht in die abenteuerliche Wildnis am Missouri gewagt.

War die reine Menschenbegegnung mit den Stämmen schon nicht ungefährlich, so war vom religiösen Standpunkt aus gesehen die Tatsache, daß er Gesichter auf weißer Leinwand wiedergab, für die Indianer einem Zauber gleich zu setzen. Wieviel Geduld und menschliches Einfühlungsvermögen waren notwendig, um die Harmlosigkeit der Catlinschen Tätigkeit den Naturkindern klarzumachen.

Am 26. Juli 1796 kam George Catlin als fünftes von vierzehn Geschwistern der Familie Putnam und Polly Sutton Catlin in Wilkesbarre (Pennsylvania) zur Welt. Schon mit acht Jahren hatte er die erste eindrucksvolle Begegnung mit Indianern, als Mutter und Großmutter von diesen gefangengenommen wurden.

Seine kindlichen Beschäftigungen waren Fischen, Jagd und Herumstreifen in der Natur. Während häuslicher Familienabende lauschte er begierig den Erzählungen über die Ureinwohner an den Großen Seen, die von Besuchern und Gästen des Hauses vorgebracht wurden.

Er brachte es durch seinen Fleiß bis zum Rechtsanwalt (1818) und ließ sich in Luzerne (Pennsylvania) nieder, wo er auch die ländlichen Gebiete als „Reisender in Gerechtigkeit" betreute.

Während seiner Ausbildungszeit in Litchfield waren die zahlreichen Klienten seines Arbeitgebers „lohnende Opfer seines Zeichenstiftes"geworden.

Ermutigt durch die Begutachtung seiner Produkte, zog es Catlin schon 1823 nach Philadelphia. Dort verdiente er sich seinen Lebensunterhalt durch Portraitmalerei in Öl (darunter William **Clark**) und Zeichnungen von Miniaturen.

Als Meilenstein seiner Malerei sei das Portrait von De Witt Clinton genannt, Gouverneur des Staates New York. Dieser war von Catlins Talent derart angetan, daß er ihm den Auftrag erteilte, die Mitglieder der Legislative zu portraitieren.

In den Jahren 1824 bis 1829 hielt er sich zumeist in Washington auf. Dolly Madison, die Frau des U.S. Präsidenten, verhalf Catlin zu weiteren Großaufträgen.

In dieser Zeit lernte er Clara B. Gregory kennen, die Catlin 32jährig zu seiner Frau nahm. Sie unterstützte ihn tatkräftig zeit seines Lebens.

Der Höhepunkt seiner „Malerei in der Zivilisation" war die Anfertigung eines monströsen Gemäldes, auf dem 115 honorige Delegierte zu sehen sind — Vertreter des Verfassungs-Konvents von Virginia.

Noch immer suchte Catlin nach einem Objekt, dessen Verwirklichung ihm für alle Zeiten ein Denkmal setzen sollte. Da wurde ihm ein Fingerzeig des Schicksals zuteil:

In Philadelphia begegnete der Künstler einer Gruppe von Sioux-Indianern aus dem Fernen Westen, die in ihrer Aufmachung seinem künstlerischen Empfinden den entscheidenden Impuls gaben.

Mit der Umwelt und ihren Unbillen vertraut, war es für Catlin kein Hindernis, die Naturkinder in ihrer urwüchsigen Umgebung aufzusuchen und sie der Nachwelt in ihrer Farbenpracht zu erhalten. Daß der Maler bei diesen monatelangen Aufenthalten kuriose Abenteuer zu bestehen hatte, versteht sich von selbst.

Zum Beispiel ist uns ein Portrait des Häuptlings Tobacco der Oglala-Teton-Sioux nicht überliefert. Und das hat folgende Bewandnis:

In vollem Kriegsschmuck ließ sich der Indianer portraitieren. Doch kaum war das Bild vollendet, stürzte sich dieser auf die Leinwand, nahm sie an sich und verbarg sie in seinem Tipi, wo sie ihn ständig begleiten mußte. So war der Häuptling gewiß, daß er sein Gesicht nicht verlieren würde.

Zwischen 1829 und 1838 schuf Catlin mehr als 600 Bilder. Doch zeichnete er außer Portraits von Indianern jeden Alters und Geschlechts auch ihre Umgebung, Wohnstätten, Sitten und Gebräuche. Er bereiste mehr als fünfzig Stämme von Idaho bis Florida, von Texas bis zu den Großen Seen.

Seine Erlebnisse und Eindrücke schrieb Catlin sorgfältig nieder. Diese Aufzeichnungen verhalfen ihm, in Form von Zeitungsveröffentlichungen, immer wieder zum notwendigen Betriebskapital. Außerdem mußte er seine Kasse dahingehend aufbessern, daß er in den Wintermonaten in den Städten „zivilisierte Menschen" malte.

Trotzdem galt Catlin im eigenen Land recht wenig. Um nach Europa zu reisen, verpfändete er einen Teil seiner Kollektion bei Joseph Harrison in Philadelphia.

Geschäftlich untüchtig, wie so mancher großer Künstler, war es ihm nie möglich, je wieder in den Besitz seiner Bilder zu kommen. Doch hatte dies zur Folge, daß seine Gläubiger die Sammlung dem National Museum vermachten und diese somit zu Catlins späterem Ruhm beitrug.

Als George Catlin am 23. Dezember 1872 in Jersey City (New Jersey) starb, hinterließ er der Nachwelt nicht nur ein lebendiges Bild der nordamerikanischen Indianer, sondern erhielt uns mit seinen ausführlichen schriftlichen Aufzeichnungen eine wahrheitsgetreue Wiedergabe des Lebens und Wirkens der vom Untergang bedrohten Rasse.

In dieser Intensität war Catlin ein wahrer Pionier der Wiedergabe vom Aussehen und Leben der amerikanischen Urbevölkerung.

Dem bedeutenden Indianermaler blieb sein größter Wunsch unerfüllt, ein eigenes Museum für seine Bilder zu bekommen. Heute befinden sich die meisten Arbeiten in der Smithsonian Institution in Washington, D.C.

„Mandan-Tanz" von George Catlin (1796—1872)

George Rogers Clark
1752—1818

Die Eroberung des Nordwest-Territoriums

Durch den Friedensschluß von Paris (1783) erlangten die 13 Kolonien in Nordamerika ihre Unabhängigkeit. Als auf den Landkarten das neue Staatsgebiet abgesteckt wurde, zeigte sich, daß sich die „United States of America" flächenmäßig nahezu verdoppelt hatten.

Während um 1770 die Gebirgskette der Appalachen weitgehend die Westgrenze bildete, lag diese nach Beendigung des Krieges etwa am Mississippi. Dieser enorme Gebietszuwachs im Nordwesten war der Tatkraft eines Mannes zu verdanken.

George Rogers Clark wurde am 19. November 1752 in einer Blockhütte bei Charlottesville (Virginia) geboren. Seine Eltern waren John und Ann Rogers Clark. Auf der Nachbar-Plantage verbrachte Thomas Jefferson seine Jugend. Eine lange und dauerhafte Freundschaft nahm ihren Anfang.

Für die damaligen Zeiten ungewöhnlich, wurde George eine gute Schulbildung zuteil. Darüberhinaus erlernte er bei seinem Großvater das Vermessungswesen. So vorbereitet, lag es auf der Hand, daß der junge Mann mit Kanu und zu Fuß unterwegs war, um neue Landstriche entlang dem Ohio River kennenzulernen.

Der Wissensdurst fand durch „Lord Dunmore's Krieg" (1774) eine vorübergehende Unterbrechung. Doch trug er ihm, als Angehörigem der Miliz, seinen ersten militärischen Rang als Captain ein. Nach Häuptling Cornstalks Niederlage setzte er seine Entdeckungsreisen in unbekannte Gegenden fort.

Die Zugehörigkeit großer Gebiete zu den Vereinigten Staaten hat man nicht zuletzt Clark zu verdanken. Als Offizier auch in gesetzgebende Gremien gewählt, schrieb er an Gouverneur Patrick Henry von Virginia:

„Große Dinge können nur von einigen wenigen, aber gut ausgebildeten und geleiteten Männern verwirklicht werden. Unsere Sache ist gerecht. Das Vaterland wird uns dankbar sein."

Henry unterstützte Clark nach besten Kräften. Man überließ ihm gar 500 Pfund Pulver, doch bestand die Schwierigkeit darin, die kostbare und explosive Ladung un-

George Rogers Clark (1752—1818)

beschadet nach den Siedlungen Boonesborough und Harrodsburg zu bringen.

Clark suchte sich sieben Begleiter aus, denen er dieses verwegene Abenteuer zumuten konnte. 400 Meilen Wildnis mußten bewältigt werden. Überall lauerten Indianer, treue Verbündete der Rotröcke, die den Pfadfindern die kostbare Ware zu gerne abgenommen hätten. Alle Versuche blieben erfolglos.

Daraufhin machte sich George Rogers an die Realisierung der wichtigsten Aufgabe im Nordwesten. Seinem Wunsch nach einer Elitetruppe aus Grenzern und Trappern war stattgegeben worden, und so konnte er im Juni 1778 zur Eroberung des „Illinois Country" aufbrechen.

Die 175 Männer, die Clark für sein Unternehmen brauchte, mußten in der Wildnis erfahren sein. Nach sechstägigem Marsch durch unwegsame Wälder und über pfadlose Ebenen gelangten sie am zweiten Jahrestag der Unterzeichnung der amerikanischen Unabhängigkeitserklärung (4. 7. 1778) an ihr Ziel: Kaskaskia.

Ohne jedes Blutvergießen fielen Stadt und Festung in die Hände der Amerikaner, und auch die zumeist französische Bevölkerung sah den Sieger nicht ungern. Es wurde ihr Religionsfreiheit zugesichert, und Clark konnte unter Beifall verkünden, daß seine Regierung einen Beistandspakt mit Frankreich abgeschlossen habe.

Die Freude währte nur kurze Zeit. General Henry Hamilton, der britische Gouverneur von Detroit, rückte mit Hilfstruppen aus, um das verlorene Terrain zurückzuerobern. Den kleinen amerikanischen Garnisonen blieb keine andere Wahl, als sich im Dezember 1778 zu ergeben.

Dieser Handstreich ermutigte Hamilton, Pläne zur Bedrohung der amerikanischen Westgrenze zu schmieden. Zu dieser Unternehmung wollte er im kommenden Frühjahr aufbrechen.

George Rogers Clark erfuhr rechtzeitig von diesem Vorhaben. Sein Ruf nach Freiwilligen wurde erhört. Jeder der Männer wußte, daß ein Vorrücken in den Wintermonaten eine unmenschliche Strapaze bedeuten würde. Und rund 300 km lagen vor ihnen.

Die Flüsse waren über die Ufer getreten und hatten weite Teile des Landes überflutet. Meilenweit wateten die Grenzer bis zu den Hüften im eiskalten Wasser. Man kann diesen Fußmarsch getrost als eines der wagemutigsten Unternehmen in der amerikanischen Geschichte bezeichnen.

Zwanzig Tage nach Aufbruch von Kaskaskia, am 24. Februar 1779, stand Clark vor den Toren von Fort Sackville, wo sich General Hamilton eingenistet hatte. Die Bevölkerung von Vincennes begrüßte die Befreier herzlich.

Auch die Besatzung des Forts, soweit sie französischer Abstammung war, lehnte es ab, gegen Landsleute zu kämpfen.

Hamilton, der seinen indianischen Verbündeten Skalpprämien zahlte, mußte kapitulieren und nach Williamsburg ins Gefängnis gehen. Das umkämpfte „Illinois Country" war somit endgültig für die Vereinigten Staaten in Besitz genommen worden.

Wie die Geschichte lehrt, hatten Männer wie Clark auch ihre Neider. Denunziation und persönliche Schicksalsschläge blieben ihm nicht erspart. Sein Verdienst am Wachsen der jungen Nation ist uneingeschränkt und wird bis zum heutigen Tag gewürdigt.

George Rogers Clark starb am 13. Februar 1818 in Louisville in Kentucky; neben George Washington der größte Held der amerikanischen Revolution.

Der Name Clark rankt sich auch um die Erschließung des eigentlichen Nordwestens. Sein Bruder William war mit **Meriwether Lewis** der Führer der bedeutenden Expedition über den Kontinent zum Pazifischen Ozean.

Samuel Langhorne Clemens
1835—1910
Ein Journalist im Wilden Westen

Er ist uns als Humorist und Autor vieler Bücher bestens bekannt, allerdings unter dem Pseudonym **MARK TWAIN**.

Samuel Langhorne Clemens kam am 30. November 1835 als Sohn von John Marshall und Jane Lampton Clemens in Florida (Missouri) zur Welt. Bis zu seinem vierten Lebensjahr hatte der Kleine mehrere Ortswechsel zu verkraften, die aber dem aufmerksamen Knaben unzählige neue Eindrücke boten.

Er blieb zeitlebens ein Kind der Grenze. Eine für damalige Umstände außergewöhnlich gute Schulbildung wurde ihm ermöglicht, wofür hauptsächlich die Mutter Sorge trug.

Mark Twain = Clemens (1835—1910); Bildmitte

Die Figur der Mutter hat nicht nur in seinem Leben eine entscheidende Rolle gespielt, sondern kehrt in seinen Erzählungen unter verschiedenen Namen und in mannigfachen Persönlichkeiten immer wieder.

Seit 1839 lebte die Familie in Hannibal am Mississippi. Dies schien ein Dauerzustand zu werden, und so schaffte sich Samuel Abwechslung und Abenteuer, indem er dem Treiben der Schiffer, Händler, Trapper, Neger und vor allen Dingen den Geschichten der Bewohner lauschte.

Die Eindrücke seiner kindlichen Erlebniswelt prägten sich tief in sein Gedächtnis. Denn erst 1876 erschien ein Buch unter dem Titel „Die Abenteuer von Tom Sawyer" und es dauerte gar bis 1884, ehe „Die Abenteuer von Huckleberry Finn" vorlagen. In diesen beiden Erzählungen, sagt Twain selbst, „sind alle Gefährten meiner Jugend vertreten".

Der Richter = sein Vater; Tante Polly = seine Mutter; Sid Sawyer = sein Bruder Henry; Neger Jim = ein Sklave namens Onkel Daniel; Huckleberry Finn = Tom Blankenship; Tom Sawyer = „drei Jungen, die ich kannte, mich eingeschlossen".

Als 1847 der Vater starb, mußte Samuel die Schule verlassen und mit zum Unterhalt der Familie beitragen. Es war eine glückliche Fügung des Schicksals, daß es ihm möglich war, in einer Druckerei in die Lehre zu gehen. Er lernte somit Journalismus von der Pike auf.

Nach Vollendung der Ausbildung hielt es den Achtzehnjährigen nicht mehr am Ort. Er zog als reisender Reporter nach St. Louis, New York, Philadelphia, Cincinnati und New Orleans. Da wies ihm das Schicksal einen neuen Weg.

Clemens ließ sich als Schiffsjunge auf einem Mississippi-Raddampfer anheuern. Seine Tüchtigkeit beweist, daß er es binnen eineinhalb Jahren (1858) zum Lotsen brachte. Während dieser Tätigkeit reifte in ihm die Grundlage zu seinem weltberühmten Namen: Mark Twain — es bedeutet in der Lotsen-Sprache „Zwei Faden tief".

Durch seine häufigen Flußreisen sammelte er ständig neue Erfahrungen und somit neues Material für Artikel und Bücher. Der wache und unruhige Geist „speicherte" diese Eindrücke nachhaltig, um sie zur gegebenen Zeit niederzuschreiben.

1861 brach der Bürgerkrieg aus, und der Schiffahrt auf dem Mississippi wurde ein Riegel vorgeschoben. Der arbeitslose Mark Twain fand Unterstützung durch seinen Bruder Orion Clemens, gerade zum Sekretär des Gouverneurs vom Nevada-Territorium berufen. Samuel wurde seine rechte Hand.

Clemens, selbst an der Grenze aufgewachsen, lernte nun den Fernen Westen kennen. Nach einer zwischenzeitlichen Beschäftigung als Prospektor um Carson City verschlug es ihn nach Virginia City, wo sich bereits eine Zeitung etabliert hatte. Seine Anstellung als Reporter (1862) gab ihm die Möglichkeit, seiner Berufung fortan gerecht zu werden.

Die „Territorial Enterprise" betrieben Joseph T. Goodman und Dennis McCarthy, renommierte Grenz-

Journalisten. Sie wußten die Arbeit ihres neuen Angestellten wohl zu schätzen, der sich so gänzlich von seinen Kollegen unterschied.

Sam mochte es gar nicht, „nur Fakten ohne Fleisch an den Knochen abzudrucken". Der einfachen Ankündigung: „Gestern ist für Wilson & Keys ein geschmackvoller Leichenwagen eingetroffen." fügte Clemens eigenmächtig die Worte hinzu: „Auf dieses Ereignis haben beide schon sehr lange gewartet."

Nachdem Samuel wegen eines persönlichen Mißgeschicks die Stadt verlassen mußte, floh er nach Kalifornien, wo er den einflußreichen Bret Harte kennenlernte. Durch dessen Fürsprache machte er einen großen Schritt in seiner Karriere nach vorne.

1865 erschien die Kurzgeschichte „The Celebrated Jumping Frog of Calaveras County" (Der Springfrosch von Calaveras) in einer New Yorker Zeitung — und wenig später im ganzen Land.

Mark Twain konnte nun, im Auftrag von Publikations-Organen, die verschiedensten Reisen unternehmen, die ihn die ganze Welt kennenlernen ließen. Dies war für die damalige Zeit eine großartige und sicherlich auch sehr lukrative Aufgabe.

Er gründete eine Familie und wußte diese somit versorgt.

Samuel Langhorne Clemens hat der Nachwelt unschätzbar viele farbige, humorige und lehrreiche Erzählungen hinterlassen. Er starb am 21. April 1910 in Redding (Connecticut).

Die Weltliteratur hat in ihm, einem Kind der Grenze, einen der vielseitigsten Schriftsteller.

John Philip Clum
1851 — 1932

Der Agent von San Carlos

„Die herausfordernde Haltung der Indianer brachte mich zu der Überzeugung, daß es zwecklos sei, das Palaver fortzusetzen. Die Krise trat offen zutage, die Stunde der Offensive war gekommen. Auf jeder Seite standen sich zu allem entschlossene Männer gegenüber. Die Situation verlangte eine rasche Entscheidung." („Apache Agent")

Diese Ausführungen stammen von John Philip Clum, eine der bedeutendsten Persönlichkeiten im Südwesten. Als Sohn von William Henry und Elizabeth Clum war er am 1. September 1851 bei Claverack (New York) zur Welt gekommen.

Nach Absolvierung des Hudson River Institute trat er mit neunzehn Jahren ins Rutger College ein. Der plötzliche Tod der Eltern brachte es mit sich, daß er sich eine handfeste Beschäftigung suchen mußte.

Im meteorologischen Dienst des U. S. Signal Corps kam Clum im Oktober 1871 auf eine Beobachtungsstation in der Nähe von Santa Fe.

Clum war Mitglied der Holländisch-Reformierten Kirche. Auf Grund dessen bot ihm das Indian Bureau in Washington im November 1873 den Posten des Agenten der San Carlos Apache Reservation in Arizona an. Nach einer Bedenkzeit akzeptierte er diesen neuen Aufgabenbereich. (Sein Bruder George war später als Schulmeister auf der Agentur tätig.)

Clum traf am 8. August 1874 in San Carlos ein. Sein erster Eindruck waren die aufgespießten Köpfe von Häuptling Chunz und seinen Anhängern, die sofort entfernt werden mußten.

Bald merkte Clum, daß ein großer Teil der Schwierigkeiten auf bürokratisch abgegrenzte Zuständigkeitsbereiche zurückzuführen war. Er setzte alles daran, von Anfang an seine Vorstellungen durchzusetzen und zu verwirklichen.

So bemühte er sich, alle Apache auf San Carlos zu konzentrieren. In diesem Bestreben hatte er manchen Disput mit Agent **Tom Jeffords** auszutragen, der Cochises Worte auch über dessen Tod hinaus achtete. Schließlich stimmte der neue Häuptling Taza einer Umsiedlung zu.

Mitte Juli 1876 begleitete Clum 22 Apache nach Washington, wo er den staunenden Naturkindern die Welt des weißen Mannes zeigte. Auf der Rückreise heiratete er Mary Dennison Ware in Delaware (Ohio).

Im Frühjahr nächsten Jahres erfuhr Clum, daß sich der renegate Geronimo in Ojo Caliente (New Mexico), rund 400 Meilen östlich von San Carlos, aufhalten sollte. Der Agent nahm seine Indianerpolizei und machte sich auf den Weg.

Am Morgen des 22. März 1877 erschien Geronimo mit 16 Begleitern, und die Apache setzten sich gegenüber von Clum auf den Boden. Der Agent trat einen Schritt nach vorne und sagte: „Wenn ihr meinen Worten mit offenen Ohren und bereiten Herzen lauscht, brauchen wir uns nicht gegenseitig das Leben schwer zu machen."

Gereizt antwortete Geronimo: „Wenn du mit gerader Zunge sprichst, wird für alle kein Schaden entstehen."

Clum fährt fort: „Ich gab das Signal. Unverzüglich öffnete sich die Schiebetür der Intendanturgebäude. Sergeant Rip begann seinen Sprint entlang den südlichen Gebäuden des Paradeplatzes. Wie von magischer Hand bewegt, stürmten die Indianerpolizisten aus ihren Verstecken, schlossen sich ihrem Sergeant an und begannen auszuschwärmen; ihre Waffen schußbereit in Händen haltend.

Etwa ein halbes Dutzend Renegate versuchte zu fliehen. Captain Clay Beauford hob sein Gewehr und gab unmißverständlich zu verstehen, daß sie gefälligst zu bleiben hätten.

John Philip Clum (1851–1932)

Der Häuptling war nicht bereit, meiner Aufforderung nachzukommen, sich freiwillig ins Wachhaus zu begeben. Energisch sagte ich: ‚Du mußt jetzt mit mir gehen!'

Blitzartig war er auf den Beinen. Mir bot sich ein Schauspiel, das ich zeitlebens nicht vergessen werde. Er stand aufrecht wie eine Gebirgspinie, Würde und Entschlossenheit ausstrahlend. Sein schwarzes Haar reichte bis zu den Schultern, sein Gesicht zeigte strenge Züge, seine kühnen Augen wirkten stechend und seine gesamte Erscheinung war die eines würdigen Kriegshäuptlings der Apache. Da stand er — Geronimo, der Rebell.

Geronimos Augen zeigten weiterhin ein fanatisches Feuer. Er warf einen verächtlichen Blick auf seine Häscher. Dann entspannte sich sein Gesicht und wie nebenbei sagte er: ‚Alles in Ordnung!' Damit konnte die erste und einzige Festnahme des Renegaten vorgenommen werden."

Nach dieser Aktion forderte Clum neue Mittel zur Aufstellung weiterer Polizeiverbände. Als die Politiker ablehnten, blieb dem gewissenhaften Mann keine andere Wahl: am 1. Juli 1877 trat Clum als Agent von San Carlos zurück.

Clum startete erfolgreich eine journalistische Karriere und fungierte als Herausgeber verschiedener Zeitungen.

Im Dezember 1879 traf er in Tombstone ein, die neue Silber-Boom-Town zog ihn in ihren Bann. Am 1. Mai 1880 gründete Clum den berühmten „Tombstone Epitaph"; später fungierte er auch als Bürgermeister und Postmeister.

Der frühe Tod seiner Frau ließ in ihm den Gedanken reifen, die Stadt wieder zu verlassen. Genau zwei Jahre nach Gründung der Zeitung verkaufte Clum den „Tombstone Epitaph".

Den ruhelosen Mann zog es von einem Camp zum anderen — nach Kalifornien, Nevada und in den hohen Norden. Während des Goldrausches in Alaska übertrug ihm die Regierung das Amt des U.S. Postinspektors.

Später kehrte Clum wieder nach Arizona zurück und ließ sich in Tucson nieder. Er mußte mit ansehen, wie seine Freunde das Zeitliche segneten.

Mit William S. Hart und Tom Mix gehörte er zu den Sargträgern bei der Beerdigung von **Wyatt Earp.** John Philip Clum starb nach einem Herzanfall am 2. Mai 1932 in Los Angeles.

William Frederick Cody
1846—1917
Der Showmann „Buffalo Bill"

Was man von ihm nur wenig weiß, sind folgende Fakten: „Augen, die besser sehen als ein Fernglas; ein hundertprozentiger Fährtenleser; ein brillanter Reiter; ein treffsicherer Schütze."

General Eugene Asa Carr schrieb dies 1878 über einen Mann, der in unseren Vorstellungen als Manager einer Wild-West-Show lebt.

William Frederick Cody wurde am 26. Februar 1846 auf einer Farm im Scott County (Iowa) geboren. Die Eheleute Isaac und Mary Ann Leacock Cody gaben die Landwirtschaft bald auf, und der Vater verdingte sich als Postkutschenfahrer. Schließlich zog die Familie mit dem achtjährigen Sohn ins Salt Creek Valley bei Fort Leavenworth um.

Nach dem baldigen Tod des Vaters mußte Bill die Ernährung der kleinen Familie übernehmen. Er kam als Handlanger zum Versorgungstreck der militärischen Utah-Expedition, die das Mormonen-Empire des **Brigham Young** beschneiden sollte.

Bei dieser Gelegenheit begegnete er dem legendären **Jim Bridger,** dem William selbstverständlich nacheifern wollte.

Zum Jahreswechsel 1857/58 besann sich der Junge, daß er nicht einmal seinen Namen schreiben konnte. Er besuchte während fünf Monaten eine Volksschule, ehe es ihn erneut zum Frachtunternehmen von **Russell,** Majors & Waddell trieb. So gelangte er nach Denver, wo das Goldfieber ausgebrochen war.

Nach erfolglosen Bemühungen schloß sich Bill im April 1861 dem Pony Expreß an, dem berühmten Postunternehmen zwischen St. Joseph (Missouri) und Sacramento. Von damals sind zahlreiche Geschichten über den Reiter Cody bekannt geworden, die mehr schlecht als recht der Wahrheit entsprechen.

Im amerikanischen Bürgerkrieg kam er zunächst zu einer Guerillatruppe der Union, bekannt als Jayhawkers. Danach fungierte Cody als Scout für das 9. Kansas Kavallerie-Regiment. Schließlich trat er den Streitkräften bei und versah seinen Dienst in Tennessee und Missouri.

Am 6. März 1866 heiratete Cody in St. Louis die Tochter eines Abgeordneten, Louisa Frederici. Er verdingte sich beim Frachtunternehmen der Gebrüder Goddard, das die Arbeiter der Kansas Pacific Railroad Company mit Nahrungsmitteln versorgte.

Aus dieser Zeit stammt die Bezeichnung „Buffalo Bill", da er die Transporte reichlich mit Frischfleisch bereicherte. 4 280 Tiere fielen binnen achtzehn Monaten seinen Kugeln zum Opfer.

Cody war bereits in jenen Tagen ein gefundenes Fressen für jeden Journalisten: Er schoß Büffel mit tödlicher Sicherheit, er fand Spuren wie mit Adleraugen, er war eine schillernde Erscheinung, und er saß wie ein Gentleman zu Roß.

All diese Eigenschaften, in einer Person vereint, waren prädestiniert für eine Glanzrolle in einem melodramatischen Theaterstück, das am 16. Dezember 1872 in Chicago Premiere hatte: „Die Scouts auf den Prärien" von ‚Ned Buntline' (=Edward Carroll Judson, 1823—1886).

Die Zeitung „Chicago Times" veröffentlichte einen vielsagenden Kommentar zu diesem Stück:

„Ähnliches wird uns wahrscheinlich nie mehr geboten werden. Selten haben wir derart widersinnige Dialoge zu hören bekommen. Alles war abscheulich anzusehen... unerträglicher Gestank, Szenen mit Skalpieren, Blut und Donner... Es wird wohl keine zweite Aufführung geben."

Der Verleger Ned Buntline war es auch, der, durch den Vertrieb von Groschenromanen, um die Figur „Buffalo Bill" phantasievolle Legenden

Buffalo Bill Cody (1846—1917) im Vordergrund mit seiner Wild-West-Show

wand. Cody seinerseits fand Gefallen daran, im Rampenlicht zu stehen.

Nach der Indianerschlacht am Little Big Horn brach Cody eine Tournee im Osten ab, um sich als Armeescout dem 5. Kavallerie-Regiment anzuschließen. Am Warbonnet Creek im Wyoming kam es Mitte Juli 1876 zu einem Zweikampf mit Cheyenne-Häuptling Yellow Hand — „meine erste Rache und mein erster Skalp für **Custer**".

Es folgte eine fünfjährige Zwischenstation auf seiner Ranch bei North Platte in Nebraska. Dann konnte Cody im Mai 1883 seiner Eitelkeit Genüge tun und die bekannte „Wild-West-Show" auf die Beine stellen.

Er hat es hervorragend verstanden, bei aller Werbung seine Kämpfe mit Indianern und seine Erlebnisse auf den Plains zugkräftig anzubringen.

Cody machte auch nicht Halt davor, die Notlage des Hunkpapa-Sioux-Medizinmannes Sitting Bull auszunützen und ihn für Geld der gaffenden Menge in Amerika und Europa zu präsentieren. Seine Berater und Agenten durften jedoch nie vergessen, daß Buffalo Bill stets als Star des Unternehmens hervorzuheben war.

William Frederick Cody starb am 10. Januar 1917 in Denver. Der Showmann „Buffalo Bill" war tot.

Er selbst und viele Zeitgenossen fühlten sich berufen, seinen Nachruf ins rechte Licht zu setzen. Es ist schwer, Legende und Wirklichkeit zu trennen.

Bei Cody gibt es vorwiegend Legende ohne großes Fundament, bei anderen Westmännern handelt es sich um festgefügte Grundlagen, gepaart mit Können — sie waren wirkliche Helden des Wilden Westens.

Samuel Colt
1814—1862
Der Revolver, der ihn weltbekannt machte

„Fünfzehn Texas Rangers unter meinem Kommando trafen auf rund hundert Elitekrieger der Comanche. In gewohnter Weise konnten wir den ersten Ansturm abwehren. Die Krieger glaubten nun, uns überrennen zu können. Doch wir schossen mit unseren neuen Handfeuerwaffen ruhig weiter, bis der große Zauber die Comanche zwang, sich zurückzuziehen. Eine neue Ära in der Kriegsführung auf den Ebenen war angebrochen." (Captain John C. Hays, 1840)

Erfinder dieser neuen Feuerwaffe war Samuel Colt, das dritte Kind von Christopher und Sarah Caldwell Colt. Er kam am 19. Juli 1814 in Hartford (Connecticut) zur Welt, wo der Vater mehrere Woll- und Baumwollfabriken besaß.

Sam konnte eine ungestörte Kindheit verbringen, ehe das Schicksal jäh eingriff. Das Unternehmen ging bankrott, und die Mutter starb an Schwindsucht. Christopher Colt heiratete wieder, während der Junge jeden familiären Halt verlor. Er lebte bei einer Tante, die ihm einen unregelmäßigen Schulbesuch ermöglichte.

1824 ließ sich der Vater in Ware (Massachusetts) nieder, wo er eine Färberei und Bleicherei eröffnete. Sam mußte im Geschäft mithelfen, nebenbei weiterhin zur Schule gehen und Aushilfsarbeiten auf nahen Farmen annehmen.

Schließlich wurde ihm der Besuch einer Vorschule für das Amherst College ermöglicht. Aber „wegen Schädigung der Anstalt" mußte er seine Ausbildung abbrechen. Mit sechzehn Jahren beschloß Sam, sein Glück auf See zu suchen.

Auf einem Frachter gelangte er nach Kalkutta, doch scheint ihm die Indien-Fahrt nicht sonderlich gefallen zu haben. Er nahm eine Beschäftigung in der Bleicherei seines Vaters an und konnte in dieser Zeit seine chemischen Kenntnisse weiter vervollkommnen.

Wenig später sagte er aber Ware endgültig Lebewohl: „Ich wollte endlich im eigenen Kanu sitzen." Während den nächsten drei Jahren hörte man nichts vom jungen Colt. In den Zeitungen der Ostküste las man häufig von einem „Dr. Coult", der öffentliche Demonstrationen mit Lachgas durchführte.

Von klein auf galt Sams Interesse der Verbesserung von Schußwaffen, und seine Experimente mit Pulver sorgten öfters für Ärger. Von der erwähnten Seereise hatte er ein aus Singapur-Holz geschnitztes Modell einer halbautomatischen Handfeuerwaffe mitgebracht — den Urtyp des Revolvers.

1831 konstruierte Sam zwei Pistolen. Ein Exemplar flog ihm um die Ohren. 1832 reichte er seine Idee beim United States Patent Office in Washington ein; 1833 entwickelte er in Baltimore eine Pistole und ein Gewehr.

Der Erfolg im eigenen Land ließ allerdings auf sich warten. Deshalb reiste Colt zwei Jahre später nach Europa und erhielt in England und Frankreich die entsprechenden Patente überreicht.

Einen Monat nach seiner Rückkehr aus der Alten Welt, am 25. Februar 1836, überreichte ihm William P. Elliott das erste amerikanische Patent mit der Nummer 138 — ein Dutzend weitere folgten.

Colt Navy .36 (1851er Modell)

Seine Erfindung beruhte auf einer brauchbaren Trommel, „die durch das Spannen des Hammers in Drehung versetzt und bei der durch erneute Betätigung die Zylindersperre aufgehoben wird".

Innerhalb von drei Monaten entstand in Paterson (New Jersey) die Colt Patent Arms Manufacturing Company. Das stromlinienförmige Serienmodell kostete die enorme Summe von 25 Dollar.

Trotz aller Bemühungen gelang es Sam nicht, Armee und Marine zur Anschaffung dieser Handfeuerwaffen zu bewegen. So kam es 1842 zum Bankrott, und Sam mußte die Rechte an seinem Paterson-Colt an Geschäftsleute verkaufen.

Unverdrossen wandte er sich neuen Aufgaben bei der Marine zu. Sam demonstrierte, „wie man Schiffe durch Pulverladungen unter Wasser zerstören kann". Die Verlegung eines Unterseekabels von New York City nach Coney Island und Fire Island Light ist von ihm durchgeführt worden.

Bei Ausbruch des amerikanisch-mexikanischen Krieges kam die endgültige Wende. Die Regierung bestellte tausend Revolver, und Sam konnte seine Patente zurückkaufen. In Whitneyville, nahe New Haven, entstand eine neue Produktionsstätte.

Die vervollkommnete Waffe beruhte auf seinen weiteren Patenten vom 29. August 1839 (Nr. 1304) sowie 3. und 10. September 1850 (Nr. 7613 und 7629).

Das Geschäft lief derart gut, daß man sich bald nach einer größeren Fabrik umsehen mußte. 1848 zog die Colt Company in seine Geburtsstadt Hartford. Sam erwarb ein dreistöckiges Gebäude für die Herstellung und Konstruktion neuer Modelle.

Der Siegeszug des Colt-Dragoon, Colt-Navy oder Colt-Army war nicht mehr aufzuhalten. Neue Häuser entstanden, die Colt Arms Manufactory wurde die bedeutendste Waffenfabrik in den Vereinigten Staaten.

Die Besiedlung des Westens ist unauslöschlich verbunden mit dem Namen jenes Mannes, der „allen Menschen die gleiche Chance zum Überleben im Pionierland gegeben hat".

Während des amerikanischen Bürgerkrieges, am 10. Januar 1862, ist Samuel Colt gestorben.

Die Fertigung der berühmtesten Handfeuerwaffe hat er nicht mehr erlebt: Colt Single Action Army Frontier. Vom Modell 1873, ironischerweise „Colt Peacemaker" genannt, sind mehr als 400 000 Stück verkauft worden. Zu dieser Zeit war der Westen bereits „erobert".

David (Davy) Crockett
1786—1836
Westmann und Politiker

Dem Leser wird Davy Crockett nicht unbekannt sein. Doch hat er außer romantischen Jugenderlebnissen als erwachsener Mann für Amerika und seine Entwicklung Maßgebliches geleistet.

David kam am 17. August 1786 auf einer Farm bei Rogersville (Hawkins County, Tennessee) zur Welt. Vater John betrieb eine Taverne, die Kinder wurden in den Tagesablauf mit eingespannt.

Davy, das Lieblingskind seiner Mutter Rebecca Hawkins, durfte sein Interesse an der Umwelt vollauf befriedigen. So lernte er früh, sich draußen zurechtzufinden, zu jagen und durch die Freundschaft mit einem Irokesen in der Natur zu lesen.

Da zu seiner Zeit noch keine Schulpflicht herrschte und das Eingepferchtsein in vier Wände nicht seinem Naturell entsprach, war ihm nur wenig öffentliche Ausbildung zuteil geworden.

Die Schule war es auch, die ihn mit dreizehn Jahren bewog, das Elternhaus zu verlassen. Diese Wanderjahre nutzte er, um Land, Leute und Ereignisse in sich aufzunehmen.

Schon in dieser Zeit geriet er in die Mühle der Auseinandersetzungen zwischen Indianern und Weißen. Aus diesem Grunde blieb Davy der Grenze treu und gründete sein eigenes Heim in der Wildnis von Alabama, wo sich bald neue Konflikte anbahnten.

Während des zweiten englisch-amerikanischen Krieges erhoben sich dort 1813/14 die Creek-Indianer unter Häuptling Weatherford. Davy Crockett diente General Andrew Jackson als hervorragender Scout und Waldläufer.

Ein Ortswechsel nach Südwest-Tennessee, ins neugeschaffene Giles County, trug ihm die ehrenvolle Berufung zum Friedensrichter ein. Bemerkenswert ist die Tatsache, daß seine Urteile recht unkonventionell, aber von der Bevölkerung anerkannt waren und keines jemals revidiert werden mußte.

So wuchsen Achtung und Anerkennung, sein Ruf als ehrlicher Richter drang bis in die Hauptstadt.

Er war genau der Mann, der die Vorstellungen und Belange der Grenzer vertreten konnte. Nahezu zwangsläufig erfolgte seine Wahl (1821) in die Legislative, wo er sich für die Siedler und kleinen Landbesitzer tatkräftig einzusetzen wußte.

Den ruhelosen Davy zog es erneut nach Westen, an die Ufer des Mississippi. Sein Talent als Schütze ließ ihn stets in aller Munde sein — in acht Monaten erlegte er 105 Bären.

Es verstand sich von selbst, daß man einen derart populären Mann abermals als Vertreter in die gesetzgebende Versammlung (1823) vorschlug.

Seine volksnahen Ausführungen machten Davy derart bekannt, daß er bald zu höheren Aufgaben in die Bundeshauptstadt Washington entsandt wurde. Von 1827 bis 1831 und 1833 bis 1835 gehörte Crockett dem Kongreß an, als einer der markantesten Vertreter im Repräsentantenhaus.

In den Augen der anderen Abgeordneten war Crockett nicht nur ein aktiver, sondern sehr oft auch ein unangenehmer Gegner, wenn es um die Indianerfrage und die Rechte der kleinen Leute ging. Redner-Reisen in den Norden, nach New York City und Boston, machten ihn im ganzen Land bekannt.

Ebenfalls 1834 erschien „Ein Bericht über das Leben von Davy Crockett". Diese Veröffentlichung trug maßgeblich zur Legende um diesen Mann der Grenze bei.

Crockett mußte einsehen, daß er den politischen Querelen auf die Dauer unterlegen war. Er verließ den Kongreß

Davy Crockett (1786—1836)

mit einer denkwürdigen Rede. Seiner Ansicht — „Vertritt Deine Meinung und gehe vorwärts, wenn Du weißt, daß Du im Recht bist!" — konnte er nicht untreu werden.

Es rief ihn eine neue Aufgabe. In Texas fochten die Amerikaner um ihre Rechte. Als es zum bewaffneten Kampf mit Mexiko kam, lag es für Crockett nahe, seinen Landsleuten mit einem Trupp Freiwilliger, bekannt als Hirschlederbrigade, zu Hilfe zu kommen. Im Januar 1836 trafen sie in San Antonio ein.

Er befand sich unter den Verteidigern des Alamo, eines ehemaligen Klosters, das zur Festung ausgebaut worden war. Der strategisch wichtige Platz sollte so lange wie möglich gegen die anrückende mexikanische Armee unter General Antonio Lopez de Santa Anna verteidigt werden. 185 Texaner gegen 6 000 Soldaten — Kavallerie, Infanterie und Artillerie.

Für Kenner militärischer Auseinandersetzungen war es ein schier aussichtsloses Unterfangen, die charakterliche Einstellung der Verteidiger somit doppelt zu werten.

Der heldenhafte Kampf um den Alamo ist bis heute in Legenden und Folklore aus der amerikanischen Geschichtsschreibung nicht mehr wegzudenken.

Davy Crockett fiel, wie alle seine Mitstreiter, in den letzten Stunden des Hauptangriffs am Morgen des 6. März 1836 — für die Rechte der Amerikaner in dem von Mexiko beanspruchten Texas.

Als Generalissimo Santa Anna durch die Ruinen schritt, auf der Suche nach den Leichen von Travis, **Bowie** und Crockett, soll er seinen Männern zugerufen haben: „Diese kurze Episode ist nun auch beendet." Dabei hatten die Mexikaner 600 Soldaten verloren und Hunderte von Verwundeten zu beklagen.

Wenige Wochen nach diesem Ereignis gelang es den texanischen Truppen unter Sam Houston, die Verbände des Antonio Lopez de Santa Anna vernichtend zu schlagen. Der Schlachtruf „Remember the Alamo" wurde zum Fanal.

Es entstand die Republik Texas, die 1845 dem Staatenverband der Union beitrat.

George Armstrong Custer
1839—1876
Die Vernichtung des Roten Mannes

Er war Westmann und Offizier zugleich. Kein anderer Name hat in der amerikanischen Pioniergeschichte jemals für gleich viel Schlagzeilen gesorgt.

George Armstrong Custer war am 5. Dezember 1839 bei New Rumley (Ohio) geboren worden. Die Eltern, Emanuel H. und Maria Ward Custer, hatten große Dinge mit ihrem Sohn im Sinn.

Schon dem Knaben hatte man eine militärische Karriere vorbestimmt, obwohl er keinesfalls als Musterschüler bezeichnet werden kann.

Durch Protektion konnte er trotzdem 1858 eine Ausbildung an der berühmten Militärakademie von West Point beginnen. Bedingt durch den Ausbruch des Bürgerkrieges erhielt Custer vorzeitig das Patent zum Leutnant der Kavallerie.

Persönliche Eitelkeit und Draufgängertum zeichneten ihn zu Beginn des Krieges zwischen den Nord- und Südstaaten aus. Sein rücksichtsloses Vorgehen machte Custer schon mit dreiundzwanzig Jahren zum jüngsten Brigadegeneral der Freiwilligenverbände in der U.S. Geschichte.

Ein typisches Bild seiner Charakterisierung gab Präsident Abraham Lincoln, als er bei einem Empfang seine Frau Libby mit den Worten begrüßte:

„Sie sind also die Gattin jenes Mannes, der seine Schlachten mit Gebrüll gewinnt!"

Als man nach Beendigung des Bürgerkrieges keine Generale mehr brauchte, wurde der arbeitslos gewordene Draufgänger in den Rang eines Captains der regulären Streitkräfte zurückgestuft.

Es waren aber seine lebenslangen Gönner Sheridan und Sherman, die seine Berufung als stellvertretender Befehlshaber des neu geschaffenen 7. Kavallerie-Regiments im Juni 1866 veranlaßten — im Rang eines Lieutenant-Colonel (Oberstleutnant).

Dem tatendurstigen Custer gefiel das Garnisonsleben in den entlegenen Stützpunkten auf den südlichen Plains in keiner Weise. So machte er seinem Tatendrang dahingehend Luft, indem er seine Soldaten schikanierte.

Dieses Verhalten brachte ihm eine Verurteilung (Oktober 1867) und vorläufige Suspendierung vom Dienst ein.

Wiederum war es seinen gönnerhaften Freunden zu verdanken, daß er, als gegen die Süd-Cheyenne ein Heißsporn gebraucht wurde, erneut zur 7. Kavallerie gerufen wurde. Mit der inneren Einstellung, „es geht nicht ohne mich", begann er den historischen Feldzug.

Am 27. November 1868 kam es zur berühmten Schlacht am Washita River. Häuptling Black Kettle und über hundert Cheyenne wurden getötet, das Lager sinnlos dem Erdboden gleichgemacht.

Major Joel H. Elliott, der mit Custers Hilfe rechnete, wurde von diesem schmählich im Stich gelassen. Der Offizier bezahlte diese Unkorrektheit seines Vorgesetzten mit dem Leben, ebenso weitere siebzehn Soldaten.

Die Indianer schienen vorerst gebändigt, und die neue Aufgabe, Whisky-Schmuggler und kleine Gauner in den Südstaaten dingfest zu machen, war nicht nach Custers Geschmack.

Abwechslung brachte die „Kaiserliche Jagd" (1872) in Kansas, die zu Ehren von Großfürst Alexis von Rußland veranstaltet worden war.

Wie wenig Custer die Mentalität und Glaubwürdigkeit eines Indianers kannte, zeigt eine kurze Episode im Verlauf dieser Jagd:

Den anwesenden Damen führte er wie ein Dompteur Indianer vor und zwang einen Häuptling, einen auf der Erde liegenden Handschuh aufzuheben. Sein Bruder Tom mußte diesen Befehl mit der Peitsche unterstreichen. Der Tag der Rache sollte nicht zu fern sein.

George A. Custer (1839—1876) mit Frau und Bruder Tom

Als bei den Sioux auf den nördlichen Ebenen Unruhen laut wurden, verlegte man 1873 das 7. Kavallerie-Regiment nach Fort Abraham Lincoln (bei Bismarck, North Dakota).

Die ausgeschickten Expeditionen nützte Custer stets dahingehend, seinen eigenen Ruhm zu untermauern. Er ignorierte wiederholt Befehle und geriet prompt in brenzlige Situationen, aus denen ihm seine Gönner durch Fürsprache halfen.

Da im Frühjahr 1876 eine militärische Zangenbewegung gegen die Dakota-Stämme geplant war, sah Custer seine Stunde für gekommen. Er konnte seinen Befehlshaber, General Alfred Howe Terry, dazu bewegen, ihm eine 600 Mann starke Vorausabteilung zur Einkreisung des Feindes anzuvertrauen.

Mit strikten Befehlen, nicht eigenmächtig zu handeln, ritt der tatendurstige Offizier mit seinen Mannen zum Little Big Horn River — und mit fünf Kompanien blindlings in die von den Sioux und Cheyenne unter Crazy Horse und Gall rasch aufgebaute Todesfalle.

Da er und 205 Mitstreiter die Schlacht am 25. Juni 1876 nicht überlebten, erwuchs Lieutenant-Colonel George Armstrong Custer nie ein Ankläger.

Oglala-Häuptling Low Dog hat fünf Jahre später über die Kämpfe wie folgt berichtet:

„Sie brausten heran wie ein Donnerkeil. Niemals zuvor habe ich tapferere und furchtlosere weiße Krieger gesehen. Nachdem wir uns gesammelt hatten, gingen wir zum Gegenangriff über. Ich rief meinen Männern zu: ‚Heute ist ein guter Tag zum Sterben, folgt mir.' Als wir massiv angriffen, saßen die weißen Krieger von ihren Pferden ab. In dem Getümmel konnten sie mit ihren Feuerrohren nicht gut zielen, viele Schüsse gingen in die Luft. Ich habe Gelbhaar (Custer) nicht gesehen. Wir wußten auch nicht, daß er der weiße Häuptling war."

Robert Dalton
1867—1892
Unrühmliches Ende in Coffeyville

Ein uraltes Sprichwort, wonach niemand als Verbrecher geboren wird, bewahrheitete sich deutlich bei den Geschwistern Dalton.

Als Vetter der Younger-Brüder wurde Robert Dalton im Mai 1867 im Cass County (Missouri) geboren; die Familie bestand aus den Eltern Louis und Adeline Lee Younger Dalton sowie acht Kindern.

Mit fünfzehn Jahren kam Bob nach Coffeyville in Kansas, wo er Ende 1888 als Deputy-Sheriff für das Indianer-Territorium fungierte.

Die Liebe zu einem Mädchen brachte ihn dazu, einen Rivalen zu beseitigen. Der erste Tote säumte seinen Lebensweg.

Wenig später formierte er eine Pferdediebebande, und steil ging es aufwärts auf dem Weg des Verbrechens. Mehr oder weniger mit seinen Brüdern und angeheuerten Gesinnungsgenossen, wie Bill Doolin, wurden vor allem Züge überfallen.

Als sie ihr Operationsgebiet verlagerten und sich auf Banküberfälle konzentrieren wollten, kam ihnen beim letzten großen Coup zwar die Ortskenntnis zu Hilfe, doch hatten sie nicht mit der Einstellung der Menschen in Coffeyville gerechnet.

Bandenführer Bob Dalton ritt am 5. Oktober 1892 mit seinen Brüdern Emmett und Gratton sowie Dick Broadwell und Bill Powers (alias Tim Evans) um 9.30 Uhr vormittags in die Stadt ein. In der C. M. Condon und First National Bank waren etwa 100 000 Dollar zu „kassieren". An der Rückseite des Grundstückes von Bezirksrichter Munn banden sie ihre Pferde am Zaun fest.

Gratton, Broadwell und Powers gingen zum Südwest-Eingang der Condon Bank, und Bob und Emmett schritten zum Haupteingang der First National genau gegenüber.

Wenig später wurde Mr. Ball, Kassierer der Condon, aufgefordert, das Geld aus dem Tresor einzupacken. Um Zeit zu gewinnen, erklärte der clevere Ball, daß sich das Zeitschloß nicht vor 9.45 Uhr öffnen ließe. Es fehlten noch einige Minuten.

In der First National hatten gleichzeitig die Bankangestellten Gold und Bargeld im Wert von rund $ 21 000 in einen Sack füllen müssen.

Der Ladenbesitzer Alec McKenna hatte die Banditen beim Vorbeigehen an der Drogerie erkannt. Er alarmierte die Stadt. Einige mutige Männer ließen sich in den Eisenwaren- und Waffenläden sofort Gewehre und Revolver geben. Die ersten Schüsse durchschlugen die Condon Bank. Powers und Broadwell schossen blindlings durch die Fenster zurück, während auf der Straße Frauen und Kinder schreiend flohen.

Broadwell war am Arm getroffen worden. Die drei Banditen rannten, kopflos geworden, durch die Südwesttür hinaus. Der letzte Coup war bereits mißlungen. Die Outlaws wußten nicht, daß die Tresore schon seit acht Uhr früh aufgeschlossen waren.

Sie rannten um ihr Leben zu den Pferden. „Sie liefen mit gesenkten Köpfen, als wenn ihnen ein starker Wind ins Gesicht wehte", erklärte später ein Augenzeuge.

Aus der Hintertür der First National Bank stürzten Bob und Emmett. Emmett schleppte den mit Geld gefüllten

Das Ende des Dalton-Gang (5. 10. 1892)

Sack, Bob feuerte aus seiner Winchester, um den Rückzug zu decken. Drei Bürger blieben auf der Strecke.

Der 29jährige Gratton wurde von einer Kugel schwer getroffen, konnte aber hinter einem Tank in Deckung gehen. Mit letzter Kraft hatte er Town-Marshal Charles T. Connelly von hinten erschossen.

Bill Powers taumelte getroffen gegen eine Haustür, schleppte sich zum Pferd, zog sich in den Sattel und stürzte dann, von mehreren Kugeln durchbohrt, in den Straßenstaub.

Dick Broadwell konnte auch sein Pferd erreichen und sich in den Sattel schwingen, dann trafen ihn die tödlichen Kugeln.

Bob Dalton stolperte verwundet über die Walnut Street in Richtung Stadtgefängnis, lief einem Schützen direkt vor die Mündung. Der „Schrecken von Oklahoma" endete mit einem Brustschuß.

Emmett Dalton war an der Hüfte verwundet, sein rechter Arm zerschmettert. Doch zäh schleppte er den Geldsack weiter, gelangte gar bis zu seinem Pferd, kletterte in den Sattel und konnte bis zu seinem toten Bruder Bob reiten.

Eine Kugel schlug ihm in den Leib, fast gleichzeitig traf ihn eine Schrotladung in den Rücken, so daß er in hohem Bogen aus dem Sattel flog.

Vier Minuten vor zehn Uhr war die gefürchtete Dalton-Gang ausgelöscht, weil die Bürger das Gesetz selbst in die Hand genommen und die Banditen die Treffsicherheit mutiger Stadtbewohner unterschätzt hatten.

Das einzig überlebende Bandenmitglied, Emmett Dalton, konnte genesen und wurde am 15. März 1893 zu lebenslanger Haft im Staatsgefängnis in Lansing verurteilt. 1907 begnadigte ihn Gouverneur E.W. Hoch.

Er ging nach Kalifornien und betätigte sich als Kontraktor und Grundstücksmakler. 1931 erschien das Buch „When the Daltons Rode". Am 13. Juli 1937 starb Emmett Dalton mit 66 Jahren in Los Angeles.

Für geschäftstüchtige Filmemacher in Hollywood war das Geschehen um die Dalton-Gang durch Jahrzehnte „Stoff" für unsinnige Filme, worin die Banditen noch zu einer Zeit agierten, als sie längst unter der Erde lagen.

Grenville Mellen Dodge
1831—1916

Pionier des Eisenbahnbaus

„Möge Gott die Einheit unseres Landes bewahren, wie diese Eisenbahn die großen Ozeane der Welt miteinander verbindet." (Promontory Point, 1869)

Damals wie heute gelten die Maßstäbe, daß man mit seiner Hände Arbeit und mit festgefügten Vorstellungen etwas Großes leisten konnte. Wir haben eine Persönlichkeit, die sich nach solchen Maximen richtete, vor uns.

Grenville Mellen Dodge wurde am 12. April 1831 bei Davers (Massachusetts) geboren. Seine Eltern, Sylvanus und Julia Dodge, betrieben eine kleine Farm und gaben dem Knaben das Gefühl, daß man durch einen starken Willen etwas erreichen kann. Dies nahm er sich zu Herzen und erarbeitete sich seinen Schulbesuch, was für damalige Zeiten unüblich war.

Damit nicht genug: Auf Grund seines Fleißes durfte er die Durham Academy (New Hampshire) und die Norwich University (Vermont) besuchen. Sein Hauptinteresse galt kaufmännischen und konstruktiven Lehrbereichen.

Im Juli 1851 erhielt Dodge sein Diplom als Militär- und Zivil-Ingenieur. Seinen Eltern schrieb er: „Es ist ein wildes und unkultiviertes Land westlich der Neuenglandstaaten, das nun bezwungen, eingezäunt und urbar gemacht wird."

Seiner Entwicklung kam zustatten, daß sich in jener Zeit das Interesse der Wirtschaft auf den Eisenbahnbau konzentrierte. So fand der frischgebackene Fachmann rasch eine Anstellung bei der Illinois Central Railroad Company.

Ein glücklicher Zufall im Leben von Dodge war, daß er mit Chefingenieur Peter A. Dey bekannt wurde. Dieser nahm ihn mit auf Vermessungsarbeiten. Schließlich konnte er Dodge dazu überreden, zur Mississippi & Missouri Railroad Company zu wechseln.

„Der Herr hat das Land so angelegt, daß ein Ingenieur, der die große freie Straße (= Platte Valley zum Salt Lake) nicht zu nützen weiß, nicht wert ist, seinem Stand anzugehören."

Die Mississippi & Missouri ermöglichte es Dodge, seine Interessen vielschichtig zu erweitern. Man übertrug ihm die Leitung von Vermessungs-Expeditionen, die ihn auch nach Council Bluffs führten. Mit der Gründung einer eigenen Familie, er heiratete 1854 Anne Brown aus Peru (Illi-

Arbeitszug der Union Pacific Railroad Company (1868)

nois), schuf er sich hier auch seinen ständigen Wohnsitz.

Die aufblühende Siedlung reizte ihn dazu, sich beim Aufbau derselben mit seinen kaufmännischen Fähigkeiten zu engagieren. Dodge war Mitbegründer verschiedener Firmen und der Bank von Council Bluffs. Darüber hinaus stieg er ins Frachtgeschäft ein, das die Indianerterritorien westlich des Missouri bis nach Denver belieferte.

Zu Beginn des Bürgerkrieges war es für Dodge selbstverständlich, sein Konstruktionsbüro zu verlassen und die blaue Uniform der Union anzuziehen: Als Leiter der örtlichen Miliz wurde er Colonel des 4. Iowa Regiments und stand seinen Mann auf verschiedenen Kriegsschauplätzen.

Während seiner Tätigkeit im Feld zeichnete sich Dodge unter anderem dadurch aus, daß er mit Weitblick und Organisationstalent alle Hindernisse bravourös zu lösen verstand. Beispielsweise baute er, in nur drei Tagen, eine vierzehn Fuß hohe und 710 Fuß lange Brücke über den Chattahoochee River in Tennessee.

Sein pionierhafter Einsatz blieb auch General Ulysses Simpson Grant nicht verborgen. Als Dodge im August 1864 eine schwere Kopfverletzung frontuntauglich machte, ging er verstärkt daran, seine Reformpläne in der Konstruktion und Ausrüstung der kriegswichtigen Eisenbahnen in die Tat umzusetzen.

Bei Kriegsende war Generalmajor Dodge durch seine Arbeiten der Regierung in Washington wohlwollend aufgefallen. So übertrug sie ihm im Januar 1866 den Posten des Chefingenieurs der Union Pacific Railroad Company.

Die Trassenführung der ersten transkontinentalen Eisenbahnverbindung über Flüsse, Prärien, Wüsten sowie durch Berge und Schluchten erwies sich als eine Aufgabe, die einen ganzen Kerl erforderlich machte. Dodge war der richtige Mann am rechten Ort.

Am 10. Mai 1869 trafen sich die Schienenstränge der U.P.R. mit der Central Pacific Railroad bei Promontory Point, nördlich des Salzsees in Utah. Es gab ein riesiges Volksfest.

Die „Engine 119" (U.P.R.) und „Jupiter" (C.P.R.) berührten sich mit den Kuhfängern, zwei Arbeiter schwenkten Champagnerflaschen, und Samuel S. Montague und G. M. Dodge schüttelten einander die Hände. Die Eisenbahnfahrt über den Kontinent war Wirklichkeit geworden.,

Dodges Hauptaufgabe war damit erfüllt, und er konnte sich neuen, wichtigen Angelegenheiten zuwenden.

Man berief ihn zum Chefingenieur der Texas & Pacific Railroad Company, die den Südwesten erschließen wollte. Innerhalb von zehn Jahren konnten unter seiner Federführung rund 9 000 Meilen an Schienen verlegt werden. Danach war er für die Gesellschaften der Denver, Texas & Fort Worth, bzw. Denver, Texas & Gulf tätig.

Im Jahr 1892 wählte man Dodge zum Präsidenten der Union Pacific Railroad Company. Interne Querelen um Aufsichtsratsposten veranlaßten ihn, sich vorübergehend auf die eigenen Geschäfte zu besinnen.

Nach Beendigung des spanisch-amerikanischen Krieges ging Dodge nach Kuba, um das dortige Eisenbahnwesen zu reformieren. Die Vervollständigung der Strecke Santa Clara — Santiago ist sein Werk.

Als überzeugter Republikaner besuchte Dodge alle Partei-Konvente und nahm an den Präsidentschafts-Wahlkämpfen aktiv teil. Natürlich beobachtete er alle Entscheidungen der Legislative, die sich mit dem Eisenbahnbau beschäftigten, mit besonderer Aufmerksamkeit.

Als Vorsitzender der Veteranen-Organisationen „Society of the Army of the Tennessee" und „Military Order of the Loyal Legion" starb Grenville Mellen Dodge am 3. Januar 1916 in Council Bluffs. Er war ein weltweit anerkannter Ingenieur, der ein Gebiet von mehr als 60 000 Quadratmeilen im Westen selbst kennengelernt hatte.

Jacob und George Donner
1781/84 — 1846/47

Die Tragödie am Donner Pass

„Den toten Jungen, den der deutsche Lewis Keseberg an der Wand seiner Behausung hängen hatte, konnte er nicht allein verspeist haben. Wenn ich mich nachträglich recht entsinne, müssen wir Kinder und Simon Murphy davon gegessen haben... Eines Tages kam Jacob Donners Frau Elizabeth in unsere Unterkunft und sagte zu unserer Mutter: ‚Tamsen! Kannst du dir vorstellen, was ich heute früh gekocht habe?' Ohne eine Antwort abzuwarten, fuhr sie fort: ‚Den Arm von Samuel Shoemaker!' " (Georgia Donner, 1878)

Eine der größten Tragödien, die sich jemals im Westen abgespielt hat, ereignete sich 1846/47 an der Grenze zwischen Nevada und Kalifornien.

Der Auswandererzug, bekannt als „Donner Party", stand unter der Leitung der beiden Brüder George (62) und Jacob Donner (65). Ihre Eltern waren Deutsche, die sich in North Carolina angesiedelt hatten.

Schon während der Westwanderung waren sie fast immer zusammen. Über Kentucky und Indiana gelangten die Familien in die Nähe von Springfield in Illinois, wo die Donners bald zu den wohlhabendsten Farmern gehörten.

Trotzdem wurden sie vom „Oregon-Fieber" gepackt, denn die Gebiete am Pazifik galten als das Paradies schlechthin. In Kalifornien sollte man gar wie in einem Schlaraffenland leben.

Derart geblendet verkannten manche Auswanderer die Gefahren, die auf einer über 2 000 Meilen langen Reise auf sie warteten. Allein der Wille schien stark genug zu sein, allen Unbillen der Natur zu trotzen.

Im April 1846 machten sich George und Jacob Donner, insgesamt sechzehn Personen, mit sechs Planwagen, die von Ochsen gezogen wurden, auf den Weg nach Independence (Missouri). Unterwegs schloß ihnen die Familie Reed an, und bald folgten weitere Gespanne.

Sie kamen auf dem Oregon Trail zügig voran. Man hatte ihnen gesagt, daß in Fort Bridger ein Trapper namens Lansford W. Hastings auf die Siedler warten würde, der das Land im Westen genauestens kannte.

Am 19. Juli 1846 hatten sie den Little Sandy River in Wyoming erreicht, wo sie auf weitere Emigranten stießen. Daraufhin wurde beschlossen, eine eigene Gesellschaft zusammenzustellen. Sie wählten George Donner zum „Captain" der Donner Party.

Weiterhin gehörten folgende Deutsche namentlich zu den 81 Reisenden: Karl Burger, Lewis Keseberg mit Frau und zwei Kindern, Joseph Reinhardt, Samuel Shoemaker, August Spitzer, Mr. und Mrs. Wolfinger.

Fünf Tage später erreichte der Treck Fort **Bridger**, wo eine folgenschwere Entscheidung getroffen wurde: Man wollte auf Hastings Abkürzung den Salzsee im Süden umrunden.

Aber anstatt den See auf der bekannten Route durch den Weber Canyon zu erreichen, zogen sie auf bislang unbekannten Pfaden durch die Wasatch Mountains. Weitere Verzögerungen gab es bei der Durchquerung der Salzseewüste und auf den Trockenebenen in Nevada.

Völlig erschöpft erreichten die Menschen den Truckee

Teilnehmer der Donner-Party auf dem Oregon-Trail

Lake, der heute Donner Lake heißt. Nurmehr hundert Meilen von **Sutter's** Fort entfernt, erhoben sich die steilen Felsen der Sierra Nevada. Am 28. Oktober 1846, einen Monat zu früh, wurden sie vom Winter überrascht.

Im Laufe der nächsten vier Wochen wurden mehrere Versuche unternommen, den Donner Pass zu überqueren bzw. einen Durchbruch zu wagen. Regen- und Schneestürme dauerten Tag für Tag an. Die Familien bemühten sich, in primitiven Behausungen den nahen Winter einigermaßen zu überstehen.

Auf dem Weg vom Salzsee hatten sie zahlreiche Wagen und vor allen Dingen viele Tiere zurücklassen müssen. Es war abzusehen, wann die wenigen Nahrungsmittel aufgebraucht sein würden.

In den Lagern am Alder Creek und Donner Lake lag der Schnee über sechs Meter hoch. Hungertod drohte, denn das Vieh ging zur Neige. Am 10. Dezember 1846 fand man Jacob Donner und drei Männer erfroren auf. Wer noch einige Zeit überleben wollte, stopfte irgend etwas in sich hinein — Rinde, Blätter und Mäuse.

Da taten sich zehn Männer, zwei Halbwüchsige und vier Frauen zusammen, bekannt als „Forlorn Hope", die mit Schneeschuhen einen Ausbruch wagten. Am Heiligen Abend gerieten sie in einen weiteren Schneesturm, der seine Opfer forderte. Als der Hunger immer unerträglicher wurde, brachen sie ein bislang geltendes Verbot: sie aßen das Fleisch eines Verstorbenen.

Mühsam schleppten sie sich weiter. Sie verspeisten alles, was sie entbehren konnten — Mokassins, Schnürsenkel, Schneeschuhe und ein Paar Stiefel. Nach 32tägiger Qual, am 17. Januar 1847, fanden Indianer nurmehr fünf Frauen und zwei Männer und brachten sie zur nahen Johnson's Ranch.

Die Bewohner des Sacramento-Tales begannen sogleich mehrere Rettungsgruppen zusammenzustellen. Die ersten Helfer erreichten einen Monat später den Ort der Tragödie. Mit 22 Überlebenden aus dem Hungerlager traten sie den Rückweg an.

Tamsen Donner weigerte sich mitzugehen. Sie wollte bei ihrem Gatten George bleiben, der sich mit einer Axt eine Verletzung an der Hand zugefügt hatte. Die entstandene Blutvergiftung ließ Schlimmes ahnen.

Am 1. März 1847 erreichte die zweite Rettungs-Expedition das Camp: „Wir sahen einen Mann, der mit einem abgetrennten Menschenbein durch den Schnee stampfte. In einem Schneeloch fanden wir weitere Körperteile, Herz und Leber sowie Fleischstreifen fehlten."

George Donner war dem Tode nahe. Seine Frau lehnte es erneut ab, ihren sterbenden Gatten zu verlassen.

Als vierzehn Tage später Hilfe eintraf, fand man George Donner tot neben seiner Behausung. Er war in eine Decke gehüllt, an seinem Körper hatten sich die Hungernden ebenfalls vergriffen. Tamsen Donner sollte ihrem Gemahl bald folgen.

In der Zeit vom 20. November 1846 bis 1. März 1847 hat der Ire Patrick Breen (c. 1806—1868) ein bemerkenswertes Tagebuch verfaßt. Als gläubiger Katholik hatte er stets dafür gebetet, daß seine Familie diesem Inferno unbeschadet entrinnen könnte — nicht eine Person ist zu Schaden gekommen.

Es ist eine unumstößliche Tatsache, daß die Frauen eine außergewöhnliche Größe gezeigt haben. Alle Männer, mit Ausnahme von Charles Tyler Stanton, der sein Leben für die Allgemeinheit gab, haben sie sich durchweg als schwach und unsicher erwiesen.

Die schlimmste Katastrophe in der Geschichte der Westwanderung kostete 36 Männern, Frauen und Kindern das Leben. 45 Personen überlebten den Donner-Treck.

Der 2 175 Meter hohe Donner Paß wird das Ansehen an diese heldenhaften Pioniere für alle Zeiten aufrecht erhalten.

Wyatt Berry Stapp Earp
1848-1929
Der Kampf im O.K. Corral in Tombstone

Soll nachfolgend die Lebensgeschichte jenes Mannes erzählt werden, muß man leider von vorneherein mit den ihn umgebenden zahlreichen Legenden — aus Büchern, Filmen und Fernsehserien — aufräumen.

Er wurde als vierter Sohn der Farmer Nicholas und Virginia Earp am 19. März 1848 in Monmouth (Illinois) geboren. In Erinnerung an den Kompaniechef seines Vaters erhielt der Junge die Vornamen Wyatt Berry Stapp.

Wyatt Earp (1848–1929) in jungen Jahren und um 1881 (rechts: Buntline Special)

Ruhelos zog die große Familie durch die verschiedensten Regionen des Westens. Als der erste Bruder alt genug war, sein eigenes Geld zu verdienen, war es für ihn eine Selbstverständlichkeit, Sorge für die jüngeren Geschwister zu tragen.

Dieser Zusammenhalt macht es erklärlich, daß späterhin fast immer alle Brüder — es waren inzwischen fünf — an zumeist undurchsichtigen Geschäften beteiligt waren.

Wyatt nahm jede sich bietende Gelegenheit zur Arbeit wahr, als Cowboy, Postkutschenfahrer und Hilfskraft in Saloons. Bei all diesen Jobs dürfte er sich eine gewisse Treffsicherheit erworben haben.

Während er von April 1875 bis Mai 1876 in Wichita als einfacher Polizist fungierte, wendete er die erwähnte Schnelligkeit im Ziehen auch auf unbewaffnete Menschen an — es trug ihm die Ausweisung aus der Stadt ein.

In den an Aufregungen reichen Rinderstädten, wie Abilene, Dodge City oder Wichita, wurden Hüter der Ordnung immer gebraucht. So ist es zu verstehen, daß Earp, als er in Dodge erschien, ohne Schwierigkeiten den freigewordenen Posten des Assistant-Marshals annehmen konnte.

Als im Herbst 1877 die jährlichen Neuwahlen vor der Tür standen, zog Wyatt es vor, von sich aus zurückzutreten. Zu viele Mitwisser aus Wichita hatten inzwischen Stimmung gegen ihn gemacht.

Earp ging nach Texas und übernahm in Fort Clark eine Kneipe. Im Mai 1878 zog es ihn bereits wieder nach Dodge City, wo ihn der neue Bürgermeister abermals als Assistant-Marshal einstellte. Gleichzeitig war er Teilhaber mehrerer Saloons.

In dieser Zeit machte Earp die Bekanntschaft des lungenkranken und reichlich zwielichtigen John Henry „Doc" Holliday (1850—1887) — Zahnarzt, Glücksspieler und Revolvermann. Sie wurden Freunde.

Da die Aussicht auf den Posten des City-Marshals durch Direktwahl von vornherein aussichtslos war, quittierte Wyatt im September 1879 erneut den Dienst. Er ging nach Las Vegas (Nevada), betätigte sich als Scharfschütze für **Wells/Fargo** & Company und tauchte schließlich in der Minenstadt Tombstone in Arizona auf.

Der Name Earp hatte in dieser Gegend noch keinen so unrühmlichen Klang. Sein Bruder Virgil (1843—1905) war Deputy Marshal. James arbeitete als Barkeeper. Morgan begleitete als Wache die Kutsche nach Tucson. Und Wyatt wurde Teilhaber obskurer Kneipen. Auch „Doc" Holliday war wieder mit von der Partie.

Ohne der Geschichte ins Handwerk zu pfuschen, steht außer Frage, daß sich während des Aufenthaltes der Familie Earp in Tombstone die Überfälle und Viehdiebstähle sichtlich häuften. Durchziehende Cowboys trugen in betrunkenem Zustand auch nicht gerade dazu bei, die Stadt ruhig zu halten. Es wimmelte nur so von Gerüchten.

Was der legendären Auseinandersetzung am 26. Oktober 1881 hinter dem O.K. Corral auf der Fremont Street vorausgegangen war, ist mit Gewißheit nicht zu rekonstruieren.

Sicher ist, daß sich die Rancher Billy und Ike Clanton sowie Tom und Frank McLaury in der Stadt aufhielten und mit irgendeinem der Earps in Streit gerieten.

Als die Clantons und McLaurys die Minensiedlung wieder verlassen wollten, stellte sich ihnen der Earp-Holliday-Klan in den Weg.

Ohne Umschweife kam es zum tödlichen Schußwechsel, den nur Ike Clanton überlebte. Er entkam durch eine Hintertür, in die noch eine Schrotladung aus Doc Hollidays Flinte einschlug. Morgan, Virgil und der Doc wiesen leichte Verwundungen auf.

Binnen wenigen Sekunden hatte ein unsinniger und später viel diskutierter Streit drei Tote und drei Verletzte gefordert.

Augenzeugen sagten übereinstimmend aus, daß es sich „um kaltblütigen Mord" gehandelt habe, da zwei Erschossene gänzlich unbewaffnet waren.

Die Earps gaben allerdings zu Protokoll, sie hätten gehört, daß „die Clantons und McLaurys nur auf einen günstigen Augenblick warten würden, um uns hinterrücks anzugreifen".

Deputy Marshal Virgil Earp verlor auf Grund dieser Privatfehde seinen Posten und wurde im Dezember 1881 aus dem Hinterhalt erheblich verwundet.

Am 18. März 1882 verlor Morgan Earp (geb. 1850) durch einen Anschlag, man schoß durch das geschlossene Fenster eines Billard-Saloons, das Leben.

Wyatt und Doc konnten sich zwar an zwei Mördern rächen, mußten danach aber nach Colorado fliehen, wo Doc Holliday starb.

Wyatt zog ruhelos als Kneipenbesitzer durch den Westen und kam sogar bis nach Alaska.

Am 13. Januar 1929 verschied Wyatt Berry Stapp Earp in San Francisco. Die Urne mit seiner Asche ist auf dem jüdischen Friedhof in Coloma beigesetzt.

Das 1931 erschienene Buch „Wyatt Earp — Frontier Marshal" von Stuart N. Lake hat zur Bildung der Earp-Legende wesentlich beigetragen.

Hermann Christian Ehrenberg
c. 1810 — 1866

Vermessungs-Ingenieur und Agent

„Die wahren Umstände, die zum gewaltsamen Tod dieses Deutschen geführt haben, werden für alle Zeiten vom Schleier der Geschichte verhüllt bleiben." (Charles Debrill Poston, 1867)

Diese Worte beziehen sich auf Hermann Christian Ehrenberg, der um 1810 in Marienwerder (Pommern) geboren wurde. Mit fünfzehn Jahren verließ er sein Vaterland, gelangte über Kanada nach „der Metropole der westlichen Welt" (New York City?). Von dort begab er sich nach Louisiana, gehörte später als Freiwilliger den New Orleans Greys an.

Dieser Verband zog nach Texas, um für die Unabhängigkeit des Landes von der Republik Mexiko zu kämpfen. Nach der Schlacht von Goliad (19. 3. 1836) gehörte Ehrenberg zu den wenigen Überlebenden jenes Blutbades, das die mexikanischen Soldaten unter den Männern von Colonel James D. Fannin anrichteten.

Ende dieses Jahres kehrte Ehrenberg nach Deutschland zurück. An der Universität von Freiburg/Breisgau beendete er seine Studien. Zwischendurch schrieb er seine amerikanischen Erinnerungen nieder: „Texas und seine Revolution", Leipzig 1843.

Auf diese Weise hat er dazu beigetragen, daß zahlreiche Deutsche zur Auswanderung nach Texas bewegt werden konnten.

Die letzte Zeit in Old Germany verbrachte Ehrenberg als Englischlehrer an der Universität Halle.

1844 traf er wieder in Amerika ein. Ehrenberg reiste nach St. Louis, wo er sich einem Wagenzug über den Kontinent nach Oregon anschloß. Weiter ging es nach Hawaii, ehe er zu Beginn der amerikanischen Eroberung Kaliforniens in San Francisco anlangte. Er schloß sich **J. C. Fremont** an, brachte es durch den Goldrausch zu Vermögen.

Eines Tages begegnete der tüchtige deutsche Ingenieur einem Mineralogen namens Charles D. Poston. Gemeinsam reisten sie nach Guaymas in Mexiko, wo sie vom Ankauf des „Gadsden Purchase" durch die U. S. Regierung erfuhren.

Im Frühjahr 1854 trafen beide in Tubac (Arizona) ein. Die „Sonora Exploring and Mining Company" stellte Ehrenberg als topographischen Ingenieur und Vermesser an. Während dieser Tätigkeit traf er häufig mit Apache-Indianern zusammen, die den mutigen Deutschen, der zumeist allein unterwegs war, nahezu ungehindert passieren ließen.

Ehrenberg gehörte auch zu den Gründern von Yuma City. Im Juni 1854 konnte von den Indianern das entsprechende Stück Land erworben werden. Zu den Unterzeichnern der Stammzertifikate gehörte ein weiterer Deutscher namens Louis Jaeger.

Zwischendurch beschäftigte sich Ehrenberg mit der politischen Entwicklung seiner neuen Heimat. 1855 fand in Tucson ein Konvent statt, und die Delegierten übertrugen ihm den Vorsitz im „Ausschuß für Beschlüsse und Gesuche". Das neue Territorium sollte das Gebiet südlich von 34°20' umfassen, einschließlich der Landstriche im heutigen Arizona und New Mexico.

Ehrenberg war ein wohlhabender und angesehener Bürger. Er führte Vermessungsaufträge für die Bundesregierung durch, schuf detaillierte Karten des Apache-Gebietes und prüfte Möglichkeiten für eine transkontinentale Eisenbahnverbindung auf einer südlichen Route.

Ende 1864 wurde er zum Agenten für die Colorado River Indian Reservation berufen. Die Agentur befand sich nördlich von La Paz. Dort lebten zahlreiche Apache-Mohave, die den Deutschen aus früheren Begegnungen kannten.

Hermann Christian Ehrenberg (1810—1866)

Deshalb mag es verwundern, daß einer ihrer Krieger angeblich für seinen Tod verantwortlich sei.

Die Zeitung „Daily Alta California" in San Francisco publizierte in der Ausgabe vom 18. Oktober 1866 folgende Geschichte:

„Ein abtrünniger Apache-Mohave verschaffte sich gewaltsam Zugang zur Poststation von Dos Palmas, wo Mr. Ehrenberg die Nacht verbringen wollte, sein Reittier hatte ihm Schwierigkeiten bereitet. Er schlief unter einem Strohdach an der Längsseite des Gebäudes, ausgestreckt auf einem Strohsack. Er hörte den Eindringling, sprang auf und wurde von bewußtem Indianer niedergeschossen, der mit einigen geraubten Gegenständen das Weite suchte. William H. Smith, der Stationsvorsteher, eilte sofort herbei. Er fand den röchelnden Mr. Ehrenberg, der wenig später in seinen Armen starb. Die Beisetzung des Toten fand am nächsten Tag in kleinem Kreis statt."

Der mörderische Indianer konnte anscheinend zunächst entkommen. Am 9. Februar 1867 finden wir folgende Mitteilung in derselben Zeitung:

„Jenen Apache-Mohave, der Mr. Ehrenberg feige getötet hat, ereilte sein Schicksal. Cahuilla-Indianer kreisten ihn bei Agua Caliente ein. Sie stürzten sich auf den Übeltäter, skalpierten und vierteilten ihn. Auf diese Weise haben Wilde ein schweres Verbrechen gesühnt."

Ehrenbergs Freund, Charles D. Poston, hat zeitlebens eine andere Ansicht vertreten:

Hermann habe $ 3 500 in Gold bei sich gehabt, da er eine neue Mine in Arizona kaufen wollte.

Das Geld blieb spurlos verschwunden. Poston bezichtigte offen den Stationsvorsteher des Mordes an Ehrenberg. Beweise für diese Behauptung konnten allerdings nicht beigebracht werden.

Thomas Fitzpatrick
1799—1854
Der einzig faire Indianeragent

„Es gibt keinen Grund, sich über die Indianer zu beklagen. Was würden wir tun, wenn 20 000 Indianer, und nicht wie in diesem Fall weiße Siedler, bewaffnet und beritten in unser Heimatland einfallen würden? Wir müssen eine Übereinkunft finden, die allen Seiten gerecht wird." (Brief an die Regierung, 1850)

Dieser aufrechte Mann war ein gläubiger Katholik, der 1799 in County Cavan in Irland das Licht der Welt erblickte. Seine Mutter, Mary Kiernan Fitzpatrick, hatte acht Kinder aufzuziehen. Über Toms Kindheit ist nur bekannt, daß er eine gute Schulbildung genossen hat.

Im Alter von siebzehn Jahren gelangte der Junge nach Amerika. Der Westen mit seinen unendlichen Weiten zog ihn magnetisch an. Tom hatte bereits seine Erfahrungen als Indianerhändler gemacht, als er ins Rampenlicht der Geschichte trat.

General William Henry Ashley engagierte Fitzpatrick 1823 für seine zweite Expedition zum oberen Missouri. Er nahm an den Kämpfen gegen die Arikara teil, ehe ihn Ashley zum Stellvertreter der Smith Brigade ernannte.

Unter der Führung von **Jedediah Strong Smith** streiften sie durch die Wildnis von Wyoming, überwinterten bei den Crows und gelangten im Frühjahr 1824 entlang dem Green River zum South Pass — zweifelsohne die wichtigste Entdeckung der Mountain Men.

Nachdem sich Ashley aus dem Pelzhandel zurückgezogen hatte, schloß sich Tom der Firma „Smith, Jackson & Sublette" an. Schließlich erwarben Fitzpatrick, **Jim Bridger** und Milton Sublette die Anteile dieses Unternehmens. So entstand die Rocky Mountains Fur Company, die dominierende Gesellschaft in den Bergen.

Mit dem Zustrom der Auswanderer zum Pazifik begann Fitzpatricks zweite Karriere: als ortskundiger Führer.

1841 begleitete er die Bidwell-Bartleton-Party auf dem

Planwagen-Treck auf dem Weg nach Westen

Oregon Trail nach Fort Hall, ehe er mit einigen Missionaren unter Pater **de Smet** ins Gebiet der Flathead-Indianer nach Montana zog. Auf dem Rückweg im nächsten Jahr lenkte er sicher die White-Hastings-Party von Fort Laramie nach Fort Hall in Idaho.

In den folgenden Jahren stellte er sein Wissen und seine Kenntnisse der Armee zur Verfügung. Er diente der zweiten **Fremont**-Expedition als Guide, eskortierte 1845 General Kearnys Truppe zum South Pass und führte eine Abteilung unter Leutnant James W. Abert zum Canadian River.

Bei Ausbruch des Krieges mit Mexiko schloß sich Fitzpatrick der „Army of the West" unter General Stephen Watts Kearny an. Auf dem Santa Fe Trail gelangten die Streitkräfte nach New Mexico, und man konnte die Hauptstadt ohne einen Schuß einnehmen.

Bei Socorro traf Kearny mit **Kit Carson** zusammen, der sich mit wichtigen Nachrichten von Kalifornien auf dem Weg nach Washington befand. Fitzpatrick begleitete seinen Freund auf der Reise gen Osten.

Tom war zu jener Zeit eine der bekanntesten Persönlichkeiten im Westen. Die Indianer fürchteten und respektierten ihn gleichermaßen. Sie nannten ihn „Broken Hand", „Bad Hand" oder „Three Fingers", da Fitzpatrick einst ein Gewehr in der Hand explodiert war.

Bei der Ankunft von Carson/Fitzpatrick in Westport (Missouri) im November 1846 erfuhren sie von der Schaffung einer neuen Agentur am Upper Platte und Arkansas River.

Mit der Leitung beauftragte die Regierung den erfahrenen Tom Fitzpatrick, der sich in der Region zwischen Fort Laramie und **Bent**'s Fort um Arapaho, Cheyenne und Sioux zu kümmern hatte. Diese neue Aufgabe nahm ihn voll in Anspruch.

Tom war fünfzig Jahre alt, als er Margaret, die Tochter des Händlers John Poisel und einer Arapaho-Frau, heiratete.

Wenig später verlor Fitzpatrick seinen Posten, die Gründe sind unbekannt geblieben. Nach Protesten der Abgeordneten aus Missouri wurde er mit Datum vom 12. März 1851 wieder als Indianeragent eingesetzt.

In Zusamenarbeit mit Colonel David D. Mitchell, Superintendent der Central Agency in St. Louis, konnte bei Fort Laramie das größte Council der Geschichte stattfinden. Im September 1851 fanden sich Abordnungen aller Stämme nördlich des Arkansas ein — Arapaho, Arikara, Assiniboine, Blackfeet, Cheyenne, Crow, Gros Ventre und Sioux.

Mehr als 10 000 Indianer folgten dem Ruf des Großen Vaters. Die Nationen sollten in festgelegten Gebieten der Jagd nachgehen und den Verkehr auf dem Oregon Trail unbelästigt passieren lassen. Dafür wollte die Bundesregierung in den nächsten fünfzig Jahren den Stämmen alljährliche Zuwendungen im Wert von $50 000 zugute kommen lassen.

Das Papier, das die Häuptlinge unterzeichneten, wurde bereits wenige Jahre später vom weißen Mann gebrochen. Zu diesem Zeitpunkt war der ehrliche Mittler zwischen den Völkern schon von dieser Welt gegangen.

Tom war auch am Zustandekommen eines anderen Vertrages beteiligt, der am 27. Juli 1853 beim zweiten Fort Atkinson (nahe Dodge City) abgeschlossen werden konnte. Auch in diesem Fall hielten sich Comanche, Kiowa und Kiowa-Apache zu seinen Lebzeiten an dieses Abkommen.

Da berief das Innenministerium den Agenten zu einer wichtigen Konferenz nach Washington. Im kalten Winter hatte sich der harte Mountain Man eine Lungenentzündung zugezogen.

Thomas Fitzpatrick starb am 7. Februar 1854 in Brown's Hotel. Seine Gebeine ruhen in einem unbekannten Grab auf dem Congressional Cemetery.

Häuptling Little Raven von den Arapaho hat den Verstorbenen als „den einzig fairen Agenten" bezeichnet.

John Charles Fremont
1813—1890
Erforschungen des Topographischen Korps

Den Streit um das Oregon-Gebiet (1846) beendete indirekt dieser Mann mit seinem Wagemut zu Gunsten der Vereinigten Staaten.

John Charles Fremont wurde am 21. Januar 1813 in Savannah (Georgia) geboren. Sein Vater war Charles Frémon, ein Franzose.

Nachdem er frühzeitig zum Halbwaisen geworden war, siedelte die Mutter, Anne Beverley Whiting, in Charleston (South Carolina), wo der Sohn, trotz weniger Geldmittel, das berühmte College besuchen konnte. Zur weiteren Ausbildung des aufgeschlossenen und intelligenten Jungen fanden sich immer wieder Mäzene.

So wurde es ihm möglich, als Mathematiklehrer auf dem Kriegsschiff „Natchez" tätig zu sein. Seine wirkliche Karriere begann, als er der Marine den Rücken kehrte und die Möglichkeit erhielt, ins neu geschaffene Topographische Korps (Teil des Kriegsministeriums) aufgenommen zu werden.

Als Second Lieutenant durchstreifte er die Wildnis der Karolina-Bergwelt, ehe Fremont 1837/38 eine Vermessung des Cherokee-Gebietes in Georgia vornahm.

Danach überstellte man ihn zur Expedition von Joseph Nicolas Nicollet, die Erforschungen am oberen Mississippi und Missouri vornahm. Der gemeinsam erarbeitete wissenschaftliche Bericht fand Anerkennung.

Der zweite Wendepunkt in seinem Leben war die Begegnung mit Senator Thomas H. Benton aus Missouri. Dieser machte Fremont mit seinen Vorstellungen über eine Expansion nach Westen bis zum Pazifik vertraut.

Auch für sein späteres Familienleben war dieses Zusammentreffen von nicht geringer Bedeutung. Jessie Benton (1824—1902) hatte sich in den Kopf gesetzt, diesen jungen Leutnant für sich zu gewinnen. Sie verwirklichte diesen Plan bravourös auf ihre Weise.

Die Gedanken des Senators waren darauf gerichtet, im Wettlauf mit England um Oregon als Sieger hervorzugehen. Dazu mußten genügend amerikanische Staatsbürger am Columbia siedeln. Um dies durchführen zu können, wurde Fremont beauftragt, die sichersten Wege dorthin zu erkunden.

Begleitet von 25 Helfern unter der Führung von **Kit Carson** streifte die Expedition des Jahres 1842 kreuz und quer über die nördlichen Plains und durch die Bergregionen Wyomings. Hier bestieg Fremont einen Gipfel (13 730 Fuß), von dem er annahm, daß dies die höchste Erhebung in den Rocky Mountains sei. Der Berg trägt heute seinen Namen.

„Wir streiften durch eine gefährliche Gegend, das bevorzugte Jagdgebiet der Sioux und Cheyenne. **Jim Bridger** teilte uns mit, daß erst im Frühjahr zwei Gruppen von den Indianern zerschlagen worden waren. Im hohen Präriegras konnte man kaum die Büffel sehen, die in riesigen Herden über die Ebenen zogen."

Unter Initiative seiner literarisch gebildeten Frau wurde ein Teil seiner Aufzeichnungen durch die Regierung veröffentlicht, was zur Folge hatte, daß Siedler begannen, sich für das besagte Gebiet zu interessieren.

Durch seinen Erfolg ermutigt, plante er eine zweite Expedition, die nun bis zum Pazifik vorstoßen sollte.

Im Fremont reifte ein unüberlegter Vorsatz: Er führte eine Kanone mit, bei deren Anblick jeder Betrachter an eine militärische Aktion denken mußte. Kit Carson, **Thomas Fitzpatrick** und die vierzig Mann Begleitung — darunter der deutsche Kartograph Charles Preuss — waren keinesfalls erbaut über die Art eines solchen Unternehmens.

Die Route dieser Expedition führte durch feindliches englisches Gebiet, wo man sich in Fort Vancouver mit

John C. Fremont (1813—1890)

Marschverpflegung versorgte. Auf ihrem Weg hatten sie den Großen Salzsee gesehen und in **Whitmans** Mission eine Rast eingelegt.

Entlang der Sierra Nevada ging es nach Süden und über die Berge zu **Sutter**'s Fort — auf mexikanisches Gebiet. Schließlich kehrte man auf dem Spanish Trail in die Staaten zurück.

Die Ankunft in St. Louis gestaltete sich im August 1844 zu einem wahren Triumpfzug. Fremonts Report erschien in mehr als 10 000 Exemplaren.

Das Oregon-Gebiet war nun den Vereinigten Staaten sicher. Es galt, sich dem südlicher gelegenen Kalifornien zuzuwenden. Wegen der Texas-Frage stand ein Krieg mit Mexiko vor der Tür, und somit war Eile geboten.

Fremont erhielt den Auftrag, mit sechzig Mann zur Sierra Nevada vorzustoßen und dort der Dinge zu harren, die bald eintreten würden. Unglücklicherweise sind die entsprechenden Orders nicht schriftlich fixiert worden.

Im Juni 1846 erhoben sich die amerikanischen Siedler am Sacramento zur „Bear Flag Revolt". Fremont eilte seinen Landsleuten zu Hilfe und führte das „California Battalion" weiter zur Eroberung von Monterey, San Diego und Los Angeles.

Nach der Ankunft der Westarmee unter General S. W. Kearny traten offen Kompetenzstreitigkeiten zu Tage, die mit Fremonts Rückführung unter Militärschutz ihren Höhepunkt erreichten. Der Nationalheld, der die öffentliche Meinung hinter sich wußte, zog sich 1848 verbittert ins Privatleben zurück.

Sein weiteres Leben brachte Höhen (Minenbesitz) und Tiefen (fehlgeschlagene Expeditionen). Doch konnte er stets der Unterstützung seiner literarisch aktiven Frau gewiß sein.

1856 bewarb sich Fremont vergeblich um die U. S. Präsidentschaft. Während des Bürgerkrieges machte man ihn zum Generalmajor der Union, danach wurde er Präsident verschiedener Eisenbahngesellschaften, und von 1878 bis 1883 fungierte er als Gouverneur des Arizona-Territoriums.

John Charles Fremont starb am 13. Juli 1890 in New York City an Herzversagen, als er gerade einen Artikel abfaßte. Die Nation hat ihn nicht vergessen.

Charles Goodnight
1836—1929
Vom Cowboy zum Rinderbaron

Er war ein typischer Frontiersman, der weder lesen noch schreiben konnte. Doch am Ende seines Lebens hat er seine schillernden Erinnerungen niedergeschrieben.

Zeitgenossen, wie Joseph Geiting McCoy (1874) haben ihn als „stiernackigen Draufgänger" geschildert:

„Sein orthodoxes Glaubensbekenntnis war Gesetz. Er haßte Heuchler, Lügner und Viehdiebe. Er war von massiger Gestalt, aber schnell in der Bewegung. Sein großer Kopf mit dichtem Haar saß auf breiten Schultern. Unter buschigen Brauen sahen dunkle Augen ihr Gegenüber durchdringend an. Er war der Typ des krummbeinigen Cowboys, der zur Legende geworden ist."

Diese Darstellung bezog sich auf Charles Goodnight, am 5. März 1836 auf einer Farm in Macoupin County (Illinois) geboren. Sein Urgroßvater war zu Beginn des 18. Jahrhunderts aus der Rheinpfalz nach Virginia eingewandert.

Er selbst mußte ohne Vater groß werden. Zur Versorgung der Geschwister ging die Mutter bald eine neue Ehe ein. Da bot sich die Gelegenheit, eine neue Existenz in Texas zu suchen.

Im Sommer 1846 machte sich die Familie mit einem Planwagen auf die tausend Meilen lange Reise zum Brazos River. Dieses westliche Grenzgebiet bot einem aufgeschlossenen Jungen viel Neues. Er sah riesige Büffelherden — und Longhornrinder.

Es ist naheliegend, daß Charles auf der Ranch zum Cowboy ausgebildet wurde — die einzige Ausbildung in seinem Leben. Er lernte Wildpferde einzufangen und zuzureiten, Rinder zusammenzutreiben und mit Brandzeichen zu versehen.

Im Frühjahr 1856 hatte er „ausgelernt". Charles machte sich selbständig. Zusammen mit seinem Stiefbruder übernahm er eine Herde von 450 Tieren, die sie im Auftrag der CV-Ranch betreuten.

Jedes vierte neugeborene Kalb durften Goodnight & Partner behalten — binnen vier Jahren waren fast 200 Stück ihr persönliches Eigentum; der Grundstock zum späteren Vermögen.

Weitere Erfahrungen machte Charles, als er sich den „Unabhängigen Rangers" anschloß. Er wurde Scout und Führer gegen die Indianer, die es aus verständlichen Gründen nicht gerne sahen, daß Bleichgesichter von ihrem Land Besitz ergriffen.

Am 18. Dezember 1860 kam es am Pease River (Nord-Texas) zu einer blutigen Auseinandersetzung mit Comanche unter Häuptling Peta Nacoma. Goodnight gehörte zur

Eine Cowboy-Mannschaft der JA-Ranch

Truppe unter Captain J. J. Cureton. Es handelte sich um eine Aktion „zur Zerschlagung der Indianer in diesem Gebiet". Unter den Gefangenen befand sich eine blauäugige Frau, die als Cynthia Ann Parker identifiziert werden konnte.

Bei Ausbruch des Bürgerkrieges schloß sich Goodnight dem Frontier Regiment der Texas Rangers an. Deren Hauptaufgabe bestand darin, die Grenze gegen feindliche Comanche und Kiowa zu sichern.

Im Frühjahr 1864 beschloß Charles, sich wieder seinem Geschäft zuzuwenden. Die gemeinsame Herde war inzwischen auf über tausend Stück angewachsen, viel zu viel für eine kleine Ranch. Mit einem Kredit erwarben sie die CV-Ranch mit 8 000 Rindern.

Der größte Viehbestand nützt auf die Dauer nichts — die Tiere müssen auch verkauft werden. Goodnight wußte, daß der direkte Weg nach Norden, und somit zu den großen Städten im Osten, schon von anderen Viehzüchtern begangen wurde. Er wollte aber ganz bestimmt nicht das fünfte Rad am Wagen sein.

Goodnight war bekannt, daß die Minenstädte und Militärposten Frischfleisch benötigten und gute Preise zahlten.

Da lernte er einen Texas-Pionier namens Oliver Loving (1812—1867) kennen, der das westliche Grenzgebiet öfters durchstreift hatte. Die Männer verstanden sich von Anfang an: „Wenn Sie mit meinen Kenntnissen etwas anfangen können, komme ich gerne mit!"

Mitte Juni 1866 begann das Abenteuer. Goodnight, Loving und achtzehn Viehtreiber machten sich mit 2 000 Rindern auf den Weg. Entlang der alten Butterfield-Postkutschenlinie gelangten sie unter Mühen und Entbehrungen zum Pecos River. Diesem folgten sie nach Norden, hinein ins Territorium von New Mexico. So umgingen sie das Gebiet der kriegerischen Comanche.

Durch dieses Unternehmen wurde der bekannte Goodnight-Loving Cattle Trail von Belknap (Texas) nach Fort Sumner geschaffen. Der Verkauf der Herde an das Militä brachte einen Reinerlös von $ 12 000 in Gold.

Dieses Geld bildete den Grundstock zum Erwerb neuer Ranches außerhalb von Texas. Aber stets mußten Flußläufe in unmittelbarer Nähe sein. Denn die zähen Longhorns konnten wohl einige Tage ohne Gras auskommen, aber nur schwer auf Wasser verzichten. Und bis zu 110 Liter soff ein Tier pro Tag.

Da man noch keine Weidezäune kannte, bedurfte es vieler Cowboys, auf die man sich in jeder Beziehung verlassen konnte. Sie mußten nicht nur auf das Vieh achten, sondern auch Eindringlinge verjagen, die die ungeschriebenen Weidegesetze mißachteten.

Landesweite wirtschaftliche Schwierigkeiten gingen auch an Goodnight nicht spurlos vorüber. Da hörte er, daß sich im ehemaligen Comanche-Gebiet eine wahre Oase finden sollte.

Im Frühjahr 1876 brach er mit 1 600 Rindern von Pueblo (Colorado) auf. 300 Meilen Wildnis in südöstlicher Richtung lagen vor ihnen. Die Tiere drohten an den steilen Wänden des Palo Duro Canyon abzustürzen. Weder Wasser noch Gras war für die Longhorns vorhanden.

Fast schien es, als jage man ein Hirngespinst. Da tat sich hinter kahlen Felsen plötzlich das sagenhafte Paradies auf. Beim Anblick dieses Wunders inmitten der Steinwüste stand für Goodnight fest: An diesem Platz errichte ich meine Baronie.

Die nächste Verladestation war 250 Meilen entfernt. Es mußte ein neuer Viehtrail geschaffen werden, der vom Texas Panhandle nach Dodge City führte.

Mit dem sich ständig vermehrenden Vermögen der JA-Ranch unterstützte Goodnight auch Neusiedler und sorgte für Schulen an der Grenze. Das Goodnight College trägt noch heute seinen Namen.

So hat der große Rinderbaron mit seinen sozialen Einrichtungen und seinen wegbereitenden Ideen sich selbst den Sockel für ein Denkmal geschaffen.

Er war aber auch als Privatmann unverwüstlich. An seinem 91. Geburtstag heiratete er ein zweites Mal. Corinne Goodnight, die nicht mit ihm verwandt war, schenkte ihm noch das langersehnte Kind, das jedoch als Baby starb.

Charles Goodnight ging am 12. Dezember 1929 von dieser Welt — sein Name wird die Geschichte überdauern.

Frank Grouard
1850 — 1905
Der „Weiße Indianer"

„Wir haben einen der schwersten Feldzüge, die ich bislang im Westen geleitet habe, hinter uns. Erfolgreich konnten wir Crazy Horse's Bande der Sioux und Cheyenne vernichten. Mehr als hundert Indianer sind getötet, ihr Dorf am Little Powder River ist zerstört worden. Große Mengen an Ausrüstung und getrocknetes Büffelfleisch sind ein Raub der Flammen geworden. Unsere Scouts und Halbbluts haben ganze Arbeit geleistet." (General George Crook, 1876)

Unter den erwähnten Kundschaftern befand sich ein Mischling, der zu den schillerndsten Westleuten gehörte: Frank Grouard.

Frank Grouard (1850—1905)

Er kam am 26. September 1850 auf der zu Hawaii gehörenden Paumotu-Insel zur Welt. Sein Vater war Benjamin F. Grouard, ein Kirchenältester der Mormonen, den der „Prophet" **Joseph Smith** als Missionar in die pazifische Inselwelt entsandt hatte. Die Mutter gehörte einer angesehenen Eingeborenenfamilie an.

Frank war zwei Jahre alt, als die Eltern mit ihren drei Kindern nach Kalifornien umzogen. Während sich der Vater „um das Seelenheil der Goldsucher" kümmerte, kam sein Sohn in die Obhut von Addison Pratt in San Bernardino.

Zu Beginn des Disputes zwischen den Mormonen und der Bundesregierung rief **Brigham Young** 1857 alle „Heiligen heim nach Utah". Ben Grouard ließ sich in Beaver nieder, wo er seinen Kindern eine „Ausbildung im Glauben" zuteil werden ließ.

Mit dem strengen Leben in den Kirchengemeinden konnte sich Frank nicht anfreunden. Im Alter von fünfzehn Jahren lief er von zu Hause fort. Auf bekannten Pfaden begab er sich nach Kalifornien und nahm eine Anstellung als Gespannführer in der Umgebung von San Bernardino an.

Schließlich faßte er den Entschluß, im Grenzland des Fernen Westens sein Glück zu machen. Er schloß sich einem Wagentreck an, der bis nach Helena (Montana) fuhr. Dort nahm Frank einen Job als Postreiter an.

Wie gefährlich diese Aufgabe war, sollte sich rasch erweisen: Im Januar 1869 geriet Grouard am Elk River in einen Hinterhalt der Sioux, die zu Crazy Horse's Leuten gehörten.

Den sicheren Martertod vor Augen, hatte sich Frank bereits mit seinem Schicksal abgefunden, als zu seiner allergrößten Überraschung die Wende eintrat. Den Kriegern fiel seine dunkle Haut auf, weshalb sie ihn „für einen von Weißen geraubten Indianer" hielten. Sein Leben war gerettet.

Grouard fügte sich in sein Schicksal, und er lernte schnell. Bald beherrschte er mehrere Dialekte, lebte und dachte in den Sitten und Gebräuchen der Sioux. Und er besaß das uneingeschränkte Vertrauen von Sitting Bull und Crazy Horse.

Im November 1875 tauchte in Camp Robinson (Nebraska) ein Mann auf, der behauptete, mehr als sechs Jahre bei den „Feindlichen" im Norden gelebt zu haben. Die wahren Beweggründe für seinen Sinneswandel sind unbekannt geblieben.

Obwohl Grouard die verschiedensten gutbezahlten Tätigkeiten angeboten bekam, wollte er Chefscout bei der Armee werden. Diese Anbiederung bewirkte jedoch das genaue Gegenteil — die weißen Kundschafter gingen ihm geflissentlich aus dem Weg.

Grouard begab sich nach Fort Laramie, wo er im Februar 1876 von General Crook als „Chief of Scouts" eingestellt wurde. Er nahm an allen vier Expeditionen dieses Jahres teil.

Das erste Unternehmen, bei eisiger Kälte durchgeführt, stieß ins Gebiet des Little Powder River vor. Dort befand sich ein aus 105 Tipis bestehendes Dorf der Sioux und Northern Cheyenne, das zu „Crazy Horse's Band" gerechnet wurde.

Mit den Worten: „Wir werden die Indianer schon finden!", hatte Grouard dem Befehlshaber stets Mut gemacht. Am 17. März 1876 war es soweit.

Die Soldaten griffen das Lager an und zerstörten es. Die Flucht der meisten Bewohner konnten die Blauröcke allerdings nicht verhindern.

Grouard führte die Truppen von einem Gefecht zum anderen: Rosebud, Wolf Mountains, Slim Buttes.

Die zwielichtigste Rolle seiner Laufbahn spielte Grouard während der Flucht und Ermordung von Crazy Horse im September 1877. Man wirft ihm vor, er habe durch bewußt falsche Informationen einen Gegenschlag des Militärs provozieren wollen. In seiner Autobiographie blieb Frank bei der Behauptung, Crazy Horse habe ein Massaker unter den Weißen geplant.

Nach der Unterwerfung der Sioux und Cheyenne war Grouard in Fort McKinney (Wyoming) weiterhin als Armeescout tätig. Zur Zeit der Geistertanzbewegung hielt er sich als Dolmetscher in Pine Ridge auf.

Drei Jahre später (1894) erschien seine Lebensgeschichte als Buch. Darin wird offenkundig, wie eng Wahrheit und Legende beieinander liegen.

Nach der Veröffentlichung dieses Werkes zog sich der alte Scout auf eine Farm bei St. Joseph (Missouri) zurück. Dort schloß er am 15. August 1905 die Augen.

General Crook hat Grouards Arbeit stets in höchster Weise gelobt. Captain John G. Bourke bezeichnete ihn als „erfahrenen Kundschafter", und der Reporter John J. Finerty nannte ihn „einen der führendsten Scouts und Plainsmen im Westen".

John Wesley Hardin
1853 — 1895
Der gefährlichste Revolverheld des Westens

„Es läßt sich nicht mehr mit Bestimmtheit feststellen, wie viele Menschen durch seinen Sixshooter den Tod gefunden haben. Es mögen zwischen dreißig und vierzig Weiße gewesen sein — Mexikaner, Neger und Indianer nicht mitgezählt." (Leutnant John Armstrong, Texas Rangers, 1878)

Diese Worte beziehen sich auf John Wesley Hardin, den berüchtigsten Gunfighter aus Texas. Er kam am 25. Mai 1853 in Bonham zur Welt. Vater James C. Hardin war ein Methodistenprediger, der seinen Sohn dieselbe Beschäftigung ausüben lassen wollte. Aber sein ungestümes Temperament brachte ihn bereits in seiner Jugendzeit in Schwierigkeiten.

Wes war gerade acht Jahre alt, als der Bürgerkrieg ausbrach. Den heranwachsenden Jugendlichen wurde der Haß gegen die Yankees regelrecht eingeimpft. Was zum Durchhalten für die Konföderation gedacht war, sollte in den nächsten zehn Jahren als blutige Ernte aufgehen.

In die besiegten Südstaaten kamen aus dem Norden die „Carpetbaggers", politische Abenteurer, die sich rasch bereichern wollten. Zu ihren Handlangern machte sich die Texas State Police, die in ganz besonderem Maße bei der Jugend verhaßt war.

Im Alter von fünfzehn Jahren erschoß Wes Hardin einen schwarzen Staatspolizisten. Dieser ersten Kerbe an seinem Coltgriff sollten bald weitere folgen.

Polizei und Soldaten hefteten sich an die Fersen des jungen Killers. Kaltblütig legte er seinen Verfolgern einen Hinterhalt, tötete drei Blauröcke (darunter einen Neger), und entkam.

Aus einer Falle der Häscher bei Richland Bottoms konnte er schießend ausbrechen, einen weiteren Toten zurücklassend. Die Summe auf Hardins Kopf stieg in ungeahnte Höhen.

Anno 1869 begann Hardin seine Karriere als Berufsspieler. Eines Tages geriet er an einen gewissen Jim Bradley, der die Karten falsch verteilte. Ehe Wes seine Waffe ziehen konnte, hatte ihm Bradley seinen Derringer in den Bauch gerammt und den Abzug bedient. Der Taschenrevolver versagte, und Bradley bekam keine zweite Chance. Aus Hardins Colt .45 schlug seinem Gegenüber eine Kugel durch den Hals.

Es ist müßig, den weiteren Weg des Spielers, Gunfighters und Killers aufzuzeigen. Von **Billy the Kid** heißt es, er sei ein schießwütiger Bursche gewesen. Wes Hardin hat ihn in jeder Beziehung bei weitem übertroffen.

John Wesley Hardin (1853—1895) im Alter von 18 Jahren in Abilene, Kansas.
Kleines Photo: Eine Auswahl von Hardins Waffen

Obwohl sich Wes in allen Lebenslagen zunächst auf seinen Sechsschüsser verließ, war er einsichtig genug, keinen für ihn aussichtslosen Kampf zu wagen. Er sah zwar verschiedene Gefängnisse auch von innen, doch befand er sich stets rasch wieder in Freiheit. Und die Liste der bewiesenen Morde wurde immer länger.

Die wichtigste Begegnung in seinem Leben ergab sich am 3. Juli 1871 in Abilene. Während hundert Tagen hatte Hardin eine Rinderherde auf dem Chisholm Trail zur wichtigsten Verladestation in Kansas getrieben, wo ein Marshal von ganz besonderen Qualitäten für Recht und Ordnung sorgte — **James Butler Hickok.**

In seiner Autobiographie (1896) berichtet Hardin, daß Wild Bill versucht habe, ihn zu entwaffnen. Nach eigenen Aussagen hielt er ihm den Revolver mit dem Knauf nach vorne in einer Weise hin, daß Wes, als Hickok zugreifen wollte, mit einer geschickten Handbewegung die Waffe auf den Gesetzeshüter richten konnte.

Es ist allerdings recht zweifelhaft, daß gerade Wild Bill auf diesen Trick hereingefallen sein soll. Wes, auf diesen

Vorfall angesprochen, hat stets beteuert, daß es sich tatsächlich so zugetragen habe. Jedenfalls sind sich beide Revolverschützen nie im offenen Zweikampf gegenübergestanden.

Nach einer weiteren Schießerei erneut auf der Flucht, kehrte Hardin am 7. Juli 1871 noch einmal nach Abilene zurück. Als er im American Hotel übernachtete, versuchte ein Dieb gerade seine Kleidung zu stehlen. Ohne Warnung drückte Wes ab und traf den Täter in den Hals.

Plötzlich erinnerte sich Hardin der Verordnung, wonach das Tragen von Schußwaffen innerhalb des Stadtgebietes verboten war. Als er geistesgegenwärtig aus dem Fenster sah, entdeckte er Wild Bill mit vier Deputies, die sich — welch ein Zufall — zufällig gerade vor diesem Haus aufhielten. Nur mit der Unterhose bekleidet, suchte Wes sein Heil in der Flucht.

Wenig später verliebte sich der hartgesottene Gunfighter in ein Mädchen namens Jane Bowen, das seine Frau wurde. Über seine Braut sind nur wenige Fakten bekanntgeworden. Jane starb, als Wes im Gefängnis saß.

Die Jagd ging weiter. Nachdem Hardin einen Sheriff namens Jack Helms erschossen hatte, heftete sich dessen Stellvertreter Charles Webb auf seine Spur. Beide kannten sich von einer Familienfehde her.

Am 26. Mai 1874 begegneten sie einander im Ace of Diamond Saloon in Comanche. Wes, der eine Holsterveste trug, war um den Bruchteil einer Sekunde schneller.

Diese Tat sollte ihm letztlich zum Verhängnis werden. Hardin begab sich als „John D. Swain" nach Louisiana, Alabama und Florida. Die Texas Rangers, welche die diskreditierende Staatspolizei zunehmend ablösten, nahmen sich nun seiner Person an.

Schließlich gelang es Leutnant John Armstrong und **Pinkerton**-Detektiv John Duncan, den gesuchten Outlaw bei Pensacola ausfindig zu machen. Man beabsichtigte, Hardin und seine drei Begleiter während einer Zugfahrt am 23. August 1877 zu überraschen.

Das Vorhaben wäre beinahe mißlungen, doch Armstrong handelte unerwartet: Er schlug Hardin seinen Revolver über den Kopf. Dann richtete er die Waffe auf die weiteren Mitreisenden, die unverzüglich die Hände hoben und sich ergaben.

In Comanche fand der Prozeß statt, unter Aufsicht der Texas Rangers. John Wesley Hardin wurde für schuldig befunden und ins Huntsville Prison überführt.

Nach mehreren mißlungenen Ausbruchsversuchen wandte er sich dem Studium der Theologie und Rechtswissenschaft zu. Schließlich wurde Wes durch Gouverneurs-Erlaß am 17. Februar 1894 voll begnadigt.

Nach seiner Freilassung begab sich Hardin nach El Paso, wo er ein Anwaltsbüro eröffnete. Er lernte eine Mrs. Martin McRose kennen, mit der er zusammenlebte.

Eines Tages wurde seine Lebensgefährtin von einem Polizisten namens John Selman jr. wegen unerlaubtem Waffenbesitz verhaftet. Als Wes davon erfuhr, schwor er Rache.

Selmans Vater kam ihm allerdings zuvor. In den Abendstunden des 19. August 1895 spielte Hardin mit Henry Brown im Acme Saloon ein Würfelspiel. Da trat John Selman sen. an den Bartresen und schoß dem ehemaligen Gunfighter eine Kugel von hinten in den Kopf. Als Wes zu Boden sank, trafen ihn weitere zwei Geschosse.

Old John Selman mußte sich zwar vor Gericht verantworten, wurde jedoch „wegen erwiesener Notwehr" freigesprochen.

Micajah & Wiley Harpe
c. 1775—1804/06
Grenzbanditen in Kentucky

Sie gelten als die brutalsten Banditen östlich des Mississippi/Missouri. Robert M. Coates hat in „Outlaw Years" (1930) die damalige Situation treffend geschildert:

„Die Geschichte der Flußpiraten vom Ohio und der Gesetzlosen auf den frühen Überlandrouten wird niemals vollständig geschrieben werden können. Zu viele Menschen sind in jener Zeit spurlos verschwunden. Man hat einfach nie wieder etwas von ihnen gesehen oder gehört. Somit konnte den Beschuldigten damals nahezu kein Ankläger erwachsen."

Knoxville (Tennessee) hatte nach der amerikanischen Revolution öfters unter Übergriffen von Verbrechern der verschiedensten „Branchen" zu leiden. Die notorischsten Gesetzesbrecher waren wohl Micajah (Big) und Wiley (Little) Harpe. Es wird berichtet, daß ein Viertel Negerblut in ihren Adern floß.

Zeitgenössische Darstellung der Harpe-Brüder

Will man alten Aufzeichnungen glauben, so stammten die Harpes aus North Carolina, wo sie um 1775 geboren worden waren. Wegen irgendwelcher ungeklärter Übeltaten mußten sie ihren Heimatstaat verlassen. Im Sommer 1797 ließen sich die Neuankömmlinge am Beaver Creek nieder, rund acht Meilen westlich von Knoxville, einem wichtigen Handelszentrum an der Grenze.

Zunächst fielen sie nicht weiter auf. Plötzlich begannen sich die Viehdiebstähle zu häufen. Zu dieser Zeit belieferten die Harpes die Läden in Knoxville mit Schinken und Hammelfleisch. Sie betrieben dieses „Geschäft" bewußt sehr offen, um jeden Verdacht der Räuberei von sich zu weisen.

Diese Tarnung half auch nur begrenzte Zeit. Die Harpes wurden von den geprellten Bürgern überführt und schließlich verhaftet. Ehe ihnen der Prozeß gemacht werden konnte, kam es im Juli 1799 zu einem spektakulären Gefangenenausbruch — die Frauen holten ihre Männer aus dem hölzernen Gerichtsgebäude.

Die Gruppe, bestehend aus Big und Little Harpe sowie ihren drei Frauen, zog weiter nach Westen ins benachbarte Kentucky. Im Laufe der Jahre begingen sie wieder mehrere Verbrechen und mußten erneut ihr Heil in der Flucht suchen.

Nun schlugen sie sich, im wahrsten Sinne des Wortes, in die Büsche, um in der Waldlandschaft am Green River ihr Quartier aufzuschlagen. Die Harpes scheinen nur Untaten gekannt zu haben, so daß sie auch in der Folge nicht davon lassen konnten.

In den Rock Castle Hills, an der Wilderness Road, verschwand eines Tages im Jahr 1802 ein junger Virginier namens Langford. Die Bürgerwehr machte sich zum Waldhaus der Harpes auf, nahm sie fest, durchsuchte ihre Hütte und führte die Angeklagten nach Danville. Dort sollte ihnen, auch wegen anderer Vergehen, der Prozeß gemacht werden.

Im Besitz der „Grenzbanditen" fanden sich mehrere Hemden, die kurzerhand als Eigentum des vermißten Virginiers identifiziert wurden. Eines war blutverschmiert und wies mehrere Löcher auf, von Pistolenkugeln verursacht.

Ehe der Prozeß stattfinden konnte, brachen die Inhaftierten erneut aus. Geschichten von neuen Straftaten machten die Runde.

Eines Tages wurde der kleine Sohn von Captain Trabue vermißt. Eltern und Nachbarn machten die Harpe-Gang für diesen Vorfall verantwortlich.

Mehrere Jahre später, als die Banditen längst tot waren, fand man in einem Schlammloch das Skelett eines Kindes.

Wohin die Harpes auch kamen, Mord und Raub begleiteten sie. Und wer waren die Täter? In den Augen der Betroffenen immer die Harpes!

Eines Abends trafen zwei Männer beim Blockhaus einer Familie Stigall ein. Die Besucher gaben sich als Methodisten-Prediger aus und baten um ein Nachtquartier. Mrs. Stigall fand nichts dabei, die unerwarteten Gäste einzulassen, zumal sich bereits ein anderer Reisender in ihrem Heim aufhielt. Die Gastfreundschaft an der Grenze gebot es, einem durchreisenden Fremden Essen und Quartier zu gewähren.

Am nächsten Morgen kehrte Mr. Stigall zurück — und entdeckte die Ruinen seines Hauses. In der Asche fand er mehrere Leichen: seine Frau, seine Kinder und einen fremden Mann. Alle Körper wiesen, außer Verbrennungen, auch Spuren von Gewalttätigkeiten auf.

Nachdem Mr. Stigall den ersten Schock überwunden hatte, lief er zu einem Nachbarn, Captain John Leeper. Unverzüglich wurden Boten zu den umliegenden Farmen geschickt und ein Suchkommando zusammengestellt. Bei den Gnadenlosen mußte es sich einfach um die Harpes handeln, die man in unmittelbarer Nähe des niedergebrannten Hauses wußte.

Die Rächer waren sicher, die Mörder rasch zu finden. Captain Leeper sollte die Ehre erhalten, Big Harpe zu töten, und Stigall sollte die Aufgabe zufallen, die tödliche Kugel auf Little Harpe abzugeben. Die Häscher folgten der Spur in einem wahren Blutrausch. Die drei Frauen der Banditen gingen rasch ins Netz, die Brüder konnten wieder einmal entfliehen.

Die Kentuckier setzten die Jagd unbeirrt fort. Am 22. Juli 1804 erfüllte sich das Schicksal der Grenzbanditen. In den späten Vormittagsstunden wurde das Lager umstellt, und die Verfolger schritten zur Tat.

Captain Leeper peilte seine menschliche Zielscheibe an — und drückte ab. Big Harpe wollte gerade aufs Pferd steigen, als ihn eine Schrotladung traf. Weitere Geschosse fällten seinen Braunen. Auch das Reittier von Little Harpe ging zu Boden, er selbst floh im nachfolgenden Durcheinander in die Wälder.

Micajah bat Captain Leeper kniefällig um Gnade, er möge ihn der Justiz überstellen. Der Milizoffizier wartete auf Stigall, der Big Harpe wortlos eine Pistolenkugel in den Kopf schoß. Mit einem Metzgermesser schnitt er dem Toten den Kopf ab und nagelte sein Haupt an eine Eiche; als warnendes Beispiel für alle Gesetzlosen.

Wie bereits erwähnt, konnte Little Harpe entkommen. Er schloß sich zwei Landstreichern namens Samuel Mason und Mays an. Ihr neues „Arbeitsgebiet" war der Natchez Trace, wo sie Reisende terrorisierten. Die Prämien zur Ergreifung der Outlaws schnellten rasch in die Höhe.

Eines Tages glaubten Little Harpe und Mays die Idee ihres Lebens zu haben — sie töteten Mason in der Absicht, sich sein Kopfgeld zu teilen.

Mit Masons abgetrenntem Kopf in einem Tuch begaben sich die „Freunde" nach Natchez, wo sie ihren Anspruch auf die Prämie geltend machten. Wie es das Schicksal wollte, hielt sich dort John Bowman aus Knoxville auf. Er erkannte in einem „Helfer" den ausgebrochenen Little Harpe — der erneut mit Mays sein Heil in der Flucht suchte.

Es verging nur wenig Zeit, bis Bürgerwehr die beiden Gauner einfing. John Bowman konnte den einen Gefangenen eindeutig identifizieren.

In Greenville (Mississippi) kam es zu einer kurzen Gerichtsverhandlung. Das Urteil lautete: Tod durch den Strang. Die Hinrichtung fand am 8. Februar 1806 statt.

Den Toten wurden die Köpfe abgeschlagen, die man auf Pfähle spießte — an beiden Zufahrtsstraßen in die Stadt.

James Butler Hickok
1837—1876
Wild Bill: Ein Hüter der Ordnung

Schon die Nennung eines Namens kann beim Leser von vorneherein eine fest umrissene Vorstellung hervorrufen. Dies muß nicht immer stimmen, was die Person des „Wild Bill" deutlich macht.

James Butler Hickok kam am 27. Mai 1837 in Homer (La Salle County, Illinois) zur Welt, als Sohn von William Alonzo und Polly Butler Hickok. Seine Kindheit verlief harmonisch, ohne besondere Eindrücke auf den jungen Menschen zu hinterlassen.

Wild Bill Hickok (1837—1876)

Wie zur damaligen Zeit nicht außergewöhnlich, lernte er schon früh mit einer Schußwaffe umzugehen und blieb stets ein hervorragender Schütze.

Mit achtzehn Jahren traf James in Leavenworth ein. Er war nie ohne Arbeit und somit in der Lage, seinen Lebensunterhalt zu verdienen. In dieser Zeit begegnete er **William Cody** und **Kit Carson**.

Im Konflikt um Kansas vertrat er offen die Interessen der Union, die unter General Jim Lane zur Befreiung der Sklaven aufrief.

Seine aufrichtige und menschlich gerade Haltung trug ihm die Ernennung zum Konstabler in Monticello Township (Johnson County) ein. In diesen Monaten schaffte er sich das Rüstzeug zu einem konsequenten und später auch gefürchteten Ordnungshüter. Er hätte sicherlich schon damals Karriere gemacht, doch die Lust zum Abenteuer verschlug ihn in den Südwesten.

Als Postkutschenfahrer für **Russell,** Majors & Waddell auf dem Santa Fe Trail hatte er eine schmerzhafte Begegnung mit einem Grizzly im Raton Pass (New Mexico). Er konnte das Tier mit einem **Bowie** Knife töten, erlitt bei diesem Kampf aber erhebliche Verletzungen. Wieder genesen, zog es ihn nun in den Nordwesten.

James Butler lenkte eine Kutsche der Overland Stage Line auf dem Oregon Trail. Am 12. Juli 1861 kam es bei Rock Creek Station in Nebraska zu einem schicksalhaften Zusammentreffen:

Hickok begegnete der berüchtigten McCanless-Bande, die sein Gefährt zu stoppen versuchte. Wild Bill wehrte sich erfolgreich, David C. McCanless und weitere zwei Outlaws fanden den Tod. Der Grundstein zu Hickoks legendärem Ruf war geschaffen.

Zu Beginn des Bürgerkrieges trat James als Spion und Scout den Unionsverbänden mit Hauptquartier in Springfield (Missouri) bei. Er leistete erfolgreiche Arbeit hinter der konföderierten Front, wurde mehrmals gefangengenommen und zum Tode durch Erschießen verurteilt. Jedes Mal gelang es Wild Bill, sich die Freiheit wieder zu erkämpfen.

Im Frühjahr 1866 wurde Hickok zum stellvertretenden U.S. Marshal in Fort Riley (Kansas) berufen. Seine Arbeit erstreckte sich über ein Gebiet von 200 000 Quadratmeilen. Zahlreiche Diebe und Gesetzlose mußten ihr Leben lassen, Hunderte Stück gestohlenes Vieh konnten wiederbeschafft werden.

Danach verdingte sich Wild Bill als Armeescout auf den südlichen Plains. Er begegnete den Generalen Hancock und Sheridan, ebenso Oberstleutnant **Custer**. Hickok nahm an mehreren Expeditionen gegen die Indianer teil.

1869 ernennte man Hickok zum U.S. Marshal von Hays City, zweifellos eine der wildesten Siedlungen im Grenzgebiet. Einmal versuchten drei Banditen, den Mann des Gesetzes in einen tödlichen Hinterhalt und Gunfight zu verwickeln — alle Angreifer blieben auf der Strecke.

Nachdem in Hays City einigermaßen Ruhe und Ordnung eingekehrt waren, berief ihn das U.S. Justizministerium zum Marshal von Abilene (April bis Dezember 1871). Der Hauptverladeplatz für das Texas-Vieh zog das Gesindel nahezu magnetisch an.

Hickok regierte die turbulente Stadt mit eiserner Hand und konnte sich gegen Syndikate von Saloon- und Spielhallenbesitzern erfolgreich durchsetzen.

Der „Marshal mit den zwei Revolvern" hatte genügend Neider. Eines Tages mußte er in der Abenddämmerung mehrere randalierende Cowboys beruhigen, als eine verirrte Kugel einen Polizisten tötete. Seine Karriere als Gesetzeshüter war damit abrupt beendet.

Obwohl noch jung an Jahren, galt es für ihn fortan mit einer lebenswichtigen Situation fertig zu werden: Die Sehkraft seiner Augen nahm spürbar ab. Und Wild Bill, der Mann, der schnell im Ziehen war, durfte sich nichts anmerken lassen.

James Butler war ein gutgewachsener und faszinierender Mann, der sich in Aussehen und Lebensform gänzlich von den groben Gesellen der Grenze unterschied. Es lag nahe, daß er sich 1872/73 einem Wild-West-Theater unter Bill **Cody** anschloß.

Auch nachdem sich Hickok aus dem „Geschäft" zurückgezogen hatte, versuchten hitzköpfige Burschen auf ihre Weise zu Ruhm zu kommen. Insgesamt sollen während seiner Zeit als Lawman und Berufsspieler 36 Personen durch seine Sechsschüsser den Tod gefunden haben.

Dann ließ er sich in der neuen Boomtown Deadwood (South Dakota) nieder. Am 2. August 1876 wurde James Butler Hickok von einem Killer namens Jack McCall in Carl Mann's Number Ten Saloon hinterrücks erschossen.

Er starb 39jährig am Pokertisch. Jene Spielkarten, die Wild Bill in den Händen hielt, gelten seither als „Dead Man's Hand" (Todesblatt) — Pik As, Kreuz As, Pik 8, Kreuz 8 und Karo Bube.

Nur vier Monate vor seinem gewaltsamen Tod war Wild Bill die Ehe mit Agnes Lake in Cheyenne eingegangen.

Tom Horn
1860—1903

Weide-Detektiv in Wyoming

„Er erklärte, er würde entweder alle Diebe aus dem Big Horn County vertreiben oder kein Geld nehmen. Mit Ausnahme eines Vorschusses von $ 350, um zwei Pferde und die Ausrüstung zu kaufen. Wenn der Job erledigt sei, wollte er 5 000 Dollar haben." (William Irvine, 1901)

Der oben genannte Viehzüchter bezog sich auf eine Äußerung von Tom Horn, der später einer Verschwörung zum Opfer fiel.

Tom Horn war am 21. November 1860 bei Memphis (Scotland County, Missouri) zur Welt gekommen. Als Junge schwänzte er häufig die Schule, trieb sich viel lieber als Jäger in der Umgebung herum.

Der Vater scheint die Kinder sehr streng erzogen zu haben. Der deutschstämmige Jack Horn schreckte nicht davor zurück, dem vierzehnjährigen Sohn eine gehörige Tracht Prügel zu verabreichen. Tom hatte genug. Er riß von zu Hause aus, um in der Ferne sein Glück zu machen.

Einige Monate danach traf Tom in Santa Fe ein. Dort übersah man sein Alter, und der großgewachsene junge Mann bekam eine Anstellung als Postkutschenfahrer. Dann gehörte er einer Mannschaft an, die eine Maultierherde zum Verde River (Arizona) trieb.

Tom begriff, daß es für sein weiteres Fortkommen günstig sei, die spanische Sprache zu erlernen. Er tat es mit großem Bravour. Als er sich eines Tages bei Chefscout **Al Sieber** in Fort Whipple um die Anstellung als Dolmetscher bewarb, bekam das Greenhorn den Job. Im Juli 1876 zog er mit seinem Arbeitgeber nach der San Carlos Agency.

In Zentral-Arizona hielt sich Horn während der nächsten vierzehn Jahre auf. Es fiel ihm verhältnismäßig leicht, die Dialekte der Apache zu erlernen. Und mit den Häuptlingen Chihuahua und Geronimo verband ihn eine gewisse Freundschaft.

Als Scout und Interpreter fungierte Horn bei Feldzügen gegen die Renegaten. Die Generale Chaffee, Crook und Miles wußten nur Gutes über ihn zu berichten.

Im Sommer 1886 gehörte Horn zu jener Abordnung, die Geronimo zur Kapitulation bewegen wollte. Mißliche Umstände verhinderten damals diesen Schritt. Miles war stets des Lobes voll, weshalb er Horn zu seinem „Chief of Scouts" berief.

Nach Beendigung der Apache-Kriege mußte sich der Kundschafter nach neuen Beschäftigungen umsehen. Horn wurde Deputy Sheriff und Minenspekulant in Colorado. Anno 1890 trat Horn dem Büro der **Pinkerton**-Agentur in Denver bei. Er arbeitete unauffällig, doch recht erfolgreich. In dieser Zeit soll er siebzehn Gesetzlose erschossen haben.

Er hatte sich einen guten Namen gemacht, als ihm 1894 die Swan Land and Cattle Company in Wyoming den Posten eines Weidedetektivs anbot. Er bekam $ 500 für jeden erschossenen Viehdieb — der Raub von Pferden und Rindern war das kapitalste Verbrechen im Westen. „Töten ist meine Spezialität. Ich betrachte es als ein Geschäftsunternehmen, ich habe meinen Markt."

Bei Ausbruch des spanisch-amerikanischen Krieges betraute die Armee den Ex-Scout mit der Zusammenstellung eines Packtrains für die Expedition nach Kuba. Insgesamt 133 Packer mußten für 520 Maultiere sorgen, die von Tampa auf die Insel verschifft wurden.

Mit Roosevelts Rough Riders nahm Horn an der wichtigen Schlacht von San Juan Hill teil. Wenig später warf ihn das „kubanische Fieber" nieder. Man schickte ihn nach Hause, und nach der Entlassung aus dem Hospital begab er sich zur Genesung auf die Ranch von John C. Coble, der sein Freund war. Dort schlug Tom sein Hauptquartier auf.

Tom Horn (1860—1903)

Der verbissen geführte Weidekrieg zwischen den Viehzüchtern und Rustlern strebte einem neuen Höhepunkt entgegen, zumal manche Farmer gar Schafe erwarben. Horn fand eine neuerliche Anstellung als Weidedetektiv, dem der Ruf eines „Killers" vorauseilte. Da ereignete sich folgender Vorfall:

Am Morgen des 19. Juli 1901 fand man den Leichnam des 14jährigen William Nickell, rund eine Meile von der väterlichen Ranch in den Iron Mountains entfernt.

Es war ein offenes Geheimnis, daß die Familien Nickell und Miller eine Privatfehde austrugen. Der Tod des Jungen ging auf das Konto dieser Auseinandersetzungen. Jim Miller wollte für seinen Vater „Old Nick" erledigen, wobei irrtümlich William in die Kugel gelaufen war.

Dieser Tatbestand wird durch eine belegte Aktion bekräftigt: Am 3. 8. 1901 ließ Nickell bewußt seine Schafe auf Millers Weiden treiben. Die „Ablieferung der Fundsachen" verlief nicht ohne Blutvergießen. Tags darauf fand man Kels Nickell mit mehreren Einschüssen im Leib.

Derweilen ging Tom Horn wie gewohnt seiner Arbeit nach. Durch sein Zutun hielten sich die Rustler immer mehr zurück, weshalb er sich nach einem neuen Wirkungskreis in Montana umsah. Doch Tom war ein Mann, der zuviel um die Machenschaften der Rancher wußte. Dies war sein Verhängnis.

Horn muß betrunken gewesen sein, als ihn Deputy U.S. Marshal Joe LaFors am 13. Januar 1902 verhaftete und des Mordes beschuldigte. Den außergewöhnlichen Zustand, daß Tom nicht bei Sinnen war, nützte man „zu einem erpreßten Geständnis".

Einmal hinter Gittern, konnte keine noch so positive Aussage von Fremden und Freunden seine Lage ändern. Die Furcht vor Toms umfassendem Wissen und die Macht der Rinderbarone genügten, auch die höchsten Instanzen zu blenden. Horn war als Killer verschrien!

Bei Gericht vorgetragene Ehrenbezeugungen sowie ein lupenreines Alibi verblaßten gegen den Willen der Obrigkeit, Tom Horn hängen zu sehen. Ein spektakulärer Ausbruchsversuch dieses an Freiheit gewöhnten Menschen hat Schlagzeilen gemacht — er, der als Meisterschütze mit Waffen aller Art vertraut war, sollte mit einem Browning-Revolver nichts anzufangen gewußt haben!

An die Vollstreckung des Urteils hat Tom mit Sicherheit bis zum letzten Augenblick nicht geglaubt. Er knüpfte gar seinen eigenen Strick im Gefängnis von Cheyenne.

Als am 20. November 1903 der Galgen errichtet war, versammelte sich eine 2 500köpfige Menge am Schauplatz. Offenbar fürchteten die Henker eine Befreiung durch die Massen, denn man brachte ein Maschinengewehr in Stellung. Um 11 Uhr wurde der Wille der Obrigkeit vollstreckt.

Joseph Christmas Ives
1828—1868
Soldat und Forscher

„Es ist ein wildromantisches und bislang unbekanntes Land, das nur von Eingeborenen bewohnt wird. Der große Strom im Westen schien unpassierbar zu sein. Nun ist es wirklich an der Zeit, daß die Zivilisation auch in dieser Region ihren Einzug hält, auf einem Dampfschiff." (1858)

Diese Worte sprach Joseph Christmas Ives, der aus New York City stammte, wo er am 24. Dezember 1828 zur Welt kam. Seine Jugend verbrachte er in armseligen Verhältnissen, doch blieb sein Wille zu Höherem ungebrochen. Er besuchte die Schule, arbeitete als Laufbursche in einer Pension und absolvierte schließlich erfolgreich das Yale College.

Da beschloß er, Soldat zu werden. Ives trat nach einer hervorragenden Aufnahmeprüfung der United States Military Academy in West Point (New York) bei. Nach fünfjähriger Ausbildung durfte er am 1. Juli 1852 die Akademie als Second Lieutenant der Armee verlassen. Und sogleich bemühte sich Ives, seine wissenschaftlichen Kenntnisse in die Praxis umzusetzen.

Im nächsten Jahr wurde er zum „Korps der Topographischen Ingenieure" überstellt. Ives kam zu jener Gruppe von Pazifik-Eisenbahn-Vermessungen entlang dem 35. Längengrad, die Leutnant Amiel Weeks Whipple von Fort Smith (Arkansas) aus ins Feld führte. Diesem Unternehmen gehörte auch der deutsche Heinrich Balduin Möllhausen an, den der große Alexander Freiherr von Humboldt nach Amerika geschickt hatte.

Die Erkenntnisse vom Sommer 1853 lassen sich kurz zusammenfassen: „Es ist durchaus möglich, einen Schienenstrang entlang unserer Route zu verlegen." Trotzdem vergingen Jahrzehnte, bis dieses Vorhaben realisiert werden konnte.

Nach diesem Abstecher in den Westen überstellte man Ives für drei Jahre in das Pacific Railroad Office in Washington. Bei einem Empfang lernte er Cora Semmes kennen, eine Schönheit der Gesellschaft, die seine Frau wurde. Sie

Mitglieder der Ives-Expedition 1858 in Santa Fe, N.M.

war eine Nichte von Kriegsminister J.B. Floyd, und wenig später erhielt Ives den Rang eines First Lieutenant.

Dann bekam Ives den Auftrag, eine Erforschung des Colorado River vorzunehmen. Die entsprechenden Vorbereitungen nahmen mehr als ein Jahr in Anspruch, da der Offizier eine minuziöse Vermessung durchführen wollte.

Zu diesem Zweck wurde in Philadelphia das eiserne Dampfschiff „Explorer" gebaut, das man, in Einzelteile zerlegt, über Panama nach San Francisco schaffte. Dort fanden sich alle Expeditionsteilnehmer ein, darunter der preußische Topograph Baron Friedrich Wilhelm von Egloffstein. Und aus Berlin war eigens Balduin Möllhausen angereist, den eine Freundschaft mit Ives verband.

Ende Oktober 1857 brach man auf dem Land- und Seeweg zur Mündung des Colorado auf. Das Zusammensetzen des Schiffes nahm einige Zeit in Anspruch. Auch die Weiterfahrt nach Fort Yuma war mit Verzögerungen verbunden. Deshalb konnte das eigentliche Unternehmen erst am 11. 1. 1858 beginnen.

Die Expedition folgte dem Flußlauf durch ein exotisches Land, das ihnen täglich neue Eindrücke vermittelte. Geologen, Astronomen, Meteorologen, Naturwissenschaftler, Künstler und Soldaten leisteten ganze Arbeit, indem sie die ihnen übertragenen Aufgaben gewissenhaft wahrnahmen.

Die Indianer, denen sie häufig begegneten, verhielten sich friedlich und hilfsbereit. Bei den Mohave-Dörfern unternahm Ives auf dem Rio Virgin einen Abstecher durch den Black Canyon. Schließlich wandte man sich dem wichtigsten und zugleich gefährlichsten Vorhaben zu — dem Abstieg zum Fuße des Grand Canyon.

Dank ortskundiger Führer konnte auch dieser Plan verwirklicht werden. Sie waren die ersten Weißen, die sich „in den Schlund der Hölle" gewagt hatten. An diesem Aprilmorgen schuf sich Ives ein bleibendes Denkmal in der Geschichte.

Während der Dampfer nach Fort Yuma zurückfuhr, brach die Expedition auf dem Landweg nach Fort Defiance (New Mexico) auf. Nach weiteren wichtigen Forschungsarbeiten in Great Basin langten sie am 23. Mai 1858 im Stützpunkt an. Damit war eines der bemerkenswertesten inneramerikanischen Unternehmen im 19. Jahrhundert beendet.

Die vielschichtigen Erkenntnisse, die zutage traten, setzten auf allen Gebieten neue Maßstäbe. Ives „Report upon the Colorado River of the West" wurde von allen Stellen mit Beifall bedacht. Und Baron Egloffstein war es gar gelungen, ein neues Verfahren zur Anfertigung von Karten zu erfinden, das bis heute Bestand hat.

Von 1859 bis 1860 war Ives als Ingenieur und Architekt beim Bau des Washington National Monument beschäftigt. Danach fungierte er als Astronom und Vermesser bei jener Kommission, welche den Grenzverlauf zwischen Kalifornien und den U.S. Territorien festlegte.

Die längst fällige Beförderung zum Captain erfolgte im Mai 1861, bei Ausbruch des Bürgerkrieges. Ives lehnte dankend ab, trat aus dem Topographischen Korps der Union aus und schloß sich als Hauptmann der Ingenieure der konföderierten Armee an.

CSA-Oberbefehlshaber General Robert E. Lee ernannte Ives am 8. Mai 1861 zum Chefingenieur jenes Departements, das die Küsten von South Carolina, Georgia und Ost-Florida umfaßte. Er half mit bei der Verteidigung von Savannah und Charleston und wurde zum Colonel gefördert.

Nach einer Tätigkeit in North Carolina ernannte Präsident Jefferson Davis den tüchtigen Offizier zu seinem Adjutanten (1863). In dieser Eigenschaft unternahm Ives Inspektionsreisen durch die verschiedenen Militärdepartements.

Ives und seine Frau Cora gehörten zu den imposantesten Persönlichkeiten der Konföderation im belagerten Richmond (Virginia). Bis zum Ende der Südstaaten half er mit, den größten Schaden von der Bevölkerung abzuhalten.

Bei Kriegsende zog sich Joseph Christmas Ives in seine Geburtsstadt New York zurück, wo er in Abgeschiedenheit am 12. November 1868 für immer die Augen schloß. Er war erst vierzig Jahre alt.

Jesse Woodson James
1847 — 1882

Der Robin Hood der Grenze

Über keinen anderen Gesetzesbrecher im Westen ist soviel Tinte vergeudet und später soviel Zelluloid belichtet worden wie über die James-Brüder.

Als Sohn streng religiöser Eltern (Robert und Zerelda Cole James) am 5. September 1847 bei Centerville (Missouri) geboren, wuchs James mit seinem ältesten Bruder Frank (1843—1915) auf einer Farm auf. Die resolute Mutter und der strebsame Vater, ein Baptistengeistlicher, bestimmten die Erziehung ihrer Söhne für die damalige Zeit optimal.

Mit Beginn des Goldrausches in Kalifornien zog es den Vater dorthin, doch fand er nicht Reichtum, sondern einen frühen Tod. Eine neue Ehe der Mutter sah sie bald wieder als Witwe. Dann heiratete sie 1857 Dr. Reuben Samuels, einen Arzt und Farmer. Die beiden Jungen waren gute Söhne.

In jenen Jahren wurden West-Missouri und Ost-Kansas von bürgerkriegsähnlichen Unruhen heimgesucht. Es ging um die Sklavenfrage. Obwohl die Familie aus Kentucky stammte, sympathisierte sie mit den Südstaaten.

Als 1861 der Bürgerkrieg ausbrach, lag es für den achtzehnjährigen Frank auf der Hand, sich den konföderierten Truppen anzuschließen. Später kam er zur Guerillabande des Captain **William Clarke Quantrill**. Diese Kämpfer waren es, die die Stadt Lawrence dem Erdboden gleichmachten.

Es war bekannt geworden, daß sich Frank James bei diesen Guerillas befand. Daraufhin überfielen Unionssoldaten die elterliche Farm: Sie lynchten Dr. Samuels fast zu Tode, vergingen sich an Mutter und Halbschwester und peitschten Jesse aus.

Nachdem die Gequälten nicht mehr in Lebensgefahr waren, nahm Jesse sich wortlos ein Pferd und begab sich zu seinem Bruder, um für Vergeltung zu streiten.

1865 ging der Bürgerkrieg offiziell zu Ende. Die Sieger beuteten, ob zu Recht oder Unrecht, die unterlegenen Staaten und ihre Bewohner aus.

Um auf irgendeine Weise zu helfen, reifte in den Brüdern der wahnwitzige Plan, den Unterdrückten mit finanziellen Mitteln wieder auf die Beine zu helfen.

Trotz ihrer strengen religiösen Erziehung bedachten sie nicht, daß sie die Ungerechtigkeit mit noch größerem Unrecht und Mord gutzumachen glaubten. In ihrer sechzehnjährigen Laufbahn mußten mehr als zwanzig Menschen ihr Leben lassen.

Ihre ersten und zuverlässigsten Verbündeten waren ihre Vettern — die legendären Younger-Brüder. Sie schlossen sich zu einer festgefügten Bande zusammen, als deren Kopf sie Jesse James erkoren.

Am 13. Februar 1866 kam es in Liberty (Missouri) zum nachweislich ersten Bankraub am Tage in der Geschichte der Vereinigten Staaten. Den Räubern fielen rund $ 60 000 in die Hände. In den folgenden Jahren wuchs ihre Beute auf eine halbe Million Dollar an!

Seit den ersten Überfällen waren Behörden und staatliche Stellen nicht untätig geblieben in dem Bemühen, den Beutezügen ein Ende zu machen. Sogar **Pinkerton**-Detektive wurden auf ihre Spur gehetzt.

Erst am 21. Juli 1873 wandte sich die James-Gang einem neuen „Aufgabenbereich" zu: Sie überfielen ihren ersten Eisenbahnzug bei Adair in Iowa. Nichtsdestoweniger waren auf ihrem Wege die Banken der Städte das bevorzugte Ziel.

Das inzwischen zu Hause Geschehene trug nicht dazu bei, die Brüder zur Besinnung zu bringen. Die Wut steigerte sich, als bekannt wurde, daß ein feiger Explosionsan-

Jesse James (1847—1882)

schlag den Halbbruder getötet und der Mutter den rechten Arm gekostet hatte.

Am 7. September 1876 wendete sich das Blatt zu Ungunsten der Outlaws. Engagierte Bürger stellten sich ihnen mit Schrotflinten und Gewehren in den Weg. Der mißlungene Überfall auf die Bank in Northfield (Minnesota) brachte zwei Gangstern den Tod.

Zwei Wochen später gerieten drei Banditen verwundet in Gefangenschaft und Cole, James und Robert Younger landeten im Gefängnis. Nur Frank und Jesse James entkamen.

In den folgenden Jahren blieb es ruhig, und der Name James verschwand aus den Schlagzeilen. Kein Wunder: Die Brüder wohnten in Kentucky unter Pseudonymen. Neuerliche Eisenbahnüberfälle, die ihre Handschrift trugen, wurden ihnen zur Last gelegt.

Seit Herbst 1881 lebte in der Nähe von St. Joseph (Missouri) ein ehrbarer Farmer namens Thomas Howard mit Frau und zwei Kindern.

Als die Familie eines Tages Besuch bekam, schien vorerst alles harmonisch zu verlaufen. Die Kinder waren zu Bett, und Mrs. Howard wurde von ihrem Mann in die Küche geschickt.

Ein Schuß rief sie zurück ins Wohnzimmer. Ihr Gatte, damit beschäftigt ein Bild aufzuhängen, war vom abendlichen Gast hinterrücks erschossen worden.

Die feige Tat am 3. April 1882 beging Bob Ford, ein ehemaliges Bandenmitglied, aus Habgier und weil ihm Straferlaß zugesichert worden war. Die Unterdrückten hatten ihren Robin Hood verloren.

Sechs Monate später stellte sich Frank James den Behörden. Zweimalige Gerichtsverhandlungen ergaben Freispruch. Er lebte fortan als Farmer, sorgte für seine Schwägerin und deren Kinder, und hatte stets eine große Zuhörerschaft beim Erzählen der verwegenen Taten der James-Younger-Bande.

Thomas Jonathan Jeffords
1832 — 1914
Häuptling Cochises Bruder

„Er schien absolut keine Furcht zu kennen. Seinen ausgewogenen Worten konnte man glauben. In dieser Hinsicht verhielt er sich wie ein Indianer. Wenn er sein Wort gab, konnte man sicher sein, daß es seiner tiefsten Überzeugung entsprach." (Cochise, 1873)

Die Rede ist von Thomas Jonathan Jeffords, der am 1. Januar 1832 im Chautauqua County (New York) zur Welt kam. In früher Jugend gelangte er über die Großen Seen zum Mississippi, wo er Skipper auf einem Dampfschiff wurde.

Mit der Zeit hatte er genug vom Wasser. Mit 26 Jahren kam er als Straßenbau-Ingenieur nach Denver, wo er sich allerdings als Rechtsberater seinen Lebensunterhalt verdiente. Schon bald lockte ihn das ruhelose Grenzerleben. Er durchstreifte die Berge als Jäger und Prospektor auf der Suche nach Gold. Bei diesen Unternehmen traf er mit zahlreichen Indianern der verschiedensten Stämme zusammen. Diese Tatsache bestimmte seinen weiteren Lebensweg maßgeblich.

Jeffords erwies sich als ungemein tolerant gegenüber den Anliegen und Belangen der Ureinwohner. Er behandelte die Indianer als seinesgleichen, sah in ihnen Menschen im Gegensatz zur landläufigen Meinung. Diese Einstellung hob ihn aus der Masse seiner Landsleute hervor, machte ihn zum Einzelgänger.

Während des Bürgerkrieges diente Jeffords als Scout und Kurier für die Unionsarmee unter General R.S. Canby, die sich in New Mexico den texanischen Invasionstruppen erfolgreich in den Weg stellte. Später kam er nach Tucson (Arizona), wo er in die Dienste der California Volunteers eintrat.

Nach Beendigung der Auseinandersetzungen übernahm er die Aufgabe eines Superintendenten für den U.S. Postdienst zwischen Fort Bowie und Tucson. Jeffords stellte Reiter ein, die $ 125 pro Monat verdienen konnten — vorausgesetzt, sie überlebten ihren Job solange. Denn Cochises Scharfschützen trafen mit ihren Pfeilen auch ein bewegliches Ziel in mehreren hundert Meter Entfernung.

Innerhalb von sechzehn Monaten verloren 21 Postreiter durch Indianer ihr Leben. Da begann sich Jeffords seine eigenen Gedanken zu machen: Die Apache waren von sich aus nicht schlechter als irgendein Weißer. Von allen Seiten versuchte man, ihnen das Recht auf angestammte Heimat abzustreiten. Würden sich die Amerikaner in einem solchen Fall anders verhalten?

Jeffords fand einen Apache namens Juan, der ihn in der Sprache seines Volkes unterrichten sollte. Er hatte den wahnwitzigen Plan gefaßt, sich allein in Cochises Versteck zu begeben, um mit dem Häuptling aller Apache einen dauerhaften Frieden zu schließen. Die Bewohner von Tucson hielten Tom für verrückt.

In der zweiten Hälfte des Jahres 1867 war es soweit: Ein einsamer Reiter brach ins Land der Chiricahua auf, wo sich seit mehreren Jahren kein Weißer aufgehalten hatte. Bald merkte Jeffords, daß sich sein Nahen durch Rauchsignale ankündigte. Er vermutete richtig, daß ihn hinter Felsen und Kakteen neugierige Augen beobachteten.

Nach einigen Tagen befand sich Jeffords am Felsendurchgang zum Chiricahua-Lager. Dort empfing ihn eine unheimliche Stille. Fast schien es, als hätten die Winde, die immer um die Felsen strichen, aufgehört zu wehen.

Jeffords war durch seinen indianischen Lehrer und frühere Begegnungen mit der Lebensweise der Apache wohl vertraut. Behutsam stieg er von seinem Pferd, schnallte seinen Patronengurt mit Revolver und Jagdmesser ab. Dann zog er sein Gewehr aus dem Holster und reichte all jene Gegenstände einer umherstehenden Squaw zur Aufbewahrung. In perfektem Chiricahua-Dialekt sagte er zu einem Krieger:

„Ich bin hierhergekommen und möchte mit dem Häuptling sprechen."

Der Krieger war sichtlich überrascht, in der Muttersprache angeredet zu werden. Auf ein Handzeichen folgte Jeffords dem Indianer, der ihn zu einem Wickiup brachte. Davor saß der mächtige Führer der Apache. Erneut herrschte

Tom Jeffords (1832–1914); Aufnahme kurz vor seinem Tod

eine gespenstische Ruhe, bis Cochise sein Haupt erhob:

„Ich bin gekommen, um mit dem großen Häuptling der Chiricahua über den Frieden zu sprechen," begann der Weiße die Unterredung.

„Enju," erwiderte Cochise, „du kannst fortfahren."

„Ich bin Captain Jeffords. Ich habe friedliche Botschaften mit meinen Reitern zu anderen Dörfern der Weißen geschickt. Sie ritten in immer ehrlicher Absicht, aber deine Krieger haben mehr als zwanzig Leute getötet. Sie haben gar nichts mit den blauröckigen Soldaten zu tun."

„Blauröckige Soldaten!" Cochises Stimme fing an zu bersten. „Sie brechen alle Abmachungen. Sie töten meine Krieger. Mein Volk ist der Leidtragende ihres Tuns. Unsere Toten hat ein Vertragsbruch der Weißen verursacht. Seit ich mich auf den Kriegspfad begeben mußte, sind Hunderte von Feinden erschlagen worden. Glaubst du nicht, daß du dich unversehens unter den Opfern befinden könntest?"

„Zwischen tapferen Männern, die aufrichtig die Wahrheit miteinander sprechen, kann es nichts als Ehre geben," entgegnete Jeffords gelassen. Dabei ließ er nicht eine Sekunde von den Augen seines Gegenüber.

Cochise hatte längst gemerkt, daß sich sein Besucher vollständig von den anderen weißen Männern unterschied. Er besaß einen offenen Charakter, dem man sich einfach nicht verschließen konnte.

Es mochte Krieg zwischen den Apache und Amerikanern herrschen — die beiden Männer verband fortan eine herzliche Freundschaft. Jeffords hielt sich nun häufig bei Cochise auf — seine Ritte ins Stronghold sind nicht zu zählen.

Jeffords wurde Indianeragent, der nach Cochises Tod (8. 6. 1874), die Regierung glaubte sich nicht mehr an die Verpflichtungen gebunden, sein Amt freiwillig zur Verfügung stellte. Als Armeescout unter Crook und Miles war er stets bemüht, für einen Ausgleich zwischen den Rassen zu sorgen. Schließlich wandte er sich weiteren Aufgaben zur Integrierung der Apache zu, beispielsweise als Händler in Fort Huachuca.

Um die Jahrhundertwende zog er sich auf eine kleine Ranch bei Owl's Head (Pinal County) zurück. Neben der Viehwirtschaft betrieb er noch eine kleine Mine. Sein Lebensunterhalt war somit hinreichend gesichert.

Thomas Jonathan Jeffords starb am 19. Februar 1914 in seinem Heim. Die Gebeine ruhen auf dem Friedhof in Tucson, wo die Arizona Pioneers Historical Society ein würdiges Begräbnis organisierte.

Luther Sage Kelly
1849 — 1928

Sie nannten ihn „Yellowstone Kelly"

Er hat es meisterhaft verstanden, sich unauffällig unter seine Zeitgenossen zu mischen. Man nahm Notiz erst von ihm, als seine Memoiren auf dem Markt erschienen.

Die Rede ist von Luther Sage Kelly, einem Nachfahren nordirischer Auswanderer. Die Eltern, Luther und Jeannette Eliza Sage Kelly, waren gläubige Methodisten. In Geneva (New York) wurde ihnen am 27. Juli 1849 ein Sohn geboren.

Luther genoß eine für damalige Zeiten außergewöhnlich gute Schulbildung. Nach dem Besuch der Geneva Union School absolvierte er das Genesee Wesleyan Seminary in Lima. Dann packte den Jungen die Abenteuerlust.

Im März 1865, der Bürgerkrieg stand unmittelbar vor dem Ende, ließ er sich in Rochester anwerben. Luther gab sein Alter mit achtzehn Jahren an, was der Regiments-Registrierungs-Offizier dem großgewachsenen Burschen ohne weiteres glaubte. Man teilte ihn der Kompanie G der 10. Infanterie zu.

Bewußt oder unbewußt, dies läßt sich heute nicht mehr mit Bestimmtheit feststellen, hatte sich Luther für drei Jahre zur U.S. Armee verpflichtet. Nach Kriegsende wurde die reguläre Einheit an die Westgrenze abkommandiert. Dieses „Mißgeschick" hat zu seiner Karriere beigetragen.

In Fort Ransom (Dakota Territorium) erfolgte im Frühjahr 1868 seine Entlassung aus dem Dienst der Armee. Und da er das umliegende Land bereits recht gut kannte, fiel es dem aufmerksamen und gelehrigen Luther leicht, seine weitere Zukunft zu bestimmen.

Als Jäger und Trapper durchstreifte er die Yellowstone-Region, schuf neue Trails durch das Dakota-Land nach Wyoming und Montana. Aus dieser Zeit stammt auch die Namensgebung „Yellowstone Kelly".

Daneben war er häufig als Kurier für die Regierung tätig, hauptsächlich zwischen Fort Union und Devil's Lake. Luther eignete sich mehrere Sioux-Dialekte an, die ihm aus mancher gefährlichen Situation halfen.

Da kein Weißer die Gegend so gut kannte wie Kelly, heuerte ihn Kapitän Grant Marsh vom Raddampfer „Key West" für die erste Forschungsreise auf dem Missouri/Yellowstone an. Luther war unentbehrlich. Bei Streifzügen an Land jagte er genügend Büffel und Antilopen, und den umherstreifenden Indianern flößte er Respekt ein.

Seine Tätigkeit während der Expedition des Generals George A. Forsyth im Frühjahr 1873 hat zum Gelingen des Unternehmens entscheidend beigetragen.

Durch sein Leben im Indianergebiet kannte Kelly alle bedeutenden Häuptlinge der Nation der Dakota — Sitting Bull, Black Moon, Crazy Horse oder Gall. Seine Kenntnisse bedeuteten wichtige Informationen in den kriegerischen Auseinandersetzungen drei Jahre später.

Im Herbst 1875 begann sich eine rührende Liebesgeschichte zwischen Luther und einer bildschönen Indianerin anzubahnen. Doch zunächst umstellten eines Nachts Hunkpapa-Krieger seine Hütte und forderten ihn unmißverständlich auf, ihnen zu folgen. Kelly nahm diese Aufforderung ernst, obwohl er nicht wußte, was man von ihm wollte.

„Yellowstone Kelly" (1849—1928)

Nach beschwerlichem dreitägigem Ritt traf man in Galls Lager ein. Dort konfrontierte ihn der Häuptling mit einem schwerverletzten Mädchen, das er heilen sollte. Denn die Indianer sagten ihm Wunderheilung nach.

Kelly machte sich die Tatsache zunutze, daß er Sprache und Sitten der Sioux beherrschte. Er nahm die geforderte Operation am verletzten Bein der gefangenen Crow-Indianerin vor — die ihm die Rettung nie vergaß.

Wochen waren inzwischen vergangen, als eines Tages ein weibliches Wesen vor Kellys Hütte stand — das genesene Krähenmädchen. Sie verbrachten die Wintermonate in gemeinsamer Harmonie, erlebten zusammen die glücklichste Zeit ihres Lebens. Als der „Monat der steigenden Säfte" kam, wurden beide unsanft aus ihren Träumen gerissen.

Häuptling Gall forderte unmißverständlich seine Gefangene zurück. Luther blieb letztlich keine andere Wahl, als seine Frau ziehen zu lassen. Trotz intensivster Suche sollte er sie nie wiedersehen. Später erfuhr Kelly, daß das Crow Girl einem Jungen das Leben geschenkt hatte — seinem Sohn, den allerdings Gall als sein Kind beanspruchte.

Diese tragischen Erlebnisse mögen Kelly veranlaßt haben, sich im Juli 1876 als Chefscout der Armee anwerben zu lassen. Er führte Colonel Nelson Appleton Miles bei mehreren Feldzügen gegen die Sioux und Cheyenne im Gebiet des Tongue River.

Sein guter Ruf war bis ins Kriegsministerium gedrungen, das sich weiterhin seiner Dienste versicherte. Er wurde Leiter der Rekrutierungsbüros in Chicago und auf Governor's Island. Schließlich arbeitete er im Pensionierungsamt in Washington.

Eine weitere ehrenvolle Berufung erfolgte 1898, als Kelly die Führung der Alaska-Forschungsexpedition unter Captain Edward Forbes Glenn übernahm. Auch der nächstjährigen Harriman-Alaska-Expedition diente er als Chefscout.

Der spanisch-amerikanische Krieg brachte ihm als Captain das Kommando über ein Freiwilligenregiment ein. Kelly versah den aktiven Dienst als Kommandant und Zivilgouverneur auf den Philippinen. Präsident Teddy Roosevelt hat seine Dienste lobend erwähnt.

Zurück in den Staaten, stand Kelly von 1904 bis 1908 als Agent der San Carlos Agency und Reservation in Arizona vor. Nachfolgende Minenspekulationen in Nevada brachten nicht den gewünschten Erfolg.

„Yellowstone Kelly: The Memoirs of Luther S. Kelly" erschienen zwei Jahre vor seinem Tod, der ihn auf seinen Obstplantagen bei Paradise (Kalifornien) am 17. Dezember 1928 ereilte. Er fand die letzte Ruhe am Fuße des Kelly Mountain in Billings in Montana.

James Kirker
1793 — 1853
Der Skalpjäger

„Er war ein Fleischfresser, der sich mit einer Eliteleibwache aus Mountain Men, heimatlosen und deportierten Delaware-Indianern umgab, damit er eine Arbeit leisten konnte, die in seinen Augen sonst ein anderer getan hätte."
(George Frederick Ruxton, 1846)

Der berühmteste Skalpjäger in mexikanischen Diensten war James Kirker, der am 2. Dezember 1793 von schottisch-irischen Eltern in Belfast (Irland) geboren worden war. Mit siebzehn Jahren hatte er amerikanischen Boden betreten, wobei er verschiedene Tätigkeiten ausübte. Schließlich schloß er sich Ashleys Trapperexpeditionen in den Westen an, ehe er sich in den Südwesten absetzte.

Von Anfang an war Kirker bestrebt, ein gutes Einvernehmen mit den mexikanischen Behörden herbeizuführen. Als Fallensteller gelangte er bis zum Gila River, konnte seine Waren gewinnbringend an die Gouverneure in Santa Fe verkaufen.

In der Folge kurbelte Kirker einen regen Handel mit den Apache an — „es gab nichts, was sie von uns nicht bekommen konnten". Daraufhin konfiszierten die Behörden 1836 das Eigentum von „Don Santiago Querque", erklärten ihn zum Gesetzlosen und setzten eine Belohnung von 800 Pesos (damals war ein Peso = 1 Dollar) für seine Ergreifung aus — tot oder lebendig.

Kirker konnte sich rechtzeitig nach **Bent**'s Fort absetzen, wo er zwei Jahre lang auf eine politische Neuorientierung in New Mexico wartete. Als die Rachefeldzüge der Apache zunahmen, wandte sich der Gouverneur hilfesuchend an den Gringo.

Seine Methode war einfach: Kirker schloß das Grenzgesindel zu einer „Gesellschaft" zusammen, bekannt als „Apache Company". Zu seinen Leuten gehörten zahlreiche Indianer sowie arbeitslose anglo-amerikanische und mexikanische Trapper.

Im Februar 1838 griffen sie ein Apache-Lager bei Santa Rita an — es gab keine Überlebenden. Nach dieser erfolgreichen Aktion bot der Gouverneur von Chihuahua jedem „Gesellschafter" einen Dollar pro Tag, dazu die Hälfte der ausgesetzten Skalpprämien an.

Man muß bedenken, daß die mexikanischen Regierungen seit drei Jahren folgende Festpreise für Apache-Skalpe zahlten: $ 100 für einen männlichen Erwachsenen, $ 50 für eine Frau und $ 25 für ein Kind.

Allein im Sommer 1839 brachte es die Kompanie — inzwischen 200 Mann stark — auf über $ 100 000! Und Kirker wurde mexikanischer Staatsbürger.

Hemmend für die Arbeit der Gesellschaft erwiesen sich die eifersüchtigen Reibereien zwischen der Armee und den Skalpjägern. Dem Militär waren durch den Bürokratismus, den Geldmangel und die schlechte Moral der Truppe oftmals die Hände gebunden.

Die „Apache Company" brauchte sich bei ihren Unternehmen mit keinem Amtsschimmel herumzuschlagen. So kam es, daß die Landbewohner der Grenzgebiete die Norte-Americanos als „hilfreiche Retter" empfanden.

Für Kirker und seine „Verteidiger der Grenze" gab es stets genug zu tun. Vorübergehende Unstimmigkeiten konnten ihn nicht schrecken. Kir-

James Kirkers verwegener Haufen

ker wußte zu genau, daß man auf seine Dienste nicht verzichten konnte.

Eine besonders spektakuläre Aktion trug sich bei Galena zu, wohin die Indianer zu einem umfangreichen Tauschgeschäft gekommen waren. Krüge voll Whiskey machten die Runde und versetzten die Besucher in den gewünschten Rauschzustand.

Die Apache tanzten und amüsierten sich, hatten längst ihre Waffen abgelegt. Da gab Kirker das Signal. Seine Mannschaft, inzwischen um das Lager in Stellung gegangen, griff an. Es fand ein gnadenloses Abschlachten der wehrlosen Indianer statt — 175 Männer, Frauen und Kinder fielen unter den Kugeln und Äxten der Skalpjäger.

Im Triumphzug ritten die Americanos in Chihuahua City ein. Über dem Portal zum Gouverneurspalast brachten sie deutlich sichtbar ihre Kopftrophäen an.

Kirker, der zeitlebens für schöne Frauen schwärmte, war stolz auf seine Söhne und Töchter. Eine schwarzhaarige Schönheit verheiratete er mit **Roy Bean,** dem „Richter von eigenen Gnaden".

Nach der Eroberung von Santa Fe durch die Amerikaner stellte sich Kirker dem Militär als ortskundiger Führer zur Verfügung. Als Gastgeschenk brachte er die vollständigen Festungspläne von Sacramento (Chihuahua) mit.

Don Santiago sah imponierend aus: Er trug Wildlederkleidung, ritt auf einem edlen Araberhengst, war mit einem silberbeschlagenen Hawken-Gewehr bewaffnet und trug einen Sombrero auf dem Kopf. Am Sattelzeug seines Pferdes hingen zwei versilberte Pistolen und ein verzierter mexikanischer Dolch.

Im Frühjahr 1847 kehrte der „König der Skalpjäger" in die Zivilisation zurück. Das geschäftige Treiben behagte ihm nicht mehr. Schließlich reiste er nach Irland, das er vor 38 Jahren verlassen hatte. Doch der amerikanische Westen schlug ihn erneut in seinen Bann.

Bereits im Januar 1849 hielt sich Kirker in St. Louis auf. Er schloß sich einem Emigrantentreck nach den kalifornischen Goldfeldern an. Captain Joseph Heslep stellte ihn als Führer und Dolmetscher ein; in dem Buch „Southern Trails to California in 1849" hat er Kirker ein erstes Denkmal gesetzt.

Auf dieser Reise zog sich Kirker eine Cholera-Infektion zu. Fortan ging es ihm gesundheitlich recht schlecht. Zur Linderung der Schmerzen zog er sich in eine Blockhütte am Mount Diablo in Zentral-Kalifornien zurück. Dort fand man Anfang Januar 1853 Kirkers Leichnam.

Ein bleibendes literarisches Denkmal hat ihm ebenfalls ein Ire gesetzt: Thomas Mayne Reid (1818—1883). Sein zweites Buch, erschienen 1851, trug den Titel „THE SCALP HUNTERS, A Romance of Northern Mexico".

Jean Lafitte
c. 1780 — c. 1826

Freibeuter und Patriot

Es scheint kaum glaubhaft, daß ein Seefahrer zu den Westernhelden zu rechnen ist.

Jean Lafitte stammte aus Bayonne in Frankreich, seine Wiege stand um 1780 auf einem Schiff. Erziehung und Ausbildung waren teuer und konnten nur von wohlhabenden Eltern finanziert worden sein. Sein ganzes Aussehen und Auftreten zeugte von Adel.

Jean Lafitte (links) mit Gouverneur Claiborne und General Jackson

Wie er nach Amerika gelangte, wird immer Spekulation bleiben. Vielleicht sollte er unter der Trikolore das Gebiet von Louisiana erkunden. Seine Kenntnisse des Landes waren sprichwörtlich. Auf alle Fälle bemächtigte sich Lafitte eines Kaperschiffes. Damit war sein weiterer Weg vorbestimmt.

Aus den Briefen von General W.C.C. Claiborne geht hervor, daß im April 1804 ein „Captain Lafette" den Mississippi hinaufgefahren ist. Er mußte Reparaturen am französischen Schiff „La Soeur Cherie" ausführen und Proviant an Bord nehmen.

Die Tatsache, eine Fahrt in fremdem Gewässer durchzuführen, war nur einem Ortskundigen zuzutrauen. Die nächsten vier Jahre blieb Lafitte spurlos verschwunden. Diese Zeit muß als Lehrjahre für ihn und seine Crew auf offener See gebucht werden.

Ende 1808 eröffneten zwei Brüder, die über erhebliches Kapital verfügten, in New Orleans eine Schmiede. Sie stellten Arbeitssklaven ein und trieben Handel mit den wohlhabenden Plantagenbesitzern und Kaufleuten in Louisiana. Es waren Pierre und Jean Lafitte.

Heute ist klar, daß dieses Unternehmen die Fassade für Menschenhandel und manch anderes zwielichtiges Geschäft gewesen ist. Der zunehmende Profit ermutigte sie, eine „Geschäftserweiterung" auf eine Insel im Mississippidelta in Betracht zu ziehen.

Jean, der sich bislang auf zuviele „Gesellschafter" verlassen hatte, übernahm 1810 selbst alle Abwicklungen. Er errichtete sein Hauptquartier auf der strategisch wichtigen Insel Grande Terre in der Barataria Bay. Ihm gehörten ein Dutzend Schiffe, die zumeist mit reicher Beute heimkehrten.

Lafitte wußte die politische Lage geschickt zu nutzen. Er ließ seine Segler unter der Flagge und im Auftrag der jungen Republik Cartagena fahren. Sie nahmen vorwiegend spanische und vereinzelt englische Schiffe aufs Korn. Denn Lafittes Order lautete, ganz bewußt die Amerikaner aus dem Spiel zu lassen.

Mit den Yankees trieb Jean einen mehr als offenen Handel. Er organisierte Bazars unter freiem Himmel, auf denen man alles zu erschwinglichen Preisen erstehen konnte — von der Badewanne bis zum lebenden Objekt, von Kosmetik bis zu kostbaren Perlen. Politiker wie angesehene Bürger fanden nichts dabei, sich auf seinen Tauschmärkten zu tummeln.

Auf diese Weise machte er sich zur Zeit des zweiten englisch-amerikanischen Krieges (1812—15) unbewußt zum Patrioten der Bevölkerung von Louisiana. Er versorgte sie mit lebensnotwendigen Waren und nahm den Verantwortlichen in Washington somit indirekt eine große Sorge ab.

Unvermittelt, aber wichtig für die U.S. Geschichte, geriet Lafitte in das politische Gerangel. Am 3. September 1814 statteten ihm drei britische Armee- und Marineoffiziere einen Besuch auf Grande Terre ab. Sie unterbreiteten Jean ein Angebot, das gewisse Verlockungen enthielt:

Beträchtliche Ländereien im Landesinneren für ihn und seine Leute, Pardon für alle bislang begangenen Straftaten und den Rang eines Captains in den englischen Streitkräften.

Als Voraussetzung sollte Lafitte einer Beteiligung am Angriff auf New Orleans zustimmen. Er bat sich Bedenkzeit aus, um in Ruhe diese Angelegenheit mit seinen Männern besprechen zu können.

Jean Lafitte, der längst Kenntnis von einem starken britischen Flottenverband hatte, begab sich unverzüglich zu

Gouverneur Claiborne. Dieses Doppelspiel geschah nicht ohne Absicht, denn er wußte seinen Bruder Pierre im Gefängnis und wollte ihn freibekommen.

Der Gouverneur sah sich in einer verzwickten Lage. Ihm war bekannt, daß der militärische Befehlshaber eine Strafexpedition gegen die Piraten-Verstecke von Barataria befohlen hatte, die nicht mehr aufgehalten werden konnte.

Am 16. September 1814 führte ein kombinierter Verband unter Commodore D.T. Patterson und Colonel G.T. Ross einen Überraschungsangriff durch. Die Freibeuter leisteten keinen Widerstand, eingedenk der Worte ihres Anführers, den Amerikanern keinen Schaden zuzufügen.

Widerstandslos ließen sich die Buccaneers in Ketten abführen. Alle Einrichtungen wurden vernichtet, die Schiffe nach New Orleans gebracht. Lafitte, der inzwischen seinen Bruder aus dem Gefängnis befreit hatte, mußte sich verstecken. Er wußte, daß seine Stunde kommen würde.

Als General Andrew Jackson mit Entsatz eintraf, mußte er feststellen, daß ihm weder genug Menschen noch Material zur Verteidigung der Stadt zur Verfügung standen. Clairbornes Anregung, möglicherweise die „Gesetzlosen der See" mit heranzuziehen, lehnte der Offizier entschieden ab.

Dann überschlugen sich die Ereignisse: Eine britische Flotte ging in den Gewässern vor Louisiana vor Anker. Reguläre Truppen waren keine vorhanden, und Waffen konnten nicht aus dem Boden gestampft werden. Trotz aller Bedenken blieb nur ein Ausweg.

Am 17. Dezember 1814 erließ Gouverneur Claiborne eine Proklamation, wonach die inhaftierten Freibeuter die Gefängnisse verlassen durften. Man rechnete damit, daß Jean Lafitte seine Leute mit Feuerwaffen aus geheimen Depots versorgen würde. Und so geschah es.

General Jackson, der der ganzen Angelegenheit noch immer skeptisch gegenüber stand, änderte rasch seine Meinung. Er vertraute sogar Lafittes Stellvertreter Dominique You (c. 1772–1830) und Captain Beluche das Kommando über seine Artillerie an. Er sollte diesen Schritt nie bereuen.

Nach mehreren Gefechten kam es am 8. Januar 1815 zur entscheidenden Schlacht um New Orleans. Jacksons Hinterwäldler, Miliz und Freibeuter konnten bei Macartys Plantage den Ansturm von 10 000 britischen Soldaten abwehren — 2 000 Rotröcke wurden getötet oder verwundet. Die Ausfälle der Amerikaner beliefen sich lediglich auf sieben Gefallene und sechs Verwundete.

Lafittes Männer an den Kanonen hatten den Ausgang des Kampfes mitbestimmt. General Jackson war des Lobes voll, was er auch in seinem Abschlußbericht zum Ausdruck brachte.

Da der Sieg für die Vereinigten Staaten vorwiegend Lafitte und seinen entschlossenen Männern zu verdanken war, schlugen Claiborne und Jackson dem Präsidenten Madison vor, einen Generalpardon für die Helden zu erlassen. Ihrem Wunsch wurde am 6. Februar 1815 entsprochen.

Die Amnestierten fühlten sich in ihrer neuen Rolle nicht recht wohl und konnten ins bürgerliche Leben nur schwer zurückfinden. Lafittes Auftritt als Westernheld endet hier.

Die Lafittes verschwanden aus den amerikanischen Annalen. Pierre fiel in einer Seeschlacht mit den Spaniern. Jean starb 1826 an Gelbfieber in Silan auf der Halbinsel Yucatan (Mexiko).

Der Autor J.H. Ingraham hat mit der Story „Lafitte" ihm ein heldenhaftes Denkmal gesetzt.

John Doyle Lee
1812 — 1877
Massaker und Sühne auf den Gebirgswiesen

„Ich mußte es tun, für eine gerechte Sache. Hätte ich das Werk nicht vollbracht, wäre es von anderen getan worden. Ich bin mir keiner Schuld bewußt und gehe deshalb gelassen in den Tod."

John Doyle Lee, Hauptverantwortlicher des Mountain Meadows Massakers, wurde am 6. September 1812 in Kaskaskia (Randolph County, Illinois) geboren. Sein Vater, Ralph Lee, stammte „von den berühmten Lees der amerikanischen Revolution" ab.

Seit dem achten Lebensjahr zogen Verwandte den verwaisten Jungen auf, der fortan auf eigenen Füßen stehen mußte. Ohne nennenswerte Schulbildung wandte er sich der Farmwirtschaft zu.

Lee gehörte der örtlichen Miliz an und nahm am Krieg gegen Sauk/Fox-Häuptling Black Hawk teil.

John D. Lee (1812—1877) zur Zeit des Mountain Meadows Massaker

Am 24. Juli 1833 heiratete er Agathe Ann Woolsey und ließ sich auf einer größeren Farm (Fayette County) nieder.

Obwohl praktizierender Katholik, zeigte Lee stets großes Interesse für andere Religionen. Es blieb nicht aus, daß er auch mit Missionaren der Mormonen-Kirche zusammentraf.

Von ihren Lehren angezogen, reiste Lee nach Missouri, wo er die neue Sekte in ihrem Wirken kennenlernte. Er ließ sich bekehren und war seitdem ein fanatisches Mitglied dieser Glaubensgemeinschaft.

Als Angehöriger der Mormonen-Miliz nahm Lee an mehreren Gefechten gegen die „Heiden" in Missouri teil. Nach der Vertreibung (1838/39) half er tatkräftig mit, in Nauvoo (Illinois) ein neues Zion aufzubauen.

Eigenen Aussagen zufolge hatte Lee „prophetische Träume und Visionen". Mit Eifer ging er daran, Andersgläubige zu bekehren. Durch diese Tätigkeit lernte er die örtlichen Gefängnisse von innen kennen, wo er „erneut spirituelle Erscheinungen" hatte. In Wirklichkeit handelte es sich um hysterisch-visionelle Gesichter.

Nach der Ermordung des Propheten **Joseph Smith** wandte sich Lee ergeben **Brigham Young** zu, der ihn zu seinem „Adoptiv-Sohn" machte.

In den nächsten zwei Jahren praktizierte Lee die Ausübung der Polygamie und ging mit weiteren sieben Frauen „die geforderte Ehe" ein. Insgesamt sind achtzehn Gattinnen mit 64 Kindern bekannt, die er „zum eigenen Seelenheil" annahm.

In Utah war Lee am Aufbau einer besseren Zukunft mitbeteiligt. Er gehörte zu den Kolonisatoren im Süden des Territoriums. Das Gebiet der Mountain Meadows bei St. George wurde seine neue Heimat.

Zu seinen Nachbarn gehörten William H. Dame, Isaac C. Haight, John M. Higbee und Philip Klingensmith — gleich Lee „fanatische Heilige".

Da zogen im Sommer 1857 dunkle Wolken am politischen Himmel auf, als Washington ein starkes Bundesheer unter General Albert Sidney Johnston nach Utah gegen die Mormonen befahl.

Während dieser angespannten Situation befand sich ein Wagenzug auf dem Weg von Arkansas/Missouri nach Kalifornien. Die meisten Auswanderer waren somit „Heiden" in den Augen der strenggläubigen Mormonen.

Am 11. September 1857 boten Farmer dem Treckführer Captain Charles Fancher ihre Hilfe an: Schutz vor den Indianern, die bereits mehrere Angriffe auf die Planwagen durchgeführt hatten. Man kam überein, die Kinder von den Männern und Frauen zu trennen.

Kaum setzte sich der Zug erneut in Bewegung, als Lee das verabredete Zeichen gab. „Tut Eure Pflicht!"

Die Mormonen eröffneten das Feuer auf die Wagen mit

den Erwachsenen. Gleichzeitig erschienen 200 Ute-Krieger auf den Gebirgswiesen, die das blutige Werk mit Keulen und Äxten vollendeten.

Das Mountain Meadows Massaker brachte rund 125 Weißen den Tod. Lediglich siebzehn Kinder überlebten und wurden später zu ihren Verwandten in Arkansas und Missouri zurückgeführt.

Erst zwei Jahre nach dem Blutbad fanden erste Untersuchungen über die auslösenden Gründe statt. Das Verbrechen blieb zunächst ungesühnt.

Lee lebte als Farmer und Fährmann am Colorado River, als er 1875 vor Gericht gestellt wurde. Da die Jury aus acht Mormonen und nur vier Nicht-Mormonen bestand, kam erneut ein Freispruch zustande.

Der Druck von außen nahm zu. Die Kirche, die hinsichtlich des Massakers ihre Hände in Unschuld wusch, mußte handeln.

Ein zweites Geschworenengericht verurteilte Lee wegen Mordes zum Tode. Da Brigham Young nicht intervenierte, bestätigte der Oberste Gerichtshof in Salt Lake City das Urteil.

Am 23. März 1877 brachte man John Doyle Lee zum Ort des Geschehens. Auf den Gebirgswiesen stand ein Sarg bereit. An seinem Ende stellte sich Lee auf und gab dem Erschießungskommando ein Zeichen. Tödlich getroffen sank Lee in den Sarg, der an diesem Platz der Erde übergeben wurde.

Meriwether Lewis
1774 — 1809
Die erste Überlandexpedition zum Pazifik

„Zweifellos ist er der fähigste Mann, den wir mit einer derart wichtigen Aufgabe betrauen können. Er kennt die Sitten und Gebräuche der Indianer, hat Disziplin und wird als Jäger für sich und seine Leute sorgen. Seine Allgemeinbildung garantiert, daß wir authentische Berichte über Land und Leute erhalten. Das alles qualifiziert ihn, dieses Unternehmen zu leiten."

Mit diesen Worten lobte Präsident Thomas Jefferson seinen Sekretär im Senat, der eine heftige Diskussion über die

Meriwether Lewis (1774—1809)

Ausrüstung einer Landexpedition zu den fernen Gestaden des Pazifiks führte. Sie hat den Namen dieses Soldaten und Forschers unsterblich gemacht.

Meriwether Lewis wurde am 18. August 1774 im Albemarle County (Virgina) geboren, als ältestes Kind von William und Lucy Meriwether Lewis. Seine Eltern stammten aus angesehenen Familien, zu ihren Nachbarn gehörten namhafte Persönlichkeiten der Vereinigten Staaten.

Es liegt nahe, daß Meriwether eine hervorragende Ausbildung erhielt. Neben den Gegebenheiten der Natur lernte er Literatur und Wissenschaften kennen, Latein und Mathematik. Die Plantage „Locust Hill" war ein Treffpunkt für Gelehrte und Denker.

Während der sogenannten „Whisky Rebellion" trat Lewis der örtlichen Miliz bei. Da ihm das Soldatenleben gefiel, ließ er sich am 1. Mai 1795 als Fähnrich im 1. Infanterie-Regiment einstellen. So erlebte er noch das Ende des Krieges gegen die Nordwest-Indianer mit und machte bei dieser Gelegenheit die Bekanntschaft von William Clark, der sein bester Freund wurde.

Der Dienst an der Westgrenze brachte manche Abwechslung. Man schickte Lewis in geheimer Mission zu den Spaniern in Louisiana. Er traf mit weiteren Stämmen zusammen, lernte die Sprache und Gebräuche der Chickasaw. So gewann er wichtige Erkenntnisse, die sich bald auszahlen sollten.

Im März 1801 wurde Thomas Jefferson als U.S. Präsident vereidigt, der Lewis zu seinem Privatsekretär berief: „Ihre Kenntnisse der Armee und der westlichen Regionen sind für meine weiteren Pläne von besonderer Bedeutung."

Das Gehalt belief sich zwar nur auf $ 500 im Jahr, doch standen Lewis ein herrschaftliches Wohnhaus und ein militärischer Rang (Captain) zu. Diplomaten, Abgeordnete und Bekannte waren häufige und gern gesehene Gäste im Weißen Haus.

Als Lewis achtzehn Jahre gewesen war, hatte er dem damaligen Außenminister Jefferson bereits ein Vorhaben unterbreitet, das aus innenpolitischen Gründen zu jener Zeit nicht realisiert werden konnte: eine Forschungsexpedition zum Pazifischen Ozean. Nun gingen beide daran, ihre Vorstellungen in die Tat umzusetzen.

Am 18. Januar 1803 wurde im Kongreß eine Botschaft des Präsidenten verlesen, worin dieser um Zustimmung für das beabsichtigte Unternehmen bat. Schließlich genehmigten die Volksvertreter $ 2 500, die entscheidenden Vorbereitungen konnten beginnen.

Inzwischen war in Paris ein Abkommen unterzeichnet worden, das den Ankauf von Louisiana durch die Vereinigten Staaten regelte — für 15 000 000 Dollar. Der größte Teil des zu durchstreifenden Gebietes befand sich somit in amerikanischem Besitz.

Meriwether Lewis wählte seinen Freund William Clark (1770—1836) als Begleiter und gleichrangig im Kommando. Die Expedition, die aus rund dreißig Mann bestand, fuhr auf dem Ohio und Missouri nach St. Louis. Nach protokollarischen Schwierigkeiten konnten sie an Bord der „Enterprise" die Reise ins Unbekannte antreten.

Am 14. Mai 1804 begann die erste wissenschaftliche Erforschung des Westens. Strömungen, Sommerhitze, Moskitos, Gewitter und Wolkenbrüche machten ihnen zu schaffen. Die Indianer verhielten sich friedlich und nahmen ihre Gastgeschenke — Medaillen, Tabak oder Glasperlen — dankend an.

Bei den Mandan-Dörfern in North Dakota mußten sie ihr erstes Winterquartier errichten, bekannt als Fort Mandan. Lewis schrieb Briefe an seine Familie und den Präsidenten, der seit achtzehn Monaten ohne Nachricht war. Die mitgeschickten Pflanzen, Tiere und Gesteinsproben erreichten Washington nahezu unbeschadet.

Als man am 7. April 1805 die Fahrt auf dem Fluß wieder aufnahm, hatte Lewis einen Frankokanadier und seine Shoshone-Frau Sacagawea mit ihrem Baby als Führer gewinnen können. Die Indianerin erwies sich als große Hilfe, als sie ihnen bei der Beschaffung von Pferden für die Gebirgsdurchquerung behilflich war.

Mit Kanus auf dem Snake und Columbia River erreichten die Männer den Ozean. Zum Schutz vor Regen und Kälte erbaute man Fort Clatsop. Sie hofften auf ein Handelsschiff, das die Expedition in die Staaten zurückbringen würde. Vergebens.

Daraufhin mußte die beschwerliche Rückreise über den Kontinent angetreten werden, nahezu auf derselben Route.

Schließlich wurde eine Erforschung durch zwei Gruppen beschlossen: Clark folgte dem Yellowstone, und Lewis zog entlang dem Missouri.

Landeinwärts, in der Nähe des Marias River, hatte Lewis ein Zusammentreffen mit feindlichen Indianern. Zwei Blackfeet fanden bei der einzigen nennenswerten Auseinandersetzung den Tod.

Nach der Vereinigung beider Abteilungen ging es zügig voran. In Begleitung eines Mandan-Häuptlings langte die Lewis & Clark Expedition am 23. September 1806 wieder in St. Louis an. Die ganze Nation erfaßte große Freude, da man die Forscher verschollen glaubte.

Als sie in Washington eintrafen, gab es zahlreiche Feste und Ehrungen. Lewis verließ die Armee, da ihn Jefferson zum Gouverneur von Louisiana berufen hatte. Seiner Arbeit war solange Erfolg beschieden, wie sein Freund als Präsident fungierte.

Als Madisons Administration mehrere Gesetze verwarf, beschloß Lewis, in der Bundeshauptstadt selbst seine Anliegen vorzutragen. Entlang dem Natchez Trace wollte er an sein Ziel gelangen.

Am 11. Oktober 1809 starb Meriwether Lewis in einem Gasthaus in Zentral-Tennessee. Mord oder Selbstmord? Diese Frage konnte niemals restlos geklärt werden.

In jenem Bezirk, der heute den Namen dieses bedeutenden Forschers trägt, ist 1848 ein Denkmal errichtet worden.

William B. „Bat" Masterson
1853 — 1921
Vom Westmann zum Sportreporter

Ein Westernheld unterschied sich durch sein Äußeres von den Männern der Grenze. Photos zeigen ihn stets vornehm gekleidet, mit Straßenanzug und Weste, auf dem Kopf einen Bowler und in der Hand einen Spazierstock. Ein Dandy vom Scheitel bis zur Sohle.

Diese Beschreibung soll kein negatives Licht auf seine Person werfen. Sie zeigt vielmehr, daß dieser Mann keinesfalls das war, was Film und Fernsehen heute aus ihm machen.

Über Kindheit und Jugend von William Barclay Masterson, am 24. November 1853 auf einer kleinen Farm im Iroquois County (Illinois) geboren, ist wenig bekannt. Seine Eltern waren Thomas und Catherine McGurk Masterson, die fünf Söhne hatten.

Im Frühjahr 1871 zog die Familie auf die offene Prärie und erwarb Land in der Nähe von Wichita (Kansas). Während George und Tom den Boden bestellten, zog es Ed, Bat und Jim hinaus auf die Ebenen. Sie schlossen sich einer Gruppe Büffeljäger aus Fort Dodge an, die in der Wintersaison recht erfolgreich war.

Die Gesellschaft leistete derart gute Arbeit, daß sie im Sommer 1872 einen Kontrakt von der Atchison, Topeka & Santa Fe Railroad Company zur Versorgung der Streckenarbeiter erhielt. Bei Begegnungen mit Indianern und Tramps lernten die Farmjungen die Realität des Lebens kennen.

Bat gehörte zu jenen 28 Büffeljägern, die einer Herde ins Texas Panhandle folgten. Am 27. Juni 1874 kam es in Adobe Walls zu einer heftigen Auseinandersetzung mit 700 Kriegern der Comanche, Kiowa und Southern Cheyenne unter Häuptling Quanah Parker.

Wenig später startete die Armee einen großangelegten Feldzug gegen die letzten freien Indianer auf den südlichen Ebenen. Befehlshaber war Colonel N.A. Miles, der Bat als Kundschafter einstellte. Nach Beendigung der Expedition ereignete sich ein Zwischenfall:

Masterson hatte sich mit einem Tanzhallen-Mädchen namens Molly Brennan angefreundet, die allerdings mit Sergeant Melvin King (4. Kav.) verlobt war. Eines Abends lauerte King beiden vor dem Saloon von Fort Elliott auf, und als er sie sah, eröffnete er unverzüglich das Feuer. Molly warf sich vor Bat, wurde von einer Kugel getötet und Bat an der Hüfte verletzt. Im Fallen konnte er abdrücken, und King fiel tot in den Staub der Straße.

Nach diesem Vorfall mußte Bat den Militärdienst quittieren. Im Frühjahr 1876 fungierte er erstmals als Deputy Marshal von Dodge City, der wildesten Stadt in Kansas. Sein unruhiger Geist sorgte dafür, daß dieses Gastspiel zunächst nur von kurzer Dauer war. Bereits im Juli gab er die Stellung auf.

Masterson begab sich nach Deadwood, das beliebte neue Ziel von Abenteurern aus dem ganzen Westen. Möglicherweise ist ihm diese Boomtown zu wild und unzivilisiert gewesen, denn bereits Ende des Jahres trieb es ihn zurück nach Dodge.

Der Name Masterson hatte einen guten Klang, als Bat bei seinen Brüdern eintraf. Ed (geb. 1852) war Assistant Marshal und Jim im Polizeidienst angestellt. Darüber hinaus betrieben sie eine gutgehende Bar mit Tanzhalle und gehörten somit zu den angesehenen und einflußreichen Bürgern dieser Stadt.

Bat machte sich nützlich. Als zwischen Marshal Larry Deger und Bürgermeister James Kelley ein Meinungsstreit ausbrach, setzte er sich offen für die Stadtväter ein.

Das Ende dieses Streits führte zur Neuwahl der Gesetzeshüter von Stadt und Landkreis. Im November 1877 wählten die Bürger Ed Masterson zu ihrem Marshal und Bat Ma-

Bat Masterson (1853—1921)

sterson zum Sheriff von Ford County. Nur wenige Wochen im Amt, konnte Bat den ersten Erfolg verbuchen.

Sechs Outlaws unter Dave Rudabaugh wollten im angrenzenden Edwards County einen Zug überfallen. Das Vorhaben mißlang. Die Fliehenden wurden von starken Aufgeboten gejagt, doch Bat versuchte sich in ihre Situation zu versetzen. Er empfing die Übeltäter in einem verlassenen Viehtreiberlager und konnte sie dingfest machen.

Unter Zusicherung von Straffreiheit sagte Rudabaugh vor Gericht aus — in jenen Tagen unter Männern nicht üblich. „Er scheint von Ganovenehre nicht viel zu halten."

Die Brüder Masterson unterschied folgendes: Bat besaß den Ruf eines Revolverhelden, der bereits genügte, dem Gegner gehörigen Respekt einzuflößen. Ed war bemüht, sein Gegenüber mit Vernunft zu besiegen. Dies machte Ed bei der Bevölkerung wesentlich sympathischer. So ist die Empörung zu verstehen, als der Marshal bei einer Schießerei ums Leben kam.

Am Abend des 9. April 1878 stellten Ed und Deputy Nat Harwood zwei Viehtreiber aus Hays City beim Eisenbahndepot. Trotz Verbots und mehrfacher Aufforderung trugen sie Waffen. Ed, seinen Revolver im Holster, war dabei, auf die Fremden einzureden.

Ohne es zu merken, näherte sich sein Bruder Bat entlang den Bahngleisen. Anscheinend sah er, wie der Cowboy Alf Walker zum Holster griff. Bat drückte ab, und der Treiber ging zu Boden. Irritiert drehte sich Ed um, nach dem unverhofften Schützen zu sehen. Diese Gelegenheit nutzte der zweite Cowboy. Jack Wagner schoß auf Ed, den er in den Unterleib traf. Von mehreren Kugeln der drei Gesetzeshüter getroffen, überstand Wagner die folgende Nacht nicht.

Man brachte den tödlich verwundeten Edward J. Masterson in sein Haus, wo er vierzehn Stunden später starb. Dem Sarg folgte die gesamte Bevölkerung der Stadt. Insgeheim gab wohl manch Trauernder dem schießwütigen Bat die Schuld am Tod des angesehenen und geschätzten Marshals.

Die Wahl vom November 1879 brachte dem 23jährigen Jim die Berufung zum Marshal von Dodge ein. Gleichzeitig verlor Bat sein Amt als Sheriff — sein übermäßiger Waffengebrauch mißfiel den Wählern. Zwei Jahre später mußten auch James Kelley und Jim Masterson von der politischen Bühne abtreten. In den rauhen Rinderstädten waren weitgehend Ruhe und Ordnung eingekehrt.

Bats Ruhm als Revolverschütze führte ihn ruhelos durch den Westen. In Tombstone traf mit dem **Earp**-Clan und Doc Holliday zusammen, die er bereits aus Kansas kannte. Ab 1881 war die Schnelligkeit seines Colts in den Minenstädten Colorados gefragt. Während des sogenannten „Piano War" (1883) kehrte er nochmals nach Dodge zurück.

Bat betrieb zahlreiche gutgehende Saloons und Spielhallen. In Denver gehörte zu einem solchen Etablissement auch ein Variete. Eine der Schauspielerinnen namens Emma Walters wurde am 21. November 1891 seine Frau.

Auch ein Bat Masterson mußte der Zeit Tribut zollen. Nur spielte er, wie andere Revolverhelden, diese Tatsache nicht unter den Tisch und war sich bewußt, daß man vom Ruhm allein nicht leben kann. Er suchte und fand ein einträgliches Betätigungsfeld.

Seine Berufung durch Präsident Teddy Roosevelt zum U.S. Marshal des Oklahoma Territoriums, wo ein Gunfighter noch genug zu tun gehabt hätte, lehnte er ab: „Ich wäre ein Köder für erwachsene Heißsporne, die mit Groschenheften groß geworden sind. Ich müßte töten oder würde getötet. Beides hat keinen Sinn."

Bat, der sich fortan für Athletik und speziell Faustkämpfe interessierte, zog im Mai 1902 nach New York City um. Innerhalb eines Jahres wurde er Sportreporter des „Morning Telegraph". Hier bot sich ihm eine Tätigkeit, die mit ein bißchen Fleiß ausbaufähig war. Diese Aufgabe ließ ihn viel unterwegs sein, er war als Berichterstatter stets am Ort des Geschehens.

Bat nahm jede Gelegenheit wahr zum gesellschaftlichen Aufstieg. Er wurde nicht nur Ressortchef für den Bereich Sport, sondern gehörte auch zum Mitarbeiterstab des Verlegers.

Für einen Revolverhelden völlig unüblich starb William Barclay Masterson am 25. Oktober 1921 an Herzschwäche am Schreibtisch. Sein Grab findet sich auf dem Woodlawn Cemetery in New York City.

Christopher G. Memminger
1803 — 1888
Wegbereiter des Fortschritts

Der gebürtige Schwabe war Staatsmann, Industrieller, Gesetzgeber, Verfasser und Reformer des öffentlichen Schulwesens in Amerika. Während des Bürgerkriegs gehörte er zu den wenigen Deutsch-Amerikanern, die die Sache des Südens vertraten.

Christopher Gustavus Memminger wurde am 9. Januar 1803 in Nayhingen (Herzogtum Württemberg) geboren. Sein Vater, Christoph Gottfried Memminger, war Offizier. Er starb einige Monate nach der Geburt des einzigen Kindes.

Eberhardina Elisabetha Memminger war bedacht, dem Sohn den besten Start ins Leben zu ermöglichen. Mit ihren Eltern schloß sie sich einer Auswanderer-Gesellschaft nach Charleston (South Carolina) an. Die Anstrengungen der Reise und das ungewohnte Klima machten die Mutter krank, und sie starb in der neuen Heimat.

Mit vier Jahren war Christopher Vollwaise. Er kam ins „Orphan's House", das die talentiertesten Zöglinge von angesehenen Familien adoptieren ließ.

Der aufgeweckte Knabe war der ganze Stolz des Heimes. Eines Tages sah ihn der bekannte Jurist Thomas Bennett, dem der Junge gefiel. Er nahm Memminger an Kindes Statt an. Sein bester Freund wurde Bennetts gleichaltriger Sohn William Jefferson. Man schrieb das Jahr 1814.

Die Jugendlichen erhielten eine gründliche Schulbildung am South Carolina College und machten sich als Studenten mit den Strafgesetzen des Staates vertraut. Christopher war derart erfolgreich, daß man dem jungen Juristen eine glänzende Karriere vorhersagte.

Da stellte sich heraus, daß man seine Einbürgerung vergessen hatte. Präsident J.Q. Adams holte das Versäumte per Sondererlaß nach. Memminger wurde Bürger der Vereinigten Staaten.

Seine gesellschaftliche Zukunft hätte beinahe 1830 ein abruptes Ende gefunden, als er eine in biblischem Stil geschriebene satirische Broschüre veröffentlichte: „The Book of Nullification". Darin griff er scharf die Führer jener Bewegung an, die die Bundesgesetze, die den eigenen Staatsgesetzen widersprachen, für null und nichtig erklären wollten. Er vertrat rückhaltlos die Ideen der Union:

„Ich warne vor dem dunklen Tal der Teilung und Anarchie, der Zerschlagung des Bundes mit all ihren zwangsläufigen Folgen."

Als Demokrat gehörte Memminger von 1836 bis 1852 dem Repräsentantenhaus von Südkarolina an. Er war Vor-

C. G. Memminger (1803—1888)

sitzender des Finanzausschusses und stand Pate für bemerkenswerte Bankgesetze, die z.B. den Umlauf von Bargeld fördern sollten. Weiterhin versuchte er den Süden auf zwei wirtschaftliche Grundlagen zu stellen: die traditionelle Landwirtschaft und die Industrie.

Weitreichendes Interesse zeigten seine Reformen des öffentlichen Schulwesens in Amerika. Memminger war ein energischer Vorkämpfer des kostenlosen Unterrichts. Der Makel der „Armenschulen", worunter er selbst als Waisenkind gelitten hatte, sollte möglichst rasch getilgt werden.

Seit 1841 begann Christopher mit der Errichtung von Blinden- und Taubstummenschulen im ganzen Land. Er baute Schulen, noch für Weiße und Schwarze getrennt. Jahr für Jahr wurden weitere Verbesserungen im Schulsystem erreicht.

Bei der Reorganisation des Schulwesens konnte er sich auf seinen „Bruder" William Jefferson Bennett verlassen. Sie waren ein perfektes Gespann, das bundesweite Kampagnen für eine gerechtere Ausbildung an den Lehrstätten startete.

Ihr System erwies sich als Modell für die ganze Nation. 1855 erreichten Memminger/Bennett ihr erstes Hauptziel: In ganz South Carolina wurde ein ordentliches Volksschulsystem mit Schulpflicht eingeführt. Das anfallende Schulgeld bezahlte fortan die Staatsregierung.

Im nächsten Jahr übernahm die Stadtverwaltung von New York City den Modellversuch für ihr Schulwesen! Der Durchbruch war geschafft. Alle Staaten der Union schlossen sich in rascher Folge diesem Reformwerk an.

Memminger/Bennett sahen sich oft heftiger Kritik ausgesetzt. Man bezichtigte sie des Versuchs, ein System von „Futterkrippen" geschaffen zu haben. Beide widerstanden nicht nur allen Anfechtungen, ihre Gedanken wurden zunehmend Allgemeingut. Im ganzen Land entstanden zahlreiche Schulen, die ihren Namen trugen — viele bestehen noch heute.

Die Pioniere der Schulrefom widmeten sich zeitlebens dieser überaus wichtigen Aufgabe. Als William Jefferson Bennett 1874 starb, setzte sein „Bruder" die begonnene Arbeit unverdrossen fort.

„Nie hat die Union einen treueren Freund gehabt als mich, aber Washington mißachtet unsere Rechte. Es ist an der Zeit, diesem Handeln Einhalt zu gebieten."

Die politische Situation wurde immer verfahrener. Die Wahl von Abraham Lincoln zum U.S. Präsidenten gab den Anstoß zur alles entscheidenden Entwicklung in den Südstaaten.

Die Loslösung vollzog sich schrittweise. Memminger gehörte der sezessionistischen Gesetzgebung von South Carolina an, war Delegierter im Provisorischen Kongreß in Montgomery (Alabama) und Vorsitzender jenes Komitees, das die Verfassung der „Confederate States of America" ausarbeitete.

Am 21. Februar 1861 wurde Christopher Gustavus Memminger von CSA-Präsident Jefferson Davis zum Finanzminister berufen — „das wichtigste Amt, das ich zu vergeben habe".

Sein Finanzierungsprogramm basierte auf Besteuerung und Ausgabe von Schuldscheinen. Es war darauf ausgerichtet, die größten Schwierigkeiten vom neuen Staat abzuwenden. Memminger stand jedoch von Anfang an auf verlorenem Posten.

Der Bürgerkrieg dauerte länger als erwartet. Immer mehr Gelder wurden benötigt, die Schuldverschreibungen nahmen zu. Baumwolle und Tabak waren längst verpfändet, bevor die Ernten eingebracht waren. Die meisten Südstaaten erhoben eigene Steuern und gaben eigene Banknoten in Umlauf. Die Papierflut war nicht mehr aufzuhalten. Als im April 1863 entsprechende Gegenmaßnahmen in der Hauptstadt Richmond (Virginia) beschlossen wurden, war es bereits zu spät.

Weiterhin versuchte Memminger, den Schaden für die Konföderation so gering wie möglich zu halten. Als der Kongreß seine Reformpläne ablehnte, zog er die einzig mögliche Konsequenz:

Am 15. Juni 1864, als sich das Ende der C.S.A. bereits deutlich abzeichnete, legte Memminger sein Amt als Finanzminister nieder. Der ebenfalls deutsch-stämmige Unions-General Johannes Andreas Wagner hat ihm nachdrücklich bescheinigt:

„Er war besonnen, ehrlich, ein ganzer Mann. Aus der Feuertaufe des Krieges ist sein Name rein und ehrenvoll hervorgegangen. Für seine Verdienste um das Erziehungswesen gebührt ihm die Bürgerkrone."

Nach erfülltem Leben starb Christopher Gustavus Memminger am 7. März 1888 in Charleston — eine der größten Persönlichkeiten des Landes.

„Die Nation hat einen großen Staatsmann verloren, der Staat einen Patrioten, das Gemeinwesen einen Wohltäter. Er ist ein großer Freund Amerikas gewesen."

Joaquin Murietta
c. 1830 — 1853
Der Brigant von Kalifornien

Eine Jagd ohnegleichen wurde 1853 auf eine mystische Figur in Zentral-Kalifornien gestartet. Nicht nur Rangers beschäftigten sich „mit diesem Wohltäter der Armen".

Schon zu Lebzeiten schrieb die Presse über eine nicht greifbare Gestalt eines „Joaquin Murietta". Selbst die frühen kalifornischen Historiker haben mehr oder weniger nur Mythen über ihn in Umlauf gebracht.

Wenige belegte Tatsachen zeigen den Weg eines Mannes auf, der Unrecht mit Unrecht vergelten wollte:

Nach Ignacio Herrera soll Murietta als Joaquin Carrillo im Jahr 1830 in Santiago de Chile geboren worden sein. T.H. Hittell vermerkt, er habe 1831 in Sonora (Mexiko) das Licht der Welt erblickt. Und Hubert H. Bancroft sagt, er ist 1832 in einer vornehmen kalifornischen Familie, mit spanischen Vorfahren, geboren worden. Schon so beginnt ein Mythos!

Es ist belegt, daß Joaquin Murietta im Jahre 1849, zur Zeit des Goldrausches, in Kalifornien auftauchte. Er steckte sich am Stanislaus River einen Claim ab, von dem er, im nächsten Frühjahr, durch Americanos gewaltsam vertrieben wurde.

Solche Ungesetzlichkeit geschah in jenen Tagen nicht nur ihm. Auch befand er sich offenbar in Begleitung seiner Frau oder Freundin. Hilflos mußte er mit ansehen, wie sie von den Wüstlingen mißbraucht wurde. Die ersten Rachegefühle erwuchsen ihm.

Unverdrossen zog Joaquin zum Calaveras River, wo er erneut mit Erfolg schürfte. Eine weitere Ungerechtigkeit steigerte seine Haßgefühle. Seinen Bruder beschuldigte man fälschlich eines Postkutschenüberfalls — und er wurde von den wirklichen Tätern gehängt.

Immer mehr festigte sich in ihm das Bild, daß die neuen Herren des Landes alles, was anderer Rasse war, jagten und vernichteten. Der Gedanke, seinesgleichen zu helfen, ließ einen verhängnisvollen Plan in ihm Wirklichkeit werden.

Mit einer großen Schar von Anhängern schuf er sich in den Bergen der Sierra Nevada sein eigenes kleines Reich. Von hier aus beging er Überfälle auf Diggers, Reisende und andere lohnende Ziele. Durch die Gang kamen Hunderte von Menschen zu Schaden und auch ums Leben.

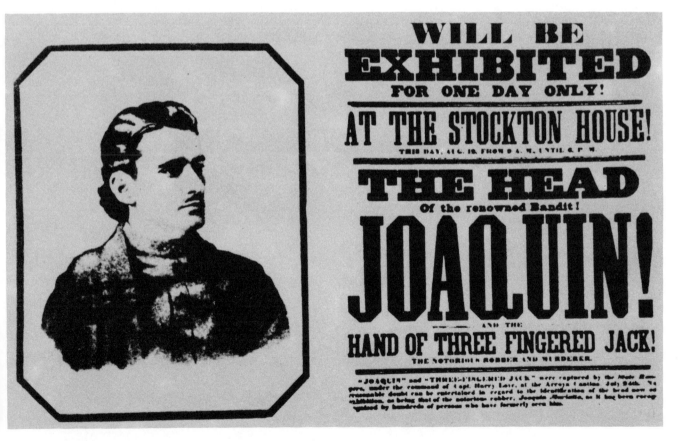

Aufruf zur Besichtigung von Muriettas abgetrenntem Kopf

Wichtig war Joaquin, daß Bargeld oder Gold bei derartigen Unternehmen in seine Hände gerieten. Dieses verteilte er wiederum an die von den Amerikanern ausgeraubten Landsleute. So erwuchs er zum „Robin Hood des Eldorado".

Obwohl er den persönlichen Rachegedanken nie aufgab, fühlte er sich zum Führer einer immer mehr anwachsenden Räuber- und Mörderbande berufen. Sie kontrollierten nahezu das ganze Land.

Da man der Person des Murietta nicht ansichtig werden konnte, wurden viele Überfälle und Morde, die zu jener Zeit keinesfalls etwas Ungewöhnliches waren, seinem Konto zugeschrieben. Daß er gleichzeitig nur schwerlich im Norden und im Süden operieren konnte, wollte man nicht wahrhaben.

Eines Abends saß der Desperado in einem Saloon und spielte unerkannt Karten. Nach dem reichlichen Genuß von Bourbon warf ein junger Bergarbeiter einen Beutel voll Gold auf die Theke und schrie: „Hier sind $ 500, und wenn ich den Kerl zu Gesicht bekomme, werde ich ihn töten — Murietta!" Da erhob sich eine Gestalt, in jeder Hand eine Pistole, die gelassen in den Raum rief: „Ich bin Murietta. Das ist Ihre Chance!" Alle Gäste waren wie versteinert. Der Angesprochene torkelte aus dem Lokal und ritt eiligst davon.

Erst als ein namhafter amerikanischer General namens James H. **Bean** (Roys Bruder) durch einen Anschlag von „Californios" im November 1852 ums Leben kam, setzten die Behörden ein Kopfgeld von $ 1 000 auf Murietta aus — einige Monate später, nach weiteren Schreckensnachrichten, gar $ 5 000.

Um diese Zeit ritt ein Mann in Stockton ein. Er las einen der zahlreich ausgehängten Steckbriefe und schrieb darunter: „Ich würde $ 10 000 aussetzen — Joaquin!" Ehe die Umstehenden begriffen, was geschehen war, hatte der Fremde die Stadt im Galopp wieder verlassen.

Am 17. Mai 1853 erließ Gouverneur John Bigler einen Erlaß, der die Aufstellung einer zwanzig Mann starken Ranger-Truppe unter Captain Harry Love ermöglichte. Jedem Teilnehmer dieser Expedition, für drei Monate eingestellt, standen $ 150 pro Monat als Sold zur Verfügung.

Murietta seinerseits traf Vorbereitungen, sich mit seiner Anhängerschaft nach Mexiko abzusetzen. Jedoch die Häscher waren schneller.

In den Morgenstunden des 25. Juli 1853 umstellten die Rangers ein Outlaw-Camp am Westufer des Tulare Lake. Alle Anwohner wurden getötet oder gefangengenommen.

Der Kopf eines der Anführer, in Spiritus gelegt, wurde als der des Joaquin Murietta im Triumphzug nach San Francisco gebracht. Er wurde gar in einem Saloon ausgestellt, bis das Erdbeben und Feuer von 1906 die grausige Trophäe vernichteten.

Fraglich ist bis heute, ob Murietta bei erwähntem Überfall den Tod fand. Diese Frage gab immer wieder entstehenden Heldengeschichten neue Nahrung.

Frank Joshua North
1840 — 1885
Zwei große Scouts und ihr Pawnee Bataillon

In einem Zeitraum von dreizehn Jahren gab es im Westen eine indianische Hilfstruppe, die durch Disziplin und Ausdauer zu gefallen wußte. Ihre Geschichte ist eng verbunden mit den Auseinandersetzungen der Weißen gegen die Präriestämme der Dakota (Sioux) und Cheyenne.

Führer dieser Einheit war Frank Joshua North, einer der bekanntesten Scouts und Plainsmen seiner Zeit. Er hatte am 10. März 1840 in Ludlowville (Tompkin County, New York) das Licht der Welt erblickt, als zweiter Sohn der Eheleute Thomas Jefferson und Jane Almira Townley North. Der mittlere Taufname ist selten gebraucht worden.

Die Familie scheint ein recht bewegtes Leben als Farmer an der Grenze geführt zu haben, da Frank seine Kindheit und Jugend in Ohio (Richland County) und Nebraska (Omaha und Columbus) verbrachte. Der letzte Umzug, der 1858 vonstatten ging, war für den jungen Mann besonders bedeutsam.

Am Loup Fork des Platte River befand sich das Schutzgebiet der Pawnee, einst Herren weiter Landstriche. North lernte ihre Sprache und freundete sich mit den gleichaltrigen Kriegern an. Auch die Symbole der Zeichensprache konnte er verstehen.

Bei Ausbruch des Bürgerkrieges wurde Frank als stellvertretender Dolmetscher auf der Pawnee Reservation angestellt. Er half den unerfahrenen Offizieren beim Umgang mit den Indianern, deren Freiwilligenregimenter den Verkehr auf der Überlandroute (Oregon Trail) aufrechterhalten sollten.

1864 war der Transport nahezu zusammengebrochen. Da regte General S.R. Curtis an, 76 Pawnee als Hilfstruppe zu rekrutieren. Joseph McFadden fungierte als Captain, seine rechte Hand wurde „Leutnant" Frank North. Ihre Hauptaufgabe bestand darin, die Mannschaften sicher über die Ebenen zu geleiten.

Wenig später konnte General Curtis durchsetzen, daß die Pawnee-Freiwilligen als reguläre Truppe übernommen und besoldet wurden. Durch Erlaß von Gouverneur Alvin Saunders vom 24. Oktober 1864 erhielt Frank North den Rang eines Captain, sein Bruder Luther Heddon North (1844 — 1935) trat als Leutnant dem Regiment bei.

Die erste Bewährungsprobe für das Pawnee-Bataillon kam während der Powder River Expedition des Generals P.E. Connor. Nach der Teilnahme an mehreren Gefechten kämpften sie mit Bravour in der Schlacht am Tongue River (28. 8. 1865); die Macht der Sioux in dieser Region blieb ungebrochen.

Vielmehr geriet eine Heeressäule unter Colonel Nelson Cole in arge Bedrängnis. Ein Mangel an Versorgungsgütern, schlechtes Wetter und Ortsunkundigkeit hätten beinahe zur Katastrophe geführt, wäre ihnen nicht North mit seinen Pawnee zu Hilfe gekommen. Er führte Cole nach Fort Reno, wo die Wiedervereinigung mit Connor erfolgte.

Im kommenden Frühjahr glaubte die Regierung auf die Dienste der Pawnee verzichten zu können — man entließ sie. Ein Jahr später hob General C.C. Augur, Befehlshaber des Platte-Departements, die entsprechende Anordnung wieder auf. Frank und Luther North erhielten ihre Urkunden mit dem Rang als Major und Captain.

Diese Kavallerie-Kompanie sollte den Schutz der Union Pacific Railroad in Nebraska übernehmen. Am 17. August 1867 kam es am Plum Creek zu einem Verfolgungsgefecht mit Cheyenne, die sich nach diesem Kampf bei weiteren Überfällen zurückhielten. Der Bau der Eisenbahn ging zügig voran.

Frank North (1840—1885)

Nach weiteren Gefechten mit renegaten Banden kam es am 11. Juli 1869 zur Schlacht von Summit Springs in Colorado. North und die Pawnee-Scouts führten den Angriff gegen das Cheyenne-Dorf unter Tall Bull, der die Grenzgebiete in Angst und Schrecken versetzt hatte. Damit waren ihre Aktivitäten auf den südlichen Plains beendet.

Frank war der einzige Führer von Indianerscouts, der die Sprache seiner Soldaten perfekt beherrschte, ihre Sitten und Gebräuche kannte und auch danach lebte. Sie nannten ihn Pani La Shar oder Pawnee Chief. North ging stets mit gutem Beispiel voran und warf sich mutig in jeden Kampf, doch hat er niemals eine Verletzung davongetragen.

Er verstand es, die Pawnee zu einer disziplinierten Truppe zu machen, die auch in unerwarteten Situationen einen kühlen Kopf behielt. Unter seiner Führung war das Bataillon an sechs Feldzügen beteiligt; nur ein Krieger wurde in der Schlacht getötet, und nur wenige trugen Verletzungen davon.

Hingegen kam es häufig vor, daß sich die Einheit einem überlegenen Feind gegenüber sah. So geschehen während der Powder River Expedition unter General George Crook, als sie die Lager der Sioux-Häuptlinge Red Cloud und Red Leaf am Chadron Creek in Nebraska umzingelten (23. 10. 1876). Oder beim Angriff auf das Camp der Northern Cheyenne unter Dull Knife (25. 11.) in den Big Horn Mountains von Wyoming.

Nachdem sich die letzten freien Indianer der nördlichen Ebenen auf den Schutzgebieten eingefunden hatten, konnte die Regierung auf die Hilfsdienste der Pawnee verzichten. Im April 1877 erfolgte die Auflösung des Regiments in Sidney Barracks (Nebraska).

Frank und Luther North wurden Partner von **W.F. Cody** auf dessen Ranch am Dismal River. Ende 1882 wählten die Bürger der Platte County den berühmten Scout zu ihrem Repräsentanten in der Staatsverwaltung.

Da machte ihm Cody das Angebot, sich mit den Pawnee seiner Wild West Show anzuschließen. Franks angeschlagene Gesundheit verschlechterte sich zusehends. Nach einem erfolgreichen Gastspiel in New Orleans, wo er die reizende **Annie Oakley** kennenlernte, starb Luther Joshua North am 14. März 1885 in Columbus.

Wenig bekannt ist die Tatsache, daß Frank North wahrscheinlich der beste Revolverschütze des Westens war. In Show-Wettkämpfen (1873) hat er **Wild Bill Hickok** und andere Scharfschützen ganz überlegen geschlagen.

Annie Oakley
1860 — 1926
Der Welt populärster weibliche Scharfschütze

„Er war unfähig, einen guten Rat anzunehmen, und selbst in Not geraten ließ er sich nicht helfen. Als Marktschreier schien er unübertroffen, und auf diese Weise hat ihn die Presse zu dem gemacht, was er gerne sein wollte."

Diese Bemerkung über „Buffalo Bill" **Cody** stammt von der bekanntesten Meisterschützin, die als „Annie" in die Geschichte eingegangen ist.

Am 13. August 1860 wurde ein Mädchen namens Phoebe Ann Oakley Mozee in einer Holzhütte bei Patterson (Darke County, Ohio) geboren. Sie war das sechste von acht Kindern der Eheleute Jake und Suzanne Mozee, die aus Pennsylvania in den Westen gekommen waren.

Der Vater starb an den Nachwirkungen eines Blizzards, als Ann das vierte Lebensjahr vollendet hatte. Eine freudlose Kindheit folgte. Erst mit einer Wiederverheiratung der Mutter besserte sich die wirtschaftliche Lage.

Es läßt sich heute nicht mehr mit letzter Gewißheit feststellen, wie alt Annie war, als sie zur Versorgung der Familie das erste Wildbret nach Hause brachte. Doch weiß man, daß sie mit neun Jahren (oder früher) öfters Kaninchen und Wachteln erlegte — keine ihrer Kugeln verfehlte das Ziel.

Bedingt durch die schlechte Wirtschaftslage hatte Suzanne Mozee eine Hypothek auf die kleine Farm aufnehmen müssen. Innerhalb der nächsten fünf Jahre war die Familie schuldenfrei. Denn Annie ließ das überschüssige erlegte Wild per Postkutsche nach Cincinnati bringen, wo es reißend Absatz fand. So gewann sie außerordentliche Berühmtheit als vortreffliche Schützin.

Im Jahr 1875 gastierte ein Zirkus in Cincinnati, dem ein Frank E. Butler als „unschlagbarer Scharfschütze" angehörte. Bei einem öffentlichen Wettschießen ergab es sich, daß Miss Mozee gegen Butler antrat — sie besiegte ihn mit einem Treffer mehr.

Butler verliebte sich in das unbekümmerte Mädchen. Er führte mit ihr einen regen Briefwechsel, und schließlich wurde sie seine Frau. Als bei einer Vorstellung Franks Partnerin ausfiel, sprang Annie ein. Ihr Auftritt war ein voller Erfolg.

Der natürliche Charme der jungen Frau und ihr enormes Können wurden über Nacht zu einem Gütezeichen. Butler mußte erkennen, daß es für ihn besser sei, seine Karriere für Annie aufzugeben. Fortan war er ihr Partner, Berater und persönlicher Manager.

Während eines Gastspiels des „Sells Brother Circus" wollte es der Zufall, daß sich auch Buffalo Bill mit seiner Wild West Show in New Orleans aufhielt. Cody sah den weiblichen Wildfang und war begeistert. Er unterbreitete ihr ein überaus großzügiges Angebot — ab nächstem Frühjahr (1885) gehörte sie zu seiner Truppe.

Nat Salsbury, Codys Manager, verlor keine Zeit, Annie Oakley zum Star zu machen. Während siebzehn Jahren war sie die ungekrönte Königin der Manege. Mit einem Gewehr oder einer Schrotflinte in der Hand, entwickelte sie sich zu einem wahren Schießwunder.

Aus dreißig Schritt Entfernung konnte Annie das Herz-As auf einer Spielkarte treffen — ein Punkt, nicht größer als ein Zehncentstück. Eine andere Spielkarte, die man in die Luft warf, konnte sie mehr als ein Dutzend Mal treffen, bevor sie zu Boden fiel. Oder sie schoß ihrem Gatten die Zigarette aus dem Mund. Allein der Name „Annie" garantierte den Erfolg.

Im Laufe der Zeit hat sie mehr Glaskugeln zerschossen als irgendein anderer Artist. Mit ihrem Spezialgewehr vom Kaliber .22 ließ sie 943 von 1 000 Kugeln zerplatzen. An einem einzigen Tag schraubte sie den Rekord auf 4 772 von 5 000 möglichen Treffern.

Europa lag Annie ebenso zu Füßen wie Amerika. Köni-

Annie Oakley (1860—1926)

gin Victoria von England war von ihrem Charme begeistert; dem deutschen Kronprinzen, dem späteren Kaiser Wilhelm II., schoß sie — zur Bestürzung aller, außer dem Betroffenen — eine Zigarette aus dem Mund.

Im Jahr 1901 trug Annie bei einer Zugentgleisung schwere Verletzungen davon. Lange schien ihre Karriere damit beendet zu sein. Sie erholte sich jedoch sehr rasch, dank ihres eisernen Willens, und stellte in den nächsten zwei Jahrzehnten noch manchen phantastischen Rekord auf.

Trotz des ruhelosen Zirkuslebens kehrte Annie oft in ihren heimatlichen Landkreis zurück. Da ihre Ehe kinderlos blieb, sorgte sie bei achtzehn Waisenkindern für eine gute Erziehung und Ausbildung. Eine Ausgabe des Neuen Testaments fand sich stets in ihrem Gepäck.

1903 druckten mehr als fünfzig Zeitungen im ganzen Land einen Schmähartikel. Daraufhin strengte sie entsprechende Prozesse mit Wiedergutmachung an — und gewann nahezu alle Klagen.

Im Alter von 67 Jahren starb Annie Oakley am 3. November 1926 in Greenville (Ohio). Ihre Grabstätte liegt in Brock, in unmittelbarer Nähe des Geburtsortes.

Frank E. Butler folgte seiner Frau drei Wochen später.

„Osawatomie Brown"
1800 — 1859
Die Saat geht auf in Harper's Ferry

„Diese Angelegenheit, philosophisch betrachtet, entspricht den zahlreichen Versuchen, die im Laufe der Geschichte unternommen worden sind, um Könige und Kaiser zu meucheln. Ein Enthusiast brütet über die Unterdrückung seines Volkes solange nach, bis er selbst daran glaubt, vom Himmel zur Rettung auserwählt zu sein. Er wagt den Versuch, der unweigerlich mit seiner eigenen Hinrichtung endet. Orsini versuchte es bei Louis Napoleon, und Brown in Harper's Ferry. Die Weltanschauungen dieser beiden sind die gleichen." (Abraham Lincoln, 27. 2. 1860)

John Brown wurde am 9. Mai 1800 in Torrington (Connecticut) geboren. Seine Eltern waren Owen und Ruth Mills Brown, die von deutschen Vorfahren abstammten. Der Vater verdiente als reisender Händler den Unterhalt und zog nach dem frühen Tod seiner Frau im Osten umher.

John Brown (1800—1859)

Seinem Ernährer nacheifernd, übte John von Jugend an die verschiedensten Berufe aus. Nach einem kurzen Schulbesuch arbeitete er als Handlanger, Gerber, Viehtreiber, Schäfer, Landspekulant und fungierte als Teilhaber an einer Wollfabrik. Dieses Geschäft brachte ihm einen Gewinn von $ 60 000 ein.

1820 hatte John Brown erstmals geheiratet. Nach dem Tod von Dianthe Lusk ehelichte er Mary Ann Day. Aus beiden Verbindungen sind insgesamt zwanzig Kinder hervorgegangen.

Er war bereits ein Mann von über fünfzig Jahren, als er sich immer intensiver der Sklavenfrage widmete. Seine tiefe Frömmigkeit führte ihn von Kindheit an zur Bewegung der Abolitionisten, für die er als Agent der sogenannten „Underground Railroad" tätig wurde.

Nach eigenen Angaben wurde ihm offenbart, daß er dazu ausersehen sei, die unterdrückten Schwarzen in einem allgewaltigen Aufstand zu führen. Befreiungsaktionen im Süden fanden seine tatkräftige Unterstützung.

Die wankelmütige Politik der Bundesregierung in Washington hatte dazu geführt, daß die Grenzterritorien des Mittelwestens selbst über die Beibehaltung oder Abschaffung der Sklaverei entscheiden sollten. Deshalb strömten die Sympathisanten des Nordens und Südens nach Kansas, das sich immer mehr zu einem Kriegsschauplatz entwickelte.

Im Mai 1855 sandte John Brown jr. eine dringende Nachricht an seinen Vater, er möge ihm Waffen für den Freiheitskampf schicken. Brown kaufte Gewehre und Munition und fuhr mit einem Planwagen nach Osawatomie.

In der Grenzsiedlung angekommen, wurde Brown sogleich zum Befehlshaber der örtlichen Miliz gewählt. Seine Leute verhielten sich derart auffällig, daß Pro-Sklaven-Verbände aus Rache die Stadt Lawrence niederbrannten.

Diese Tat schrie nach Vergeltung. In den Nachtstunden des 24. Mai 1856 stieß Captain John Brown mit seiner aus sechs Personen bestehenden Patrouille, darunter vier Söhne, auf ein Lagerfeuer, um das fünf Männer schliefen. Ohne vorherige Warnung wurden sie mit Säbeln in Stücke gehauen.

Wahrscheinlich hat John Brown keinen Südstaatler mit eigener Hand getötet. Man machte ihn jedoch für das Massaker am Potawatomi Creek verantwortlich, da er sich als „Instrument Gottes" bezeichnete.

Von diesem Zeitpunkt an war er als „Old Osawatomie Brown" unter den Pro-Sklaven-Siedlern gefürchtet. Der Versuch, ihn bei Black Jack gefangenzunehmen, endete mit dem Tod von vier Angreifern.

Die Gegenreaktion ließ nicht lange auf sich warten: man steckte Osawatomie in Brand, und Frederick Brown fiel einem Anschlag zum Opfer.

Einige Monate später tauchte Brown im Osten auf. Er suchte neue Freunde für seinen Plan, „in den Bergen von Maryland und Virginia eine unabhängige Negerrepublik zu errichten".

Als sein Vorhaben wie eine Seifenblase platzte, kehrte John Brown im Juni 1858 wieder nach Kansas zurück. Unter dem Decknamen „Shubel Morgan" führte er mehrere

Streifzüge gegen Plantagen im Grenzgebiet durch, wobei ein Besitzer ums Leben kam.

Daraufhin erließen die Bundes- und Staatsregierung entsprechende Steckbriefe mit Belohnungen — die sich gewiß kein Nordstaatler verdienen wollte.

In der unwegsamen Bergwelt der Appalachen scharte Brown auf der Kennedy Farm einundzwanzig Getreue um sich. Er bereitete sie auf seinen großen Coup vor.

Nach Einbruch der Dunkelheit ritt der „Oberbefehlshaber" am 16. Oktober 1859 in Harper's Ferry (heutiges West-Virginia) ein. Seine Leute besetzten die Zugänge zur Stadt, ehe sie die örtliche Waffenfabrik und das Feuerwehrhaus stürmten. Welch makabrer Fehlschlag: ihr erstes Opfer war ein freier Neger.

Es ist ungeklärt, warum sich Brown nach dem Überfall nicht sofort in die sicheren Bergregionen zurückzog. Immerhin hatte er einige Personen als Geiseln genommen. Er glaubte wohl, daß seine Aktion zu einem allgemeinen Volksaufstand führen würde.

Das Gegenteil war der Fall. Nicht ein Sklave schloß sich ihnen an. Dafür riegelte Miliz die Ortschaft ab und setzte die Insurgenten in der Fabrik fest. 24 Stunden später trafen Marinesoldaten unter Colonel Robert E. Lee ein, die das besetzte Gebäude nach heftigem Schußwechsel einnehmen konnten.

John Brown, vier seiner Söhne und sieben Mitstreiter gerieten in Gefangenschaft. Weitere zehn Gesinnungsgenossen waren entweder getötet oder tödlich verwundet worden (ebenfalls zwei Söhne).

Man brachte die Rebellen nach Charleston, wo sie sich wegen „Verrat gegen das Commonwealth, Konspiration mit Negersklaven, Hochverrat und Mord" zu verantworten hatten.

Die Gerichtsverhandlung endete mit der Verurteilung zum Tode. Am 2. Dezember 1859 schritt John Brown gelassen zum Galgen, um „die irdische Strafe auf sich zu nehmen".

„Nun bin ich ganz sicher, daß die Verbrechen dieses Landes nur mit Blut getilgt werden können. Ehe nicht viel Blut und Tränen geflossen sind, wird es keine Selbsterneuerung geben."

Seine Hinrichtung ist letztlich doch zum Fanal für die Bewegung zur Sklavenbefreiung geworden. Das Lied „John Brown's Body" wurde zum Kampfgesang der Nordstaaten im Bürgerkrieg gegen die rebellischen Südstaaten erhoben.

Alfred Packer
1842 – 1907
Der Menschenfresser von Colorado

„Packer, Sie sittlich verdorbener Republikaner, Sohn von Soundso, Sie haben die Hälfte der Demokraten von Hinsdale County verspeist."

Richter M. B. Gerry war in der Tat ein sehr beredsamer Mann. An den Angeklagten gewandt, rief er am 13. April 1883 weiter aus:

„Vor zehn Jahren durchquerten Sie, in Begleitung von fünf Gefährten, jenes wunderschöne Gebirgstal, wo heute Lake City liegt. Sie hatten einen beschwerlichen Marsch hinter sich, als die Schatten der Berge auf die kleine Gesellschaft fielen. Nichtsahnend legten sich Ihre Begleiter ermattet zur wohlverdienten Nachtruhe nieder, und vor Erschöpfung schliefen sie rasch ein. Die Schlafenden konnten wirklich nicht ahnen, in welch tödlicher Gefahr sie sich befanden. Denn ihr Begleiter, dem sie vertrauten, erschlug sie brutal und grausam. Nicht einer blieb am Leben. Die ekelhaften Details dieses Verbrechens möchte ich nicht noch einmal vortragen. Dank meines Amtes verurteile ich Sie zum Hängen, bis Sie tot, tot, tot sind. Möge Gott Ihrer Seele gnädig sein."

Auf Grund des genannten Tatbestandes hätte man annehmen müssen, daß der Verurteilte wenig später vom Leben zum Tode befördert worden wäre. Schließlich wurden in jener Zeit Übeltäter wegen weitaus geringerer Delikte am nächsten Baum oder Telegraphenmast aufgeknüpft.

Nach eigenen Angaben wurde Alfred Packer am 21. November 1842 im Allegheny County in Pennsylvania geboren. Einige Fakten über seinen weiteren Werdegang finden sich in einer Information der „Denver Post" vom 9. 1. 1901:

„Während des Bürgerkrieges diente Packer vier Jahre lang in den Unionsstreitkräften, ehe ihn der Westen anzog. Er wurde Jäger, Rancher, Führer und Scout. Er lernte zahlreiche Indianerdialekte und die spanische Sprache in Bruchstücken. Er war ein ungebildeter, aber keinesfalls ein unwissender Mann."

Im November 1873 brachen 21 Goldsucher von Provo (Utah) auf, um in den San Juan Mountains ihr Glück zu suchen. Einer der schlimmsten Winter in den Bergen führte zu der Erkenntnis, sich zur nächsten Siedlung durchzuschlagen. Menschen und Tiere waren der Erschöpfung nahe.

Sie hatten bereits mehrere Pferde schlachten müssen, als sie Anfang Januar 1874 auf eine indianische Jagdgesellschaft unter Ute-Häuptling Ouray stießen. Der „Freund der Weißen" lud die Abenteurer in sein Lager ein, wo sie bis zum Frühjahr hätten bleiben können.

Nach einigen Wochen wurden die Prospektoren immer unruhiger. Schließlich konnte anderen Goldsuchern in der Zwischenzeit der große Fund gelingen. Deshalb wollten mehrere Gruppen versuchen, sich zur Los Pinos Indian Agency in den Cochetopa Hills durchzuschlagen.

Die zweite Gesellschaft, die Ourays Lager am 9. Februar 1874 verließ, stand unter der Leitung von Alfred Packer. Bei ihm befanden sich Shannon Wilson Bell aus Michigan; James Humphrey aus Philadelphia; Frank „Reddy" Miller, ein deutscher Metzger; George „California" Noon aus San Francisco, ein sechzehnjähriger Junge; Israel Swan aus Missouri, mit über sechzig Jahren der älteste Mann.

Was sich in den nächsten zwei Monaten bei diesen sechs Menschen zugetragen hat, läßt

Die Überreste von Packers fünf Begleitern

sich nicht mehr mit Gewißheit feststellen. Auf jeden Fall hat sich eine Tragödie abgespielt, die ihresgleichen in der amerikanischen Kriminalgeschichte sucht.

Am frühen Morgen des 16. April 1874 traf eine zerlumpte Gestalt auf der Los Pinos Agency ein — Alfred Packer. Bei der ersten Befragung gab er zu Protokoll:

„Die schneeblinden Begleiter ließen mich zurück, um das Land gesondert zu durchstreifen. Als sie mehrere Tage fernblieben, machte ich mich, trotz einer Fußverletzung, allein auf den Weg zur nächsten Siedlung. Unterwegs habe ich von Wurzeln und Gräsern gelebt."

Wenig später fand ein Indianer in den Hügeln um die Agentur mehrere Fleischstreifen, die von Menschen stammen mußten. Erste Zweifel an Packers Geschichte tauchten auf, die sich zusehend verdichteten.

Es dauerte allerdings bis Ende August 1874, ehe den Behörden der Zufall zu Hilfe kam: John A. Randolph, ein Zeichner für „Harper's Weekly", fand in den Uncompahgre Mountains die Überreste von fünf Menschen — vier von ihnen war der Schädel eingeschlagen worden.

Packer, der inzwischen in Saguache wohnte, wurde festgenommen. Es war einfach, aus dem Adobe-Gefängnis zu entwischen. Trotz Steckbriefen, die im ganzen Land aushingen, blieb er wie vom Erdboden verschwunden.

Fast zehn Jahre später entdeckte ihn ein ehemaliges Mitglied der „Gruppe 21" bei Fort Fetterman. Man nahm Packer fest und lieferte ihn den Behörden von Colorado aus.

Eine spektakuläre Gerichtsverhandlung in Lake City endete mit Packers Verurteilung zum Tode durch den Strang. Der Gouverneur bewilligte ihm jedoch ein neues Gerichtsverfahren in Gunnison City (August 1886), das Alfred zu vierzig Jahren Zwangsarbeit wegen Totschlag verurteilte.

Packer kam ins Gefängnis nach Canon City, das er nach einem Gnadenerlaß am 8. Januar 1901 verlassen durfte. Fortan lebte er zurückgezogen und mied jedes Aufsehen um seine Person.

Trotz aller Bemühungen konnte er nicht erreichen, von „aller Schuld freigesprochen" zu werden. Alfred Packer starb am 23. April 1907 auf einer Farm bei Littleton, südlich von Denver.

Die „Grand Army of the Republic" sorgte für ein ehrenvolles Begräbnis. Man glaubte, daß Packer „ein tapferer Soldat, Kämpfer und Scout unter Lieutenant-Colonel **Custer**" gewesen sei. Möglicherweise hat ihm dieses Gerücht gar das Leben gerettet.

George Leroy Parker
1866 — 1909?

Butch Cassidy und der Wild Bunch

Butch Cassidy (rechts sitzend) mit Sundance Kid (links sitzend) und Mitgliedern ihrer Bande

Die achtziger Jahre des vorigen Jahrhunderts scheinen fruchtbarer Boden für alle Art von Verbrechen gewesen zu sein. Kein Wunder, wenn man bedenkt, daß in dieser Zeit die Cowboys immer häufiger nur unter Schwierigkeiten Arbeit bekamen, die Soldaten immer weniger gebraucht wurden und die Bühne der Politik sich im Westen noch keinesfalls gefestigt hatte.

Die Menschen waren hungrig, zumal im strengen Winter 1886/87 Tausende von Rindern dem Schnee und der extremen Kälte zum Opfer fielen.

Doch wie von Anbeginn verstanden es korrupte Geschäftsleute und Großgrundbesitzer immer wieder, ihr Vermögen zu scheffeln, das in dieser Zeit mit Postkutschen und Eisenbahnen zu den jeweiligen Banken befördert wurde. So waren diese markanten Punkte das Ziel derer, die vom Schicksal nicht begünstigt waren.

Die Art und Weise, wie sich die Außenseiter jener Gesellschaft den Zugang zum Geld verschafften, kann gewiß nicht befürwortet werden. Doch gelang es einigen, Überfälle zu begehen, ohne daß es Menschenleben forderte.

Der Anführer der letzten Outlaws im alten Westen war George Leroy Parker, am 6. April 1866 auf einer Farm bei Circleville in Utah geboren. Er genoß eine behütete und geregelte Kindheit im mormonischen Elternhaus von Maximilian und Ann Campbell Parker.

In jungen Jahren ging er einer geregelten Tätigkeit nach, und alles deutete darauf hin, daß er es als Cowboy zu einem ehrlichen und tüchtigen Mitglied der Gesellschaft bringen würde.

Durch einen Freund zum Pferdediebstahl veranlaßt, geriet George auf die schiefe Bahn. Er machte Bekanntschaft mit der McCarthy-Bande, die am 24. Juni 1889 die Bank in Telluride (Colorado) überfiel und mit $ 10 500 entkommen konnte.

Immer wieder versuchte Parker, sich aus den Klauen der Gesetzlosen zu befreien. Er agierte als Cowboy und Rancher und brachte es zeitweise zu einer beachtlichen Pferdezucht.

Witterungsmäßige Unbilden vereitelten mehr als einmal seine Pläne. Wurde in seiner Nähe Vieh gestohlen, war er meistens der zuerst Verdächtige.

Geraume Zeit konnte er diesen Anschuldigungen widerstehen, mußte dabei jedoch manches Gefängnis von innen kennenlernen. Bei derartigen Festnahmen taten sich nicht selten jene Sheriffs besonders hervor, die früher selbst Pferdediebe gewesen waren.

Am 4. Juli 1894 wurde Parker „wegen erwiesenem Pferdediebstahl" zu zwei Jahren im Staatsgefängnis von Wyoming in Cheyenne verurteilt. Sechs Monate vor Ablauf der ursprünglichen Strafzeit kam er durch Gouverneurs-Pardon auf Ehrenwort frei.

Da er sich ungerecht behandelt fühlte, war sein nächstes Ziel Brown's Hole, einer der Treffpunkte auf dem sogenannten Outlaw Trail, der von Montana nach Mexiko führte. Entlang dieser Strecke hatten organisierte Banden, in fast jedem Staat, sich einen Zufluchtsort geschaffen, wie Hole-in-the-Wall oder Robbers' Roost.

Der zurückgekehrte Gesinnungsgenosse wurde einstimmig zum Kopf der Organisation erkoren. Die verschiedenen Banden schlossen sich zu einer Art Syndikat zusammen, bekannt als „Wilder Haufen". Ihre Spezialität wurden Eisenbahnüberfälle.

Und da es sich für einen anständigen Gangster gehörte, einen Decknamen zu benutzen, nannte sich George Leroy Parker fortan „Butch Cassidy" — „angeblich der Name eines Freundes, der ihn zum Gesetzlosen ausbildete".

Die bekanntesten Überfälle des Wild Bunch geschahen um die Jahrhundertwende:

2. 6. 1899 Wilcox (Wyoming), $ 30 000; 11. 7. 1899 Folsom (New Mexico), Beute unbekannt; 29. 8. 1900 Tipton (Wyoming), $ 55 000; 19. 9. 1900 Winnemucca (Nevada-Bank), $ 32 640; 3. 7. 1901 Wagner (Montana), $ 65 000.

Matt Warner, der einzig Überlebende der wilden Bande, hat das gehetzte Banditenleben eindrucksvoll geschildert:

„Du hast keine Ahnung, was es heißt, gejagt zu werden. Du kannst niemals schlafen. Du mußt immer mit einem

Ohr lauschen und ein Auge offen halten. Nach einer Weile glaubst du, verrückt zu werden. Kein Schlaf, niemals Schlaf. Selbst wenn du weißt, daß du vollkommen sicher bist, kannst du einfach nicht schlafen. Jedes Krabbeln einer Ameise unter deinem Kopfkissen klingt wie das entfernte Hufgetrappel eines Sheriff-Aufgebots, das kommt, um dich niederzuknallen."

Polizei, **Pinkerton**-Detektive und solche, die sich dazu berufen fühlten, jagten die Gangster gnadenlos. Ein Outlaw nach dem anderen fiel ihren Kugeln zum Opfer oder landete hinter Gittern.

Diese Entwicklung hatte zur Folge, daß sich Butch Cassidy und sein engster Mitarbeiter Harry Longabaugh = „Sundance Kid" (1870—1909?) nach Südamerika absetzten. In ihrer Begleitung befand sich eine ehemalige Volksschullehrerin namens Etta Place (1874—1949).

Seit dieser Zeit verliert sich weitgehend ihre Spur. Einige Berichte lassen beide nach einem Überfall auf Lohngelder bei San Vincente in Süd-Bolivien im Frühjahr 1909 den Tod finden.

Angehörige haben erst zu Beginn dieses Jahrzehnts mit einer Mitteilung die Öffentlichkeit überrascht:

Cassidy soll mit 71 Jahren und Sundance Kid mit 87 Jahren in den Vereinigten Staaten gestorben sein!

Isaac Charles Parker
1838 — 1896
Der Frontier-Gerichtshof in Fort Smith

Die amerikanische Rechtssprechung weist eine Vielzahl von unterschiedlichen Persönlichkeiten auf, die alle von diesem Mann bei weitem überragt werden.

Isaac Charles Parker kam am 15. Oktober 1838 im Belmont County (Ohio) zur Welt. Seine energische Mutter, eine Nichte des Gouverneurs Shannon, beeinflußte tiefgreifend seinen weiteren Lebensweg.

Nach dem Besuch der Kreisschule konnte Isaac die Barnesville Academy besuchen, ehe er sich der Rechtswissenschaft zuwandte. Mit 21 Jahren hatte er sein Ziel erreicht. Er durfte sich als selbständiger Anwalt in St. Louis (Missouri) niederlassen.

Bald zeigte sich, daß der junge Mann über großes Selbstvertrauen und enormen Tatendrang verfügte. Weitere Ernennungen folgten nahezu zwangsläufig:

So wurde er zum Staatsanwalt der Stadt St. Joseph (1860/64), zum Wahlmann bei der Präsidentenwahl 1864 (er votierte für Abraham Lincoln), zum Korporal der Bürgermiliz und zum Richter am 12. Staatsgerichtshof (1868/70) berufen.

Es mag kaum verwundern, daß der politisch engagierte Mann auch in den U.S. Kongreß gewählt wurde, dem er von 1871 bis 1875 angehörte. In dieser Zeit war er ein Mitglied des „Komitees für die Territorien" und erhielt auf diese Weise entscheidenden Einblick in die Belange und Angelegenheiten der Indianer und weißen Siedler in jenem Gebiet, das heute Oklahoma heißt.

Wenig bekannt ist die Tatsache, daß sich Parker in Washington tatkräftig für das Frauenwahlrecht in den Territorien einsetzte. Außerdem sollten Verfilzungen in politischen Ämtern durch Gesetzentwurf verhindert werden.

Nun erfolgte durch Präsident Ulysses Simpson Grant die Berufung zum Obersten Richter von Utah. Ehe die Nominierung durch das Abgeordnetenhaus bestätigt werden konnte, akzeptierte Parker seine Benennung zum Richter im Distrikt West-Arkansas, mit Hauptquartier in Fort Smith.

Zu Richter Parkers Einflußgebiet gehörte das unruhige Indianerterritorium (Oklahoma), das „kriminelle Elemente nicht nur ständig heimsuchten, sondern regelrecht verseucht haben". Renegaten und Justizflüchtlinge aus den umliegenden Regionen glaubten, in diesem Gebiet vor weiterer Strafverfolgung sicher zu sein.

Da trat am 10. Mai 1875 Richter Isaac Charles Parker sein Amt an. Der in Verruf geratene Gerichtshof in Fort Smith wurde rasch neu belebt.

Binnen weniger Tage waren 200 Deputy Marshals vereidigt, die furchtlos ihre Arbeit taten: 65 Gesetzeshüter büßten während zwei Jahrzehnten ihr Leben ein.

Parkers erste Gerichtsverhandlung sorgte bereits für Aufsehen: Achtzehn Mörder wurden zum Tode durch den Strang und weitere fünfzehn Angeklagte zu langjährigen Haftstrafen verurteilt. Sechs Delinquenten mußten gemeinsam den Weg zum Galgen antreten.

Isaac C. Parker (1838–1896)

Diese Urteile bedeuteten für alle kriminellen Elemente eine unmißverständliche Warnung — die gesetzestreuen Bürger atmeten erleichtert auf.

Während seiner Amtszeit hat der Richter 162 Todesurteile ausgesprochen, vierundsiebzig Hinrichtungen sind bekannt geworden — ein Rekord im U.S. Justizwesen.

Bis heute scheute noch jeder Archivar die Mühe, den Berg von Aktenmaterial aus Parkers 21jähriger Tätigkeit durchzuarbeiten. Denn der Richter hat gegen 13 000 Beklagte mehr als 2 000 Prozesse geführt, die Geschichte machten. Trotz aller nervenaufreibenden Arbeiten hat Parker auch im Gerichtshof nie seinen Humor verloren.

Es sollte mit Nachdruck betont werden, daß Parkers notwendige Strenge keinesfalls mit Grausamkeit verwechselt werden darf. Er nahm sich das Englische Recht als Vorbild, wonach ein Angeklagter erst nach dem Urteilsspruch schuldig gesprochen werden kann.

Parker besaß die höchste Instanz der Rechtssprechung bei allen Kriminalfällen im Indianerterritorium, und seine Entscheidungen konnten von keinem Berufungsgericht außer Kraft gesetzt werden. Nur dem U.S. Präsidenten war es möglich, durch einen Gnadenakt die Strafe zu mildern.

Nach 1889, als große Teile von Oklahoma für weiße Siedler freigegeben wurden, überprüfte zwar der Oberste Gerichtshof in Washington manches Urteil und nahm Korrekturen an seinen Entscheidungen vor. Parker ließ sich dadurch nicht entmutigen und setzte seine Arbeit bis zum Lebensende unverdrossen fort.

Seit dem dreiundzwanzigsten Lebensjahr war der Richter mit Mary O'Toole verheiratet, die ihm zwei Söhne gebar. Er ließ seinen Kindern eine gute Schulbildung zukommen und gehörte selbst dem Schulausschuß an, zuletzt als dessen Präsident.

Isaac Charles Parker starb am 17. November 1896 in Fort Smith (Arkansas). Seine Gebeine ruhen auf dem National Cemetery. Einer der ungewöhnlichsten Männer des Westens hatte für immer die Augen geschlossen.

John „Portugee" Phillips
1832 — 1883

Der heroische Ritt nach Fort Laramie

„Die alten Pioniere in Wyoming werden stets mit großem Respekt jenes Helden gedenken, der einen derart verwegenen Ritt durchgeführt hat. Diese Tat war nötig geworden, nachdem Captain Fetterman und 81 Soldaten den roten Wilden in die Hände gefallen waren. Ihm oblag das Leben zahlreicher Menschen. Ganz allein fand er einen Weg durch feindliche Banden. Das Opfer dieses Mannes kann nicht hoch genug eingeschätzt werden." („Daily Leader", Cheyenne, 21. 11. 1883)

Dieser lobende Nachruf bezog sich auf einen dunkelhäutigen Mann, bekannt als „Portugee" = Der Portugiese. Er hatte am 8. April 1832 als Sohn von Felipe und Maria Cardoso bei Terra auf der Azoren-Insel Pico das Licht der Welt erblickt. Manuel Felipe war das vierte von neun Kindern.

Um 1850, zur Zeit des kalifornischen Goldrausches, langte Cardoso auf einem Walfangschiff in San Francisco an. Er suchte sein Glück in den Minenlagern, zog dabei immer weiter gen Norden, nach Oregon und Idaho.

Manuel Felipe Cardoso gewöhnte sich prächtig an seine neue amerikanische Heimat. Als Referenz für die Nation nannte er sich Phillips. Den Beinamen „Portugee" hat er jedoch stolz beibehalten.

Im Sommer 1862 gelangte Phillips mit der „Grimes Party" ins Boise Basin, wo es ertragreiche Minen gab. Schließlich zog er in die Umgebung von Helena und Virginia City in Montana, wo den Prospektoren feindliche Indianer immer mehr zu schaffen machten.

Nach verlustreichen Gefechten mit den Sioux beschlossen die Männer der sogenannten „Bailey Party", den Winter im nächsten Stützpunkt bei Gelegenheitsarbeiten zu verbringen. Erst wenige Monate zuvor war Fort Phil Kearny am Bozeman Trail errichtet worden. John Bailey und seine Leute wurden als Begleitmannschaften, Holzfäller und Jäger eingestellt.

Phillips traf am 14. September 1866 im Militärposten ein, wo er vom Quartiermeister eine Anstellung als „ziviler Kundschafter" erhielt. Er sollte schon bald zu den namhaftesten Plainsmen im Westen aufsteigen.

Eine Abteilung Soldaten, die Häuptling Red Cloud in die Knie zwingen wollte, war bis zum letzten Mann vernichtet worden. Nach dem „Fetterman Massaker" glaubte man, daß die Sioux den geschwächten Stützpunkt angreifen könnten. Ein Kurier mußte ins 380 Kilometer entfernte Fort Laramie geschickt werden.

Die versammelten Scouts und Trapper schüttelten den Kopf. Nicht bei 30 Grad unter Null, zwanzig Fuß hohem Schnee und während einem Blizzard! Da meldete sich ein großer, hagerer und muskulöser Mann zu Wort, dessen dunkles Gesicht Regen und Wind gegerbt hatten.

„Ich werde gehen, selbst wenn es mein eigenes Leben kosten würde. Ich breche unverzüglich auf, um die Menschen hier zu retten."

In den Nachtstunden des 21. Dezember 1866 verließ Phillips unbemerkt Fort Phil Kearny. Man hatte ihm ein oder mehrere gute Pferde zur Verfügung gestellt, die „Portugee" nicht im Stich ließen.

Erst fünfzig Jahre später wurden Berichte veröffentlicht, wonach sich bei Phillips weitere Freiwillige befanden bzw. dem Reiter in Abständen folgten. Jedenfalls lagen auf dem Weg nach Süden mehrere Stationen — Fort Reno, **Bridger**'s Ferry und Horseshoe Creek.

Zu „Portugees" Reisegepäck gehörten ein Sack Hafer und einige Biskuits. Gegen die schneidende Kälte hatte er zwei Garnituren wollene Unterwäsche, ein Paar Wildlederleggings, einen dicken Pullover, drei Paar Socken, Lederstiefel gefüttert mit Schaffell und seinen Mantel aus Büffelfell an-

John „Portugee" Phillips (1832—1883)

gelegt. Von seinem Gesicht waren nurmehr die Augen zu sehen.

Nachdem der Reiter das Hügelland hinter sich gebracht hatte, lag die offene Prärie vor ihm. Die schneidende Kälte drang durch seine Kleidung, Hände und Füße wurden zunehmend unbeweglich.

In den genannten Posten konnte sich Phillips kurzfristig ausruhen und die steifen Glieder bewegen. Da sein Auftrag lautete, sich direkt nach Fort Laramie zu begeben, setzte „Portugee" seinen gefährlichen Ritt unverdrossen fort.

Am Heiligen Abend des Jahres 1866 langte der erschöpfte Kurier im Stützpunkt am North Platte River an. Im Offizierskasino fand gerade ein Ball statt, als gegen 23 Uhr ein Mann durch die Tür taumelte. Bart und Kleidung waren voll Eis und Schnee. Man reichte ihm einen Becher, und beim Trinken erzählte er von den Vorgängen um Fort Phil Kearny. Dann brach Phillips vor Erschöpfung zusammen.

„Portugee" kam ins Hospital, wo die Ärzte mehrere Wochen um sein Leben kämpften. In dieser Zeit mußten ihm fünf Finger und sechs Zehen amputiert werden. Seine Gesundheit war fortan stark beeinträchtigt.

Der Ritt, vergleichbar mit jenem von **Charles Alexander Reynolds**, gehört zu den größten Heldentaten im amerikanischen Westen.

Der unverwüstliche Phillips kehrte im Frühjahr 1867 wieder nach Fort Phil Kearny zurück — wo man ihm eine Prämie von $ 1 000 überreichte.

Nach dem Abzug des Militärs arbeitete er zunächst als Prospektor, dann als Kolonnenführer bei der Union Pacific Railroad und schließlich für die Regierung als Kontraktor. Er erwarb eine Ranch und baute dazu ein Hotel, als immer mehr Abenteurer auf der Suche nach Gold in die Black Hills zogen.

Während zwei Jahren hielt sich „Portugee" mit seiner Familie in seiner Heimat auf. Dann ließ er sich in Cheyenne (Wyoming) nieder, wo John Phillips bereits am 18. November 1883 starb.

Seine Frau Hattie mußte jahrelang darum streiten, von der Regierung eine Pension und „Entschädigung für Verwüstungen durch Indianer" zu erhalten. Denn die Sioux hatten es besonders auf Phillips Eigentum abgesehen.

Zebulon Montgomery Pike
1779 — 1813
Die Erschließung des Südwestens

Zebulon M. Pike (1779—1813)

Fährt man heute über die Ebenen des Mittelwestens in Richtung Rocky Mountains, kann man in der Nähe von Pueblo in Colorado den gigantischen Gipfel des Pike's Peak nicht übersehen.

Bei der Namensgebung stand ein Soldat und Forscher Pate: Zebulon Montgomery Pike, am 5. Januar 1779 in Lamberton (Trenton, New Jersey) geboren.

Aufgewachsen in einer Offiziersfamilie, war Montgomery schon in jungen Jahren der weitere Lebensweg vorgezeichnet. Es verstand sich von selbst, daß er, nach einer abgeschlossenen Schulbildung, in die Einheit seines Vaters einzutreten hatte.

In der Abkommandierung zu tristen Grenzposten sah der junge Offizier kein ausreichendes Betätigungsfeld. Da erhielt das Militär den Auftrag, das neue Louisiana-Territorium zu kartographieren. Pikes Stunde war gekommen.

Das Vermessungsunternehmen, welches er ins Quellgebiet des Mississippi zu führen hatte, brach am 29. August 1805 mit zwanzig Mann von St. Louis auf. Vorräte für vier Monate folgten auf einem Kielboot.

Bei den Falls of St. Anthony ging man ins Winterlager. Mit Schlitten setzte Leutnant Pike die Erforschung fort, konnte aber trotz intensivster Suche den Ursprung des Stromes nicht finden.

Nach Beratungen mit britischen Händlern kam es zu einem Indianertreffen mit Sioux und Chippewa, von dem sich Pike weitere Aufschlüsse versprach. Ohne greifbares Ergebnis mußte jedoch die Rückreise angetreten werden. Mit Datum vom 30. April 1806 war die Expedition beendet.

Der junge Offizier fand kaum eine Verschnaufpause. General James Wilkinson, der militärische Befehlshaber des Departements und eine der schillernsten Gestalten in Uniform, wollte seine Machtbefugnisse zum eigenen Vorteil nutzen.

Deshalb tarnte der General ein weiteres Vorhaben als „Entdeckung und Erforschung neuer Gebiete im Westen". In Wirklichkeit wollte er eine Invasion Neu-Mexikos vorbereiten. Pike ahnte nicht, welch schmutziges Geschäft sein Vorgesetzter mit ihm plante!

Die zweite Expedition verließ am 15. Juli 1806 St. Louis. Laut Anordnung hatte Pike das Quellgebiet des Arkansas und Red River of the South zu erforschen und eine unverfängliche Erkundung der spanischen Siedlungen vorzunehmen. Man warnte den Leutnant eindringlich davor, „sich mit der Verwaltung einzulassen", um auf diese Weise möglichen Unannehmlichkeiten auszuweichen.

Nach dem Besuch der Pawnee-Dörfer am Republican River zog man zum Arkansas und lagerte in der Nähe von Pueblo. Der Versuch, den Gipfel des heutigen Pike's Peak zu besteigen, schlug allerdings fehl.

Sie erforschten den South Park und stießen zu den Quellen des Arkansas und Red River vor. Durch die Sangre del Cristo Mountains gelangte die Expedition zum Conejos, einem Nebenfluß des Rio Grande — der Rio Bravo der Spanier und Mexikaner.

Dort richtete man sich auf den kommenden Winter ein und baute aus Cottonwood-Baumstämmen einen Stützpunkt.

Die Spanier in Neu-Mexiko erfuhren von der Anwesenheit „fremder Truppen" in ihrem Hoheitsgebiet. Eine Kompanie Kavallerie brach von Santa Fe nach Norden auf und erreichte am 7. Februar 1807 die amerikanische Befestigung. Man forderte die Eindringlinge auf, sich unverzüglich zu ergeben.

Pike, der allen Unannehmlichkeiten ausweichen sollte, akzeptierte die Bedingungen der Übergabe. Denn er wollte, wie insgeheim sein Auftrag lautete, für die Regierung Land und Leute näher kennenlernen.

Man brachte die Amerikaner nach Santa Fe und schließlich nach Chihuahua in Mexiko, wo sie sich eingehenden Verhören unterziehen mußten. Obwohl ihr Leben ständig bedroht war, blieb es lediglich bei der Konfiszierung aller schriftlicher Unterlagen. Diese Papiere lagen hundert Jahre in spanischen Archiven, ehe sie dem U.S. Kriegsministerium übergeben wurden.

Bereits im Herbst 1807 konnte der Rückmarsch nach den Vereinigten Staaten angetreten werden. Auf spanische Order hatte er über Texas in die Heimat zu gelangen, wodurch eine neue Route nach dem Westen erschlossen werden konnte: der Santa Fe Trail.

Es vergingen allerdings vierzehn Jahre, ehe ein Kaufmann namens William Becknell mit Wagen voll Handelsgütern nach Santa Fe gelangte.

Das Ränkespiel des General Wilkinson blieb für den Offizier und Forscher ohne Folgen. Kriegsminister Henry Dearborn durchschaute das Komplott und ernannte Pike zum Major der Streitkräfte.

1810 veröffentlichte Pike seine Reiseberichte „An Account of Expeditions to the Sources of the Mississippi and through the Western Part of Louisiana". Das Werk wurde im nächsten Jahr in London nachgedruckt; es folgten Übersetzungen in Französisch (1812), Holländisch (1812) und Deutsch (1813).

Brigadegeneral Zebulon Montgomery Pike fand beim Angriff auf York (Toronto, Kanada), während des zweiten englisch-amerikanischen Krieges, durch die Detonation eines Munitionslagers am 27. April 1813 den Tod. Er war erst 34 Jahre alt.

Allan Pinkerton
1819 — 1884

Vorläufer des FBI

„Wir schlafen niemals!" So lautete das Motto eines Detektiv-Büros, das durch seine Bürgerkriegs-Arbeit zu landesweitem Ansehen gelangte.

Direktor dieses Unternehmens war Allan Pinkerton, der aus Schottland stammte. Als Sohn des Polizei-Sergeants William Pinkerton hatte er am 25. August 1819 in Glasgow das Licht der Welt erblickt. Bei der Niederschlagung von Arbeiterunruhen trug der Vater derart schwere Verletzungen davon, daß sie letztlich zu seinem Tod führten.

Fortan mußte Allan für die Familie sorgen. Mit zwölf Jahren ging er zu einem Küfer in die Lehre, ehe er schließlich als selbständiger Handwerker den Lebensunterhalt verdiente.

Als Arbeiter-Wortführer nahm er 1842 an einer verbotenen Demonstration teil, konnte der drohenden Verhaftung aber durch die Flucht nach Amerika entgehen. Am Tag vor der Abreise heiratete er Joan Cartrae.

In Chicago angekommen, fand Pinkerton zunächst eine Anstellung in einer Brauerei. 1843 zog er nach Dundee am Fox River, einer schottischen Ansiedlung, wo er einen eigenen Böttcherladen betrieb. Eines Tages ereignete sich folgendes:

Auf einer nahen Insel wurde Holz für die Fässer geschlagen. Eine Gang raubte die gesamte Ausrüstung, kam damit aber nicht weit. Pinkerton heftete sich an die Fersen der Räuber und konnte sie rasch dingfest machen.

Mit Tätigkeiten dieser Art wurde Pinkerton in Zukunft auch von Außenstehenden betraut. 1845 wählten die Bürger von Kane County einen neuen Sheriff, der Allan im November zu seinem Deputy machte. Danach stellte der Gesetzeshüter des Cook County den jungen Mann in seinen Dienst.

Als eifriger Abolitionist fungierte Pinkerton in der Bewegung der „Underground Railroad", die geflüchtete Negersklaven nach Kanada schleuste. Seine Küferei war für diese Hilfesuchenden eine bekannte Anlaufstation.

Das Interesse an geheimen Nachforschungen führte im Mai 1850 zu einer ersten Berufung: zum ersten und einzigen Polizei-Detektiv in Chicago. Eisenbahn- und Expreß-Präsidenten sicherten sich seine Dienste. Allan gelang es, in verhältnismäßig kurzer Zeit einige spektakuläre Überfälle durch neuartige Methoden aufzuklären.

Mit einem Rechtsanwalt namens E.G. Rucker entstand die erste private Detektiv-Agentur in den Vereinigten Staaten. Bald gab es Niederlassungen in New York City und Philadelphia, mit Superintendenten an der Spitze.

Bei der Illinois Central Railroad Company führte Pinkerton erstmals ein System ein, das besonders im Westen Nachahmer fand — Bewaffnete begleiteten die Züge.

Zu seinen Gesprächspartnern bei der Eisenbahn gehörten ein ehrgeiziger Manager und ein Provinzanwalt, die Allans weiteren Lebensweg entscheidend mitbestimmten — McClellan und Lincoln.

Im Januar 1861 fand Pinkerton eine Anstellung bei der Philadelphia, Wilmington & Baltimore Railroad Company, die ihr Eigentum vor fanatischen Südstaaten-Anhängern schützen wollte.

Zu Beginn dieser Tätigkeit erfuhren seine Agenten, daß ein Attentat auf Lincoln geplant sei. Pinkerton vereitelte den Plan, indem er Abe am 22./23. Februar 1861 einen Zug früher von Baltimore zur Amtseinführung nach Washington fahren ließ.

Als im April der Bürgerkrieg ausbrach, wollte der Präsident gerne Pinkerton zum Leiter des Geheimdienstes bestimmen. Er konnte sich mit dieser Absicht nicht durchsetzen.

Dafür ergriff General George Brinton McClellan, ein enger Freund und ehemaliger Klient, die Initiative. Er organisierte eine Spionageabwehr im Ohio-Departement, mit Pinkerton als Verantwortlichem. Seine Agenten wurden in Kentucky und West-Virginia aktiv, während er sich nach Georgia, Tennessee und Mississippi begab.

Im Juli 1861 reiste Allan mit McClellan nach Washington, wo die Pinkerton-Agentur ein Büro eröffnete — neben einem Hauptquartier im Feld. Die Gegenspionage konnte ihre erfolgreiche Arbeit beginnen.

Während des Krieges sorgte ein Major E.J. Allan öfters für Schlagzeilen. Mancher Offizier wußte, daß sich dahinter Allan Pinkerton verbarg. Zahlreiche Erfolge der Nordstaaten-Armee sind auf seine Agententätigkeit zurückzuführen.

Nach dem Bürgerkrieg kamen Pinkerton-Leute gegen die Grenzbanditen in Missouri zum Einsatz, zum Beispiel die **James**/Younger Gang. Erstmals gab es Mißerfolge.

Zum Lebensabend faßte Allan seine Erlebnisse als Detektiv in achtzehn autobiographischen Büchern zusammen, die sich spannend wie Romane lasen, jedoch auf wahren Begebenheiten beruhten. Besonders zu erwähnen sind „Reminiscences and Detective Sketches" (1877), „The Spy of the Rebellion" (1883) und „Thirty Years a Detective" (1884).

Am 1. Juli 1884 starb Allan Pinkerton in New York City, auf dem Höhepunkt seines Schaffens. Die Söhne William A. und Robert A. Pinkerton, bislang als Superintendenten tätig, setzten seine Arbeit erfolgreich fort.

Ihre Agenten brachten die berüchtigte Bande „Wild

Bunch" derart in Bedrängnis, daß ihre Anführer Butch Cassidy (= **George Leroy Parker**) und Sundance Kid nach Südamerika flüchten mußten.

Die Pinkerton Agency war der Vorläufer der heutigen Bundeskriminalpolizei FBI (Federal Bureau of Investigations), die 1924 gegründet wurde.

Allan Pinkerton (links) mit Präsident Lincoln und General McClellan im Feld (1862)

Henry Plummer
1837 — 1864

Straßenräuber und Vigilanten

Zu den Geburtswehen, die ein junges Land verursacht, gehören gewiß gute wie böse, schrullige wie ernsthafte Menschen. Es gab verrückte Richter und Robin Hoods. Es gab Gesetze, aber keine Ordnung. Und Gestalten, die beides mißachteten.

Einer der Intelligenten auf derart jungfräulichem Boden brachte es zu einem reichlich unrühmlichen Ruf: Henry Plummer, am 6. Juli 1837 als Sohn wohlhabender Eltern bei Waterbury im Oststaat Connecticut geboren.

Er kam über Kalifornien, wo Henry gar Town Marshal von Nevada City war, und Walla Walla in Washington nach Idaho, dabei zwar das Land wechselnd, aber nicht das Milieu. So wußte er genau, wie es in den Minenlagern zuging.

Plummer traf im Frühjahr 1861 in Lewiston ein, wo er sich zunächst als Spieler betätigte. Er verstand es, Gesinnungsgenossen und ehemalige Freunde an sich zu binden. Da er durch seine Art des Spiels nicht unvermögend war, bezahlte er seine „Mitarbeiter" und verpflichtete sie so zum absoluten Gehorsam.

Seine Planung schien aufzugehen. Dadurch reifte in ihm die Überlegung, Verbrechen als Geschäftszweig aufzuziehen. Selbstverständlich war Plummer in diesem Unternehmen der Boss, mit Stellvertreter, Sekretär, Agenten und einem Stab von Mitarbeitern. Diese mußten bestimmte Qualifikationen vorweisen, wie Telegraphenspezialist, Barkeeper, Frachtangestellter, Falschspielspezialist oder Pferdekenner.

Plummer selbst nahm sich von diesen Tätigkeiten die angenehmste vor — er pussierte mit der Weiblichkeit der Städte. Denn auf diese Weise erhielt er die für seine Zwecke besten Informationen.

Jedes Mitglied dieses Syndikates, das seit Sommer 1862 um Bannock und Virginia City in Montana bestand, mußte bestimmte Sicherheitsvorkehrungen anerkennen: einen Eid zum strikten Gehorsam und zur Verschwiegenheit, wobei Verrat mit dem Tode bestraft wurde.

Bei der Vielzahl der „Mitarbeiter" war es nötig, ein Kodewort zu benützen, das sinnigerweise „Unschuldig" lautete. Als äußeres Zeichen konnte man einen Gleichgesinnten am zum Seemannsknoten gebundenen Schlips erkennen. Selbstverständlich gab es außerhalb der Stadt zwei Treffpunkte, als „Shebaug" (Bruchbude) bekannt.

Zwischen diesen „strategischen Punkten" verlief eine Straße durch trostloses Land, die jedoch von allen „lohnenden Objekten", wie Minenarbeitern und Kutschen, lebhaft benutzt werden mußte. Hier war das Operationsfeld der berüchtigsten Straßenräuber Amerikas.

Es ist nicht übertrieben, wenn die Zeitungen behaupten, daß sich wöchentlich mindestens ein blutiges Drama auf dieser Route abspielte. Aber wie war es möglich, daß die Verfolger stets ins Leere stießen?

Ganz einfach: Die Herren Räuber gingen nämlich zwischenzeitlich geregelten Tätigkeiten nach.

Plummer selbst mißbrauchte die eheliche Verbindung mit Eliza Bryan, Mitglied einer angesehenen Rancherfamilie, im Winter 1862 zur Stützung seines guten Rufes. Und es gelang ihm gar, im kommenden Mai zum Sheriff von Bannock gewählt zu werden. Hochtrabend erklärte er bei seinem Amtsantritt:

„Ich habe zwar schon Menschen getötet, jedoch in äußerster Notwehr. Sollte ich jetzt meine Waffe erheben müssen, so nur für Recht und Ordnung und zum Wohle der Stadt."

Hinter dieser Fassade verstand er es, die engsten Mitarbeiter seiner Straßenräuber-Gang als Deputies einzustellen. Die scheinheilige Bande unterließ es nicht, des Nachts der alten, wesentlich lohnenderen Beschäftigung nachzugehen. Nach amtlichen Angaben kamen 102 Ermordete auf ihr Konto.

Eines Tages berichtete ein Postkutschenfahrer dem Sheriff, er könne die Räuber identifizieren. „Sind Sie ganz sicher?" fragte Plummer. „Dann können sie mich begleiten." Sie ritten gemeinsam in die nahen Hügel, als mehrere Schüsse die Luft erfüllten. Dem Polizeiaufgebot, das wenig später den toten Fahrer fand, erklärte Plummer, sie seien in einen Hinterhalt der Outlaws geraten. Man glaubte seinen Worten.

Auch Verbrecher sind nur Menschen, die in Lebensangst Eide brechen und plaudern. In allen Minenstädten hatten sich inzwischen Selbstschutzkomitees gebildet, deren bekanntester Führer der Pennsylvania-Deutsche John Xavier Beidler war. In Ausübung der Rope-Justiz hängten sie einen Räuber nach dem anderen.

Hinrichtung der Straßenräuber

Am 10. Januar 1864 ereilte dieses Schicksal auch den Bandenboß Henry Plummer in Bannock, der gerade mit zwei Kumpanen einen neuen Anschlag aushecke. Das Ende der großen Straßenräuberbande war damit besiegelt.

Die Vigilanten fanden es nicht notwendig, die Anzahl der von ihnen Hingerichteten in Zahlen festzuhalten. Es ist jedoch gewiß, daß es mindestens vierzig Personen waren.

William Clarke Quantrill
1837 — 1865
Glücksspieler und Guerillaführer

Er war einer der verhaßtesten Männer, auf den die Unionstruppen im Bürgerkrieg ein hohes Kopfgeld ausgesetzt hatten. Denn seine Guerillatruppe bestand zum größten Teil „aus dem Abschaum der Grenze".

William Clarke Quantrill wurde am 31. Juli 1837 in Canal Dover (Ohio) geboren, das älteste von acht Kindern der Eheleute Thomas und Caroline Quantrill. Er war ein äußerst begabter Junge, dem es leicht fiel, einen ordentlichen Schulabschluß zu machen. So entschloß er sich Lehrer zu werden, doch schon kurz danach trieb es ihn ruhelos durch Ohio und Illinois.

Im Alter von zwanzig Jahren faßte er den Plan, sich als Farmer in Kansas ein Stück Land zu nehmen. Man sollte ihm zugute halten, daß er den festen Vorsatz hatte, ansässig zu werden. Doch sein unruhiger Geist ließ ihn diese Absicht zunichte machen.

Anno 1858 schloß er sich — unter anderem Namen — der Johnston-Expedition gegen die Mormonen an. Als Frachtführer gelangte er über Fort Bridger nach Salt Lake City, wo er seine Börse durch Glücksspiel auffüllte. Hat „Charley Hart" in dieser Zeit andere Helden unseres Buches kennengelernt, wie **Bridger, Hickok** oder **Young**?

In dem jungen Mann muß wohl die innere Einstellung zu seinem Zuhause noch gegenwärtig gewesen sein, sonst hätte er nicht ein Pseudonym angenommen und wäre wohl auch kaum nach Kansas zurückgegangen. Hier übte er 1859/60 seinen Beruf als Lehrer erneut aus.

Bereits im kommenden Frühjahr tauchte er in der Umgebung von Lawrence auf. Er verbrachte mehrere Monate — anscheinend mit aufsässigen Indianern und „fragwürdigen weißen Charakteren" — beim Glücksspiel wiederum als Charley Hart.

In jener Zeit scheint sich der entscheidende Wandel im Leben dieses Mannes vollzogen zu haben, der „in Notwehr" mehrere Menschen tötete. Auch sollen zahlreiche Pferdediebstähle auf sein Konto gegangen sein. Einem Haftbefehl konnte er sich durch Flucht entziehen.

Von Haus aus war Quantrill ein Gegner der Sklaverei. Somit organisierte er im Dezember 1860 ein Unternehmen, das zur Befreiung von drei Negersklaven von der Farm eines Morgan Walker in Missouri führte.

In dem charakterlich labilen Mann vollzog sich plötzlich eine Wende. Quantrill, bislang überzeugter Abolitionist, ging mit fliegenden Fahnen ins Lager der Befürworter der Sklaverei über. Er verriet seine Kameraden gar an Walkers Häscher, die drei Mitstreiter hinterrücks erschossen. „Der Weg zum Bösen war damit beschritten."

Zu Beginn des Bürgerkrieges kam Quantrill zu den Freiwilligen-Verbänden der Konföderation und nahm an der Schlacht von Lexington (Missouri) teil. Als Anführer einer Guerillatruppe geißelte er Missouri und Kansas. Man raubte Postkutschen aus, überfiel und brandschatzte kleinere Ansiedlungen und griff Farmer an, die sich offen zur Union bekannten.

Das Lawrence-Massaker (1863) durch Quantrills Guerillas

Nicht genug damit: Seine Bande legte sich mit gegnerischen Partisanen an und brachte diesen manche Schlappe bei. Quantrill zeigte auch keine Skrupel, Überfälle aus dem Hinterhalt gegen reguläre Bundestruppen durchzuführen. Schließlich setzte das Militär eine hohe Prämie auf seinen Kopf aus — tot oder lebendig.

Im Spätsommer 1862 eroberten konföderierte Truppen die strategisch wichtige Stadt Independence (Missouri), „wo Quantrill wie der eigentliche Sieger einzog". Seine Mannschaft wurde in die Armee der Südstaaten integriert, mit Quantrill als Captain.

Seit seinem Sinneswandel hatte Quantrill eine Brutalität gezeigt, die ihn zu einem der schlimmsten Verbrecher im Westen werden ließ. In seinem kranken Geist reifte der Plan, das „ganz große Ding" durchzuführen.

Die Planung dieses Rachefeldzuges nahm einige Zeit in Anspruch. Schließlich wollte er die Bewohner einer ganzen Stadt treffen, wo Abolitionisten und Unions-Guerillas, bekannt als Red Legs, lebten.

Seine große Stunde kam am 21. August 1863. Bei Tagesanbruch drangen rund 450 Quantrill-Guerillas in Lawrence (Kansas) ein. Die Ortschaft war hermetisch abgeriegelt.

In einem wahren Mordrausch wurden Geschäfte, Hotels und Häuser geplündert und verwüstet, ehe der größte Teil der Gebäude in Flammen aufging. Über 150 Männer, Frauen und Kinder fielen dem Amok dieses Besessenen zum Opfer. Der materielle Schaden belief sich auf etwa 1,5 Millionen Dollar.

Gerechterweise muß gesagt werden, daß zwei seiner „Leutnants" die Schmutzarbeit erledigten: Bloody Bill Anderson, an dessen Sattelknauf mehrere Skalps hingen, und George Todd. Drei junge Kerle erhielten bei dieser blutigen Aktion ihre Feuertaufe: Frank und **Jesse James** sowie Cole Younger.

In erbeuteten blauen Uniformen gelang den Guerillas ein weiterer spektakulärer Schlag. Zwei Monate später konnte eine Abteilung Kavallerie bei Baxter Springs besiegt werden. 17 Musiker und einfache Soldaten gerieten in Gefangenschaft — und kamen unverzüglich vor ein Erschießungskommando. Von hundert Unionssoldaten fanden insgesamt 65 den Tod.

Diese Wahnsinnstaten, von denen sich die CSA-Regierung geflissentlich distanzierte, führten zur Aufsplitterung der Guerillabande. Bei Ende des Krieges schien auch dieser Spuk vorüber zu sein.

Da startete Quantrill eigenmächtig ein neues Unternehmen in Kentucky. Es wird berichtet, er wollte bis nach Washington vordringen, da er die Ermordung von Präsident Lincoln geplant hatte.

Nach Morden und Plünderungen konnte seine Restbande durch Bürgerwehren am 10. Mai 1865 bei Taylorsville überrascht und ausgeschaltet werden. Ihr Anführer trug eine lebensgefährliche Verletzung davon.

Einen Monat später, am 6. Juni 1865, starb William Clarke Quantrill im Militärgefängnis in Louisville.

Sein blutiges Erbe traten die sogenannten „Border Outlaws" an, wie James, Younger oder **Dalton**.

Die Reno-Brüder
bis 1868

Das Ende der ersten Eisenbahnräuber

„11. Dezember 1868: Gegen drei Uhr morgens haben rund hundert Männer, Mitglieder des Jackson-County-Selbstschutzkomitees, New Albany (Indiana) einen denkbar schlechten Dienst erwiesen.

Sie waren mit einem Sonderzug gekommen und hatten zu nachtschlafender Zeit den Bahnhof besetzt. Von dort bildeten die Bewaffneten ein Spalier in Richtung des Gefängnisses, denn ihre Aktion galt den vier Inhaftierten.

Ein Vigilant klopfte an die Haustür, die eine Wache unbedacht öffnete. Obwohl er in die Mündungen mehrerer Revolver blickte, konnte er doch noch einen Schrei ausstoßen, den Sheriff Thomas Fullenlove im Nebenraum hinter dem Büro vernahm.

Der Gesetzeshüter sprang auf und lief die Treppe zu den Zellen im ersten Stock hinauf. Ein flüchtiger Blick aus dem Fenster bestätigte ihm, daß das Gebäude umstellt war. ‚Gentlemen, schießt nicht, ich bin der Sheriff!' In diesem Augenblick traf ihn eine Kugel am Ellenbogen des rechten Armes. Männer stürzten die Stufen hinauf und schlugen Fullenlove nieder.

Der Zellenschlüssel war jedoch nirgends zu finden. Als der Sheriff wieder zu sich kam, verweigerte er jede Antwort. Auch Mrs. Fullenlove konnte nichts sagen. Ihr Mann flehte sie an, ihn lieber sterben zu lassen, als sich eines Verbrechens mitschuldig zu machen. Schließlich fand man doch den Schlüssel, der in der Waschtisch-Schublade lag.

Als erstes Opfer zerrten die Vigilanten nun Frank Reno aus der Zelle. Er schrie fürchterlich, als ihm der Mob einen Strick um den Hals legte. Mehrere starke Männer mußten ihn festhalten, ehe sein Körper von einer eisernen Fahnenstange in der Luft baumelte.

Dann kam William Reno an die Reihe. Man führte ihn zu seinem Bruder und hängte ihn am gleichen Pfeiler auf.

Ihm folgte Simeon Reno, der sich mit Allgewalt zur Wehr setzte. Zwei Mann gingen zu Boden, ehe sie ihn überwältigen konnten. Sie hängten ihn gleich an einem Zellengitter auf, seine Füße berührten fast den Boden.

Ihr letztes Opfer war Charlie Anderson. Er bat darum, ein Gebet sprechen zu dürfen. Sie ließen ihm nur wenig Zeit. Dann war auch diese Arbeit getan.

Die Rächer von eigenen Gnaden hatten fünf Lariots selbst mitgebracht. Und fast schien es, als sei ein erfahrener Henker unter ihnen gewesen.

Nachträglich stellte sich heraus, daß sich die Reno-Brüder und Anderson vor Richter Bicknell für ‚nicht schuldig' hinsichtlich dem Marshfield-Eisenbahnüberfall erklären wollten. Die Vigilanten müssen davon erfahren haben, und so kam es zu jener schrecklichen Tragödie.

Es muß daran erinnert werden, daß Frank Reno und Anderson zuletzt in Windsor (Ontario) gewohnt haben. Die kanadischen Behörden hatten sie unter der Bedingung den Beamten der **Pinkerton** Detective Agency übergeben, daß ihnen in den Staaten ein fairer Prozeß gemacht wird. Daraus ist nun nichts geworden."

„Auch zum Hängen muß genügend Zeit bleiben!"

Dieser Artikel in der Zeitung „Daily Leader" berichtete vom unrühmlichen Ende der ersten bedeutenden Eisenbahnräuberbande, die in Illinois, Indiana und Missouri ihr Unwesen trieb.

Die Reno-Brüder stammten aus Seymour (Indiana). John, der älteste Bruder, zog ruhelos durch das Land. Er lebte mit Spielern und Grenzgesindel zusammen, und fristete sein Leben durch kleinere Straftaten.

Bei Kriegsausbruch meldete sich der Fünfzehnjährige freiwillig zur Unionsarmee, doch diente ihm die blaue Uniform lediglich als Tarnung. Sein Vorbild wurden die „Border Outlaws", voran **Jesse James.**

Jene Aktion, die in den Nachtstunden des 6. Oktober 1866 abrollte, hat Geschichte gemacht: der erste Eisenbahnüberfall.

Während ein Zug der Ohio & Mississippi Railroad nahe Seymour durch einen finsteren Wald fuhr, gelangten zwei maskierte Männer über die Wagendächer zum Frachtraum der Adams Express Company. Sie schalteten die Wache aus und raubten $ 16 000 aus einem kleinen Safe. Ein großer Geldschrank, der $ 35 000 beinhaltete, konnte nicht geknackt werden.

Ein Passagier namens George Kinney verkündete später lautstark, er habe einen der Maskierten erkannt. Als Pinkerton-Detektive den Augenzeugen sprechen wollten, fanden sie nurmehr seine von Kugeln durchbohrte Leiche. John Reno, seine drei Brüder und ein gewisser Frank Sparks sollen die Bluttat begangen haben.

Ein Überfall in Gallatin (Daviess County, Missouri) wurde John Reno im Frühjahr 1867 zum Verhängnis. Pinkerton-Leute aus Kansas City konnten ihn dingfest machen, und ein Richter schickte ihn für 25 Jahre ins Staatsgefängnis nach Jefferson City. Nach seiner Entlassung ist der ergraute Mann spurlos verschwunden.

Seine Brüder begingen neue Straftaten, was immer mehr Agenten auf den Plan rief. Drei Outlaws wurden erschossen. Als zwei inhaftierte Bandenmitglieder in Browntown der Lynchjustiz zum Opfer fielen, flohen die Renos nach Kanada.

Schließlich erfüllte sich ihr Schicksal in New Albany — auf die unrühmlichste Weise, mit der aber jeder Gesetzesbrecher im Westen rechnen mußte.

Charles Alexander Reynolds
1842 — 1876
Die Goldfunde in den Black Hills

„Er befand sich in meiner unmittelbaren Nähe. Trotz seiner geschwollenen Hand steckte er eine Patrone nach der anderen in sein Repetiergewehr. Dabei übersah er das Nahen eines Cheyenne-Kriegers. Dies war sein größter Fehler — er kostete ihm das Leben. Eine Kugel traf den Kundschafter in der Herzgegend. Er war sofort tot. In dem Durcheinander des Rückzuges am Fluß war es unmöglich, seine Leiche mit uns zu nehmen." (Major Marcus A. Reno, Chicago, 1879)

Der bekannte Scout, Jäger und Führer war Charles Alexander Reynolds, der Sohn von Joseph Boyer und Phoebe Buah Reynolds. Geburtsjahr und Geburtsort konnten noch nicht mit letzter Bestimmtheit festgestellt werden. Er selbst hat folgenden Hinweis hinterlassen:

Charles Alexander Reynolds (1842—1876)

„Ich war gerade neunzehn Jahre alt, als ich mich im Sommer 1861 bei einem Rekrutierungsoffizier im Warren County des Staates Illinois freiwillig meldete."

Neueste Nachforschungen scheinen zu bestätigen, daß Reynolds am 20. März 1842 auf einer Farm bei Stephensburg (Hardin County, Kentucky) das Licht der Welt erblickte.

Sein Großvater, Nathaniel Reynolds, war als Farmer und praktizierender Arzt von Virginia nach Kentucky umgesiedelt. Um 1843 zog die Familie nach Illinois, später ließ man sich im Atchison County (Kansas) nieder.

Charles besuchte verschiedene Schulen, und es scheint, daß er eine gute Ausbildung genossen hat. Während den Ferien lernte er einige Regionen des Westens kennen, doch hat er als Scout an den Lagerfeuern nie darüber berichtet.

Im Juli 1861 trat Reynolds der Unionsarmee bei. Den Dienst in Kansas und Missouri, zumeist bei der Bekämpfung der konföderierten Guerillas, leistete er mit großer Bravour. Drei Jahre später wurde Charles ehrenvoll aus dem Militärdienst entlassen.

Der Westen, den er schon in jungen Jahren gesehen hatte, zog ihn magisch an. Der stille, ruhige Mann konnte als Jäger und Trapper manche Abenteuer am oberen Missouri bestehen.

Anfang 1867 verließ Reynolds endgültig sein Elternhaus. Er begab sich in das Dakota-Territorium, wo er die verschiedenen Militärposten mit Frischfleisch belieferte.

Binnen weniger Jahre wurde sein Name zum Begriff für Zuverlässigkeit. Reynolds konnte sich überlegen, welchen Auftrag er annehmen wollte. Denn Unternehmen im Land der Sioux wurden immer gefährlicher.

Im Mai 1873 traf Reynolds mit Lieutenant-Colonel **George Armstrong Custer** zusammen, der ihn als Scout für die zweite Yellowstone-Expedition unter Colonel D. S. Stanley verpflichten konnte. Es war eine schicksalhafte Begegnung.

Im nächsten Jahr drang Custer mit einem wissenschaftlich-militärischen Unternehmen in die heiligen Schwarzen Berge der Sioux ein. Man fand tatsächlich Gold in den Black Hills.

Obwohl niemand sicher wußte, ob sich die Ausbeute auch lohnen würde, sandte der Befehlshaber am 2. August 1874 eine dramatische Überland-Depesche durch seinen besten Mann nach Fort Laramie:

„Wissenschaftler haben die Expedition begleitet, um in diesem Gebiet nach Mineralien zu suchen. Das endgültige Ergebnis ihrer Untersuchungen wird in meinem Report zu finden sein. Ich kann jedoch schon jetzt ohne Übertreibung sagen, daß Gold an verschiedenen Stellen gefunden wurde. Nach Auffassung der Experten soll es in den Bergen lohnende Funde geben. Ich sah rund fünfzig Nuggets reinen

Goldes, das heute aus der Erde geholt wurde. Silberadern sind auch nicht auszuschließen. Adern mit goldhaltigem Gestein gibt es in jedem Berg."

Zeitgenössischen Berichten zufolge soll Custer nach einem Freiwilligen für diesen mehr als gefährlichen Ritt gesucht haben. Da meldete sich eine einsame Stimme:

„Ich reite, General! Ich reite!"

Es war „Lonesome Charley" Reynolds, der die Gegend recht gut kannte. Zudem hatte er bereits einmal rund 150 Meilen in einem Stück vom Musselshell River nach Fort Benton zurückgelegt.

Der mutige Scout mußte mehrere Tage reiten, um die 200 Meilen nach Fort Laramie zu bewältigen. Er hatte dabei Indianerpfade zu überqueren, was recht gefährlich werden konnte. Libbie Custer wußte später zu berichten, daß „Reynolds deutlich Stimmen von Sioux-Kriegern vernehmen konnte, als er sich am Tage ausruhte".

Schließlich mußte er sogar zu Fuß gehen und sein erschöpftes Pferd am Zügel führen. Bei seiner Ankunft in Fort Laramie waren sein Hals und seine Lippen vom Durst derart stark angeschwollen, daß er den Mund nicht zu schließen vermochte.

Der blauäugige „Gentleman in Wildleder" ließ sich aber nur kurz im Stützpunkt pflegen. Dann begab er sich nach Cheyenne und über Sioux City nach Bismarck. Die „Tribune" verbreitete die Meldung im ganzen Land:

„Jeder Wasserlauf ist reich an Edelmetallen. Gold findet sich von der Graswurzel abwärts. Im Custer Valley wurden reiche Gold- und Silbervorkommen gefunden. Ein neues amerikanisches Eldorado ist im Entstehen."

Der Run weißer Abenteurer in die Schwarzen Berge begann — und damit der letzte Freiheitskampf der Sioux.

Am 3. März 1876 wurde Reynolds von Custer als Oberscout für die Yellowstone-Expedition des General Alfred H. Terry verpflichtet. Einige Wochen später brach das verhängnisvolle Unternehmen von Fort Abraham Lincoln auf.

Zu Beginn der Schlacht am Little Big Horn River wurde Lonesome Charley Reynolds, bei Major Renos Rückzug aus dem Tal, von einem Cheyenne-Krieger namens Crooked Nose erschossen. Sein Leichnam konnte erst nach Tagen identifiziert werden, seine Überreste fanden im Grab Nr. 260 auf dem Custer Battlefield die letzte Ruhe.

Charles Alexander Reynolds war als ehrlicher und redlicher Mann bekannt. Sein Tod in den frühen Nachmittagsstunden des 25. Juni 1876 rief Betroffenheit bei allen hervor, die ihn kannten.

William Hepburn Russell
1812 — 1872
Die Geschichte des Pony Express

„Kein Angestellter durfte liederliche Reden führen. Trunk war verboten, ebenso Spiel und Tierquälerei. Alles sollte unterlassen werden, was mit der Würde eines Gentleman unvereinbar schien."

Diesen moralischen Gesetzen hatten sich jene Männer freiwillig unterzuordnen, die für das vielschichtige Frachtunternehmen von Russell, Majors & Waddell tätig wurden — ganz im Gegensatz zu Darstellungen in Filmen oder Romanen.

Ein Brief, von Pony Express-Reitern befördert, mit der Nachricht von Lincolns Wahlsieg (8. 11. 1860)

Leiter der Gesellschaft war William Hepburn Russell, Sohn von William Eaton und Myrtilla Hepburn Russell. Er wurde am 31. Januar 1812 in Burlington (Vermont) geboren. Mit zwei Jahren verlor er den Vater, der Soldat war. Die Mutter heiratete wieder, und gemeinsam suchte man eine neue Existenz in Missouri.

Bill wurde Büroangestellter und anschließend selbständiger Kaufmann. Als solcher erwarb er Anteile an der Bank von Richmond und schuf sich auf diese Weise das nötige Kapital für größere Vorhaben.

Am 28. Dezember 1854 ging Russell eine Partnerschaft mit Alexander Majors (1814—1900) und William B. Waddell ein. Die bereits bestehenden Frachtkontrakte mit der Bundesregierung konnten weiter ausgebaut und die Routen ausgedehnt werden.

Das Hauptquartier der Gesellschaft befand sich in Leavenworth. Russell war für die Finanzen zuständig, Majors für die Ausrüstung der Wagenzüge, Waddell wirkte im Hintergrund. Bereits im ersten Geschäftsjahr gab es einen Profit von rund $ 300 000.

Die Bilanzen der Firma Russell, Majors & Waddell konnten sich sehen lassen:

Es gab mehr als 4 000 Angestellte, 40 000 Ochsen und 1 000 Maultiere; ein Treck bestand aus etwa 25 Conestoga-Wagen, die sich mehrere Meilen hinzogen; jeder Wagen wurde von 12 Rindern gezogen und von einem Gespannführer gelenkt; pro Zug standen dreißig Ochsen und fünf Mulis in Reserve, ebenso ein Wagenmeister und mehrere Handlanger.

Viel Arbeit gab es in den Jahren 1857/58, als die U.S. Regierung eine Militärexpedition gegen die Mormonen in Utah ins Feld schickte. Der Nachschub für die Truppen auf dem Oregon-Trail klappte ausgezeichnet.

Vom Gewinn wollten Bill Russell und John S. Jones im Januar 1859 ein eigenes Unternehmen starten, eine Postkutschenverbindung zwischen Leavenworth und Denver. Die Firma mußte schließlich die vor dem Bankrott stehende Verbindung übernehmen.

In der Zwischenzeit hatte die Butterfield Company den Betrieb auf der südlichen Route von Memphis nach Los Angeles aufgenommen. Es mußte möglich sein, auch eine nördliche Strecke mit Kutschen zu befahren.

Im Februar 1860 wurde die Central Overland California and Pike's Peak Company gegründet, mit Russell als Präsident. Die Postkutschen fuhren auf dem Oregon und California Trail nach Sacramento; ein wichtiger Schritt zur Bindung der Pazifikstaaten an die Union.

Das größte Abenteuer stand Russell noch bevor — der Pony Express. Dieses Projekt konnte realisiert werden, nachdem Majors seine zunächst zögernde Haltung aufgegeben hatte.

Am 3. April 1860 machten sich gleichzeitig Reiter in Sacramento und St. Joseph (Missouri) auf den 1966 Meilen langen Weg. Die Gebühren für einen Brief beliefen sich auf fünf Dollar je halbe Unze. Trotzdem blieb das Unternehmen ständig in den roten Zahlen.

Die Firma Russell, Majors & Waddell mußte die enorme Summe von $ 700 000 investieren, ein Drittel des Einsatzes war nach achtzehn Monaten verloren. Die Bundesregierung hat für diesen öffentlichen Dienst nie einen Penny bezahlt, obwohl bei Ausbruch des Bürgerkrieges über diese Route die wichtigsten Nachrichten ins ferne Kalifornien gelangten.

Die Reiter, wie Bob Haslan oder **Bill Cody,** haben Geschichte gemacht. Sie waren durchschnittlich neunzehn Jahre alt, verdienten zwischen hundert und $ 150 im Monat. Insgesamt legten die wagemutigen Burschen rund 650 000 Meilen zurück (26facher Erdumfang) und beförderten 35 000 Postsachen.

Es gab 190 Stationen, auf denen Pferde im fliegenden Start gewechselt werden konnten. Jeder Reiter bewältigte etwa 75 Meilen, die Laufzeit betrug rund 10 Tage.

Der Pony Express, ein unsterbliches Kapitel des Westens, bestand nur bis zum 24. Oktober 1861. An diesem Tag wurde die erste transkontinentale Telegraphenleitung vollendet.

Inzwischen war Russell in den größten Finanzskandal seiner Zeit verwickelt. Kriegsminister Floyd hatte Gelder, die vom Indian Trust Fund kamen, zur Schuldentilgung an Russell weitergeleitet. Nach einer Ladung vor den Senatsausschuß in Washington blieb dem Präsidenten der Gesellschaft nur eine Wahl:

Russell trat am 26. April 1861 von seinem Posten zurück und übergab die Verantwortung für das Postkutschenunternehmen an Bela M. Hughes. Schließlich übernahm Ben Holladay die Firma. Majors wandte sich der Union Pacific Railroad und Silberminen zu.

Nun mußte sich Russell mit einem kleinen Frachtgeschäft in New York City zufrieden geben. Im Haus seines Sohnes, eines Bankiers, verstarb William Hepburn Russell am 10. September 1872 in Palmyra (Missouri).

Die Namen Russell, Majors und Waddell sind nahezu in Vergessenheit geraten; ihr Kind, der Pony Express, hat sie überlebt.

Albert Sieber
1844 — 1907

Chefscout in der Apacheria

„Er ist sechs Fuß lang, wiegt 190 Pfund und scheint nur aus Knochen und Muskeln zu bestehen. Augen und Haar sind dunkel, sein Aussehen ist nicht außergewöhnlich. Er kann mit seinen Scouts sechzig Meilen am Tag zurücklegen, darüber hinaus ist er ein unvergleichlicher Gewehrschütze. Seine Furchtlosigkeit ist berühmt." (General George Crook, 1884)

Diese Bemerkung bezieht sich auf Albert Sieber, der am 29. Februar 1844 in Mingolsheim (Großherzogtum Baden) zur Welt kam. Er war das jüngste Kind von vier Jungen und vier Mädchen der Eheleute Johannes und Margarete Fischer Sieber.

Mit den Achtundvierzigern gelangte die verwitwete Mutter mit den Halbwaisen nach Amerika und ließ sich in Lancaster nieder. Eine von Als Schwestern zog später nach Minneapolis, wo sie mit ihrem Mann eine kleine Farm auf der Prärie bewirtschaftete.

Albert war zwölf Jahre alt, als die Mutter starb. Daraufhin brachen die Geschwister ihre Zelte in Pennsylvania ab und begaben sich nach Minnesota.

Damals gab es noch viele Indianer in diesem Land, die den Jungen nachhaltig beeindruckten. Den Lebensunterhalt verdiente Al als Farmgehilfe und Aushilfskraft bei Sägemühlen.

Einige Monate vor Ausbruch des großen Sioux-Aufstandes meldete sich ein „Albert Sebers" als Rekrut. Am 4. März 1862 kam er zur Kompanie B des 1. Minnesota-Freiwilligen-Regiments.

In der kriegsentscheidenden Schlacht von Gettysburg trug er eine schlimme Verletzung davon, versah aber in der Folge weiter seinen Dienst. Erst zum Ende des Bürgerkrieges erfolgte in Elmira (New York) die ehrenhafte Entlassung aus der Armee.

Anfang 1866 langte Sieber in den Gold- und Silberfeldern von Nevada und Kalifornien an, bei der Suche nach Edelmetallen war ihm allerdings kein Glück beschieden. Daraufhin wandte er sich der Viehzucht zu, wobei er auf Umwegen nach Arizona kam.

Nach zweijähriger Wanderschaft fand Al eine Anstellung als Vormann auf der Ranch von C.C. **Bean** im Williamson Valley. Seine Cowboys mußten sich häufig mit Apache herumschlagen, die auf ihren Streifzügen Beute machen wollten. Das Militär war nahezu machtlos.

Als die Übergriffe beängstigend zunahmen, ergriffen die Bürger die Initiative. Unter der Führung von Al Sieber hefteten sie sich an die Fersen der Übeltäter; mehrere Indianer fanden den Tod, das geraubte Vieh konnte zurückgewonnen werden.

Die gezeigte Tapferkeit bei diesem tollkühnen Unternehmen machte Al landesweit bekannt. 1871 erfolgte die Einstellung als Armeescout — ein großer Vorteil für die Regimenter in Arizona und New Mexico. Denn es stand ihnen mit Sieber ein außergewöhnlicher Kundschafter und unnachgiebiger Indianerkämpfer zur Seite.

Als General Crook in der Apacheria eintraf, fand er das Territorium in desolatem Zustand. Ausschreitungen waren

Al Sieber (1844—1907)

an der Tagesordnung. Da regte der Befehlshaber an, Apache als Scouts gegen die eigenen Renegaten einzusetzen. Die Erfolge konnten sich sehen lassen.

Sieber kommandierte diese Eingeborenentruppe im Feld, oftmals als einziger Weißer. Al bewies eine gute Hand bei der Führung seiner Schutzbefohlenen. Er lernte ihre Dialekte und gewann auf diese Weise ihren Respekt und ihr Vertrauen.

Auch die feindlichen Apache wußten, daß der weiße „Spürhund" nicht unerbittlich war. Hatten sie sich erst ergeben und ihre Bereitschaft zur Mitarbeit erklärt, war alles Vorangegangene vergessen. Sie haben ihn kaum enttäuscht!

Die Scouts wußten, daß sie sich wohl auf Sieber verlassen konnten. Andererseits verlangte er von seinen „Soldaten" Mut und Ausdauer sowie absoluten Gehorsam. Und wenn es sein mußte, sorgte er eigenhändig für die Ausführung seiner Order.

Es ist sicher, daß Al bei militärischen Auseinandersetzungen selbst rund fünfzig Indianer tötete. Innerhalb von zwanzig Jahren hat er bei Streifzügen 29 Verletzungen davongetragen, durch Kugeln oder Pfeile. Eine solche Verwundung führte zu einer Verkrüppelung am rechten Fuß.

Sieber leistete den Departements-Befehlshabern — den Generalen Stoneman, Crook, Kautz, Willcox, Grierson und Miles — wertvolle Dienste. Ihm kam oft die Tatsache zugute, daß er, bedingt durch seine Scouts, viele der letzten bedeutenden Führer der Apache kannte, wie Geronimo, Naiche, Loco oder Chato.

Nach Beendigung der Apache-Kriege (1886) blieb Al weiterhin als ziviler Chefscout auf der San Carlos Reservation stationiert. Ein interner Streit mit dem Militäragenten veranlaßte Sieber, sich vier Jahre später ins Privatleben zurückzuziehen.

Al nahm in Globe seinen Wohnsitz und widmete sich erfolgreich neuen Minenspekulationen. Stets bemühte er sich um Apache, die zuverlässige Arbeiten leisteten.

So verhielt es sich auch beim Bau des Roosevelt Dammes. Am 19. Februar 1907 mußte für dieses Projekt eine Sprengung vorgenommen werden, da ein Felsen auf eine Straße zu stürzen drohte.

Die Lunte war bereits gezündet, als Sieber einige indianische Arbeiter sah, die nicht in Deckung lagen. Schreiend humpelte er ihnen entgegen und versuchte sie auf die drohende Gefahr aufmerksam zu machen.

Kaum hatten sich die Apache in Sicherheit gebracht, als die Explosion erfolgte. Ein Gesteinsregen ging auf Al Sieber nieder, der den Tod fand. Sein Leichnam wurde nach Globe gebracht und mit militärischen Ehren beigesetzt.

Als die Gesetzgebung in Phoenix von Siebers Ableben erfuhr, brachten alle Volksvertreter sogleich ein Gesetz durch, das die Errichtung von zwei Gedenksteinen vorsah: auf dem Friedhof in Globe und an jener Stelle, wo Al Sieber für Angestellte sein Leben gelassen hatte.

Pierre Jean de Smet
1801 — 1873
Im „Schwarzen Rock" bei den Indianern

„300 Shoshone-Krieger kamen in mustergültiger Ordnung und vollem Galopp in unser Lager geritten. Sie waren gräßlich bemalt und trugen Kriegskeulen. Ihre Kleidung war über und über bedeckt mit Perlarbeiten, Federn, Coyotenschwänzen, Wolfszähnen und Bärenklauen. Jeder Indianer hatte sich höchst sonderbar herausgeputzt. Sie stellten ihre Kriegsnarben prahlerisch zur Schau und schwenkten erbeutete Skalpe an Stöcken durch die Luft. Nachdem sie mehrmals um das Lager herumgeritten waren, stiegen sie ab, um den Weißen als Zeichen der Freundschaft die Hände zu schütteln."

Augenzeuge dieses Spektakels bei Fort Laramie wurde der Jesuitenpater Pierre Jean de Smet, der sein ganzes Leben der harten Missionsarbeit im Westen widmete.

Seine Wiege stand in Termonde (Belgien), wo er am 30. Januar 1801 das Licht der Welt erblickt hatte. Seine Eltern waren Josse Arnand und Marie Jeanne Buydens de Smet. Der Sohn konnte das Seminar in Malines besuchen, und neben seinem Studium betätigte er sich sportlich.

Pierres physische Stärke und Ausdauer waren ein gutes Rüstzeug und für seine spätere Missionsarbeit unentbehrlich.

In der Jugend nannten ihn seine Freunde „Samson". Denn er war 175 cm groß, muskulös und kräftig. Manchmal machten ihm seine zweihundert Pfund zu schaffen. Einmal fastete Jean dreißig Tage lang und verlor dabei 35 Pfund.

Sein Auftreten war das eines freundlichen Gentleman. So gewann er die Freundschaft und Anerkennung des Roten Mannes, wo immer er mit den Stämmen zusammentraf. Auch die Weißen aller Nationalitäten wußten nur Gutes über diesen Grenzgänger zu berichten.

Im Juli 1821 hatte de Smet amerikanischen Boden betreten. Er kam als Novize ins Jesuiten-Seminar nach Whitemarsh bei Baltimore. Zwei Jahre später erfolgte seine Versetzung nach Florissant; aus diesem Institut entwickelte sich die heutige Catholic University of St. Louis.

Die Priesterweihe erhielt Pierre Jean de Smet im Alter von 27 Jahren. In Ausübung seines Amtes bereiste er die Oststaaten, verbrachte längere Zeit in Europa, darunter in Deutschland. Da trat die entscheidende Wende in seinem Leben ein.

1838 wurde de Smet als Missionar unter den Indianern eingesetzt. Er kam zu den Potawatomi und errichtete bei Council Bluffs eine Station namens St. Joseph. Er nahm

Pierre Jean de Smet (1801—1873)

sich der Nöte seiner Schutzbefohlenen an, die ihn bald lieben lernten.

Ein neues Betätigungsfeld tat sich auf: das Oregon Country. Darin enthalten waren nicht nur der pazifische Nordwesten, sondern auch die weiten Ebenen des Mittelwestens.

De Smet bereitete sich auf diese wichtige Aufgabe mit größter Sorgfalt vor. Er unternahm eine Bittreise nach New Orleans sowie durch die Städte an der Ostküste. Und in Europa fand man den Unermüdlichen in Irland, England, Holland, Belgien, Frankreich und Italien.

Im Laufe seines Lebens segelte er sechzehn Mal zwischen der Neuen und der Alten Welt hin und her. Dabei legte Jean über 290 000 Kilometer (mehr als der siebenfache Erdumfang) zurück. Seine längste Seereise führte von Europa über Kap Hoorn zur Oregon-Küste.

Der tatenkräftige de Smet gründete mit dem kanadischen Priester Nicolas Point die erste katholische Station im Willamette Valley, die St. Mary's Mission bei den Flathead, die

Mission von St. Ignatius unter den Kalispel, und er plante die Sacred Heart Mission bei den Coeur d'Alene.

Auf diese Weise wurde er zum Wegbereiter für jene weißen Siedler, die sich seit den 1840er Jahren im Tal des Columbia niederließen.

Die Stämme östlich der Rocky Mountains, denen in der Folge sein Hauptinteresse galt, nannten ihn „Black Robe". Er allein konnte es wagen, als Friedensstifter zwischen den Nationen aufzutreten.

Selbst in Zeiten, da sich die Blackfeet oder Sioux auf dem Kriegspfad gegen die weißen Eindringlinge befanden, durfte de Smet unbeschadet die Wege der Krieger kreuzen.

Im Herbst 1851 weilte er mit den Indianern in der Umgebung von Fort Laramie, wo der ehrliche Agent **Thomas Fitzpatrick** eine akzeptable Übereinkunft mit den Stämmen der nördlichen Plains zustande brachte.

Aber auch auf anderem Gebiet war de Smet äußerst aktiv. Während dem sogenannten „Utah War" traf er sich mit dem Mormonen-Führer **Brigham Young** zu Geheimgesprächen, die letztlich dazu führten, daß es zu keinem Guerillakrieg kam.

Die bemerkenswerteste Begebenheit fand im Juni 1868 statt. Damals suchte der „Schwarzrock" das Dorf des berühmten Hunkpapa-Medizinmannes Sitting Bull im Tal des Big Horn River auf. Der Führer der feindlichen Sioux hatte geschworen, den ersten Weißen zu töten, der in sein Lager kommen würde. Es war de Smet.

Der Missionar blieb am Leben — da er nach Sitting Bulls Worten kein Abgesandter der Regierung war. Die amerikanische Flagge wollten sie zu keinem Zeitpunkt akzeptieren, das schwarze Priestergewand war ihnen inzwischen als gutes Zeichen vertraut.

De Smet war nicht nur ein furchtloser, sondern auch ein toleranter Mensch. So zeigte er für jede Religion vollstes Verständnis und Hochachtung.

Die Trauer war entsprechend groß und aufrichtig, als die Nachricht vom Tode des Jesuiten-Missionars Pierre Jean de Smet am 23. Mai 1873 im Land verbreitet wurde. Die Gebeine ruhen auf dem katholischen Friedhof in St. Louis.

Sein Name findet sich in einem See und einem Berg in den Ausläufern der Rocky Mountains in Wyoming.

Jedediah Strong Smith
1799 — 1831

Der größte Wegbereiter im Westen

Von amerikanischen Geschichtsschreibern stiefmütterlich bedacht, ist Jedediah Strong Smith einer der Männer, die das Tor zum Westen weit aufstießen.

Zusammen mit seinen elf Geschwistern wuchs Jedediah, am 6. Januar 1799 bei Jericho (New York) geboren, in einem streng religiösen, aber keinesfalls humorlosen Elternhaus der Farmer Jedediah und Sally Strong Smith auf.

Seine Neugier wurde durch die Umgebung, in der er aufwuchs, geweckt und von Eltern und Freunden der Familie unterstützt.

Einem glücklichen Umstand hatte er es zu verdanken, daß er schon frühzeitig Einblick in die Aufzeichnungen der **Lewis & Clark** Expedition nehmen konnte. Sein größter Wunsch bestand fortan darin, nicht nur den Spuren dieser bedeutenden Entdecker zu folgen, sondern selbst in unbekannte Weiten des Fernen Westens vorzustoßen.

Nachdem Jed die Eltern versorgt wußte, machte er sich daran, sich seinen Lebenswunsch zu erfüllen. Im Februar 1822 las er in einer Zeitung in St. Louis eine Annonce:

„Für unternehmungslustige junge Männer. Der Unterzeichner beabsichtigt einhundert Mann einzustellen, die sich auf Booten ins Quellgebiet des Missouri zu begeben haben..."

General William Henry Ashley, der diese Trapper-Expedition zusammenstellte, hatte mit Jed einen guten Griff getan. Der junge Mann zeigte Bildung, Mut und Menschenführung. Er war der richtige Mensch am richtigen Ort und zur richtigen Zeit.

Eine der Hauptaufgaben von Ashleys Leuten bestand darin, sich im Pelzhandel am Oberen Missouri und westlich auf den Ebenen mit den Briten und ihren indianischen Verbündeten auf faire Weise zu messen. Kampf sollte nach Möglichkeit vermieden werden.

Nach der berühmten Auseinandersetzung mit den Arikara-Indianern erhielt Jed den Auftrag, neue Fanggründe im Westen zu erschließen. Zur „Smith Brigade" gehörten auch drei junge Männer, die es später zu ebensolcher Berühmtheit brachten wie ihr Captain: **Jim Bridger,** Bill Sublette und **Tom Fitzpatrick.**

Stets seinen Männern voran, machte Diah eines Tages die folgenschwere Bekanntschaft mit einem Grizzly. Diese Begegnung trug ihm unter anderem eine schwere Gesichtsverletzung ein.

Noch am Kampfplatz ließ sich Jed von seinen Gefährten, im wahrsten Sinne des Wortes, zusammenflicken. Bereits

Jedediah Strong Smith (1799—1831)

nach zehn Tagen befand man sich wieder auf dem Weg gen Westen, um schließlich den Winter 1823/24 bei den Crow-Indianern zu verbringen.

Der unfreiwillige Aufenthalt bei den Eingeborenen gab neue Aufschlüsse über die Menschen und Gegebenheiten hinter dem vor ihnen aufragenden Felsengebirge. So war es möglich, im kommenden Frühjahr den wohl wichtigsten Durchgang in den Rocky Mountains zu finden: den South Pass.

Smith drang immer weiter nach Westen vor, seine Leute entdeckten den Salzsee. In einer Saison brach er den Rekord im Biberfang — 668 Felle.

Ansehen und Popularität führten dazu, daß Ashley, als er sich aus dem Geschäft zurückzog, Jed zu seinem Nachfolger machte. Die neue Firma „Smith, Jackson & Sublette" sollte bald in aller Munde sein.

Im Juli 1826 traf Jed entsprechende Vorbereitungen für eine Expedition in neues unbekanntes Land. Mit fünfzehn Begleitern brach er vom Salzsee in den Südwesten auf —

„ich denke, es sind etwa 900 Meilen". Vergeblich suchten sie den legendären Buenaventure River, der eine Verbindung zum Pazifik darstellen sollte.

Stattdessen gerieten sie in die Halbwüsten von Utah und Süd-Nevada. „Wir waren alle zu Fuß," als sie auf ein Mohave-Dorf am Unterlauf des Colorado stießen. Die hilfreichen Indianer ermöglichten ihnen die Weiterreise ins mexikanische Kalifornien, wo sie die Padres freundlich aufnahmen.

Schwierigkeiten gab es mit Gouverneur José Echeandia, der über die Ankunft der ersten Americanos auf dem Landweg entsetzt war. Sie entgingen der Festsetzung nur dadurch, daß sie sich in die Sierra Nevada absetzten, von wo aus mehrere Versuche zur Rückkehr nach Utah unternommen wurden. Dieses Vorhaben gelang Jed schließlich mit zwei Begleitern unter unsagbaren Qualen.

Das sprichwörtliche Glück war Jed und seinen Männern fortan nicht mehr gewogen. Mohave töteten seine Leute. In Kalifornien gerieten die Überlebenden in Gefangenschaft. Wieder freigelassen, tappten sie auf dem Heimweg in Oregon erneut in einen Hinterhalt der Indianer. Jed konnte mit zwei Trappern nur das nackte Leben retten.

In Fort Vancouver machte Smith die Bekanntschaft mit dem Leiter dieses Hudson's Bay Postens. Dr. John Mc Loughlin rüstete ihn für die Rückkehr in die Staaten aus, wo für ihn die Südwest-Expedition im Oktober 1830 zu Ende ging.

Jed war an weltlichem und ideellem Gut ein reicher Mann, der in St. Louis einen geruhsamen Lebensabend hätte verbringen können. Sein Pioniergeist trieb ihn erneut nach Westen, dieses Mal in Richtung Santa Fe.

Am 27. Mai 1831 befand sich seine Karawane in der Cimarron-Wüste, seit Tagen ohne Wasser. Es war selbstverständlich, daß er für seine Männer eine Quelle suchen ging. Von diesem Ritt ist Jedediah Strong Smith nicht wieder zurückgekehrt.

Man nimmt an, daß er Comanche-Kriegern in die Hände fiel.

Joseph Smith
1805 — 1844
Der Prophet der Mormonen

„Das himmlische Wesen verbot mir, mich irgendeiner bestehenden Religionsgemeinschaft anzuschließen. Als ich aus der Verzückung erwachte, hatte ich wunderbare Dinge vernommen, die mich darin bestärkten, daß der rechte Glaube noch nicht gefunden sei."

Diese Vision hatte ein zehnjähriger Junge, der einer alten Neuengland-Familie entstammte. Joseph Smith kam am 23. Dezember 1805 in Sharon (Windson County, Vermont) zur Welt. Seine Eltern waren Joseph und Lucy Mack Smith, die als Farmer ihren Lebensunterhalt verdienten.

Mißernten brachten es mit sich, daß die Großfamilie der wandernden Grenze folgte. Schließlich ließ man sich bei Palmyra im Staate New York nieder, in einer Region, die vom „religiösen Fieber" erfaßt worden war.

Nach eigenen Angaben: „Ich erhielt mit vierzehn Jahren den ersten Besuch des Engels Moroni, der sich regelmäßig mit mir in Verbindung setzte." Am 21./22. September 1823 will Joseph die Mitteilung erhalten haben, wonach er die wahre Religion in der westlichen Hemisphäre wiederherstellen sollte.

Gleichzeitig wurde ihm offenbart, daß er im nahen Hill Cumorah wundersame Goldplatten finden würde, welche die Geschichte der wahren Kirche auf dem amerikanischen Kontinent aufzeigten. (Um 600 v. Chr. hatten sich Israeliten aus Jerusalem in die Neue Welt abgesetzt.)

Smith fand, was er suchte. Die Tafeln wiesen Graphierungen auf, die an ägyptische Hieroglyphen erinnerten. Mit Hilfe einer „kristallenen Brille" konnte Joseph Smith die vergessene Historie in die englische Sprache übersetzen.

Niemand, außer dem neuen Propheten, durfte die goldenen Platten sehen. So diktierte er deren Inhalt seiner jungen Frau Emma Hale und einigen Gläubigen, die, hinter einer als Vorhang dienenden Wolldecke, seine Äußerungen niederschrieben.

Im Juli 1830 erschienen die Aufzeichnungen als „Buch Mormon". Es wurde noch durch zwei Werke ergänzt: „A Book of Commendments" (1833) und „Doktrine and Covenants" (1835). Diese göttlichen Offenbarungen bilden bis heute den Grundstock der Mormonen-Kirche.

Bereits einige Monate zuvor, am 6. April 1830, war in Fayette (Seneca County, New York) die formelle Gründung der neuen Religionsgemeinschaft vollzogen worden. Joseph Smith taufte einige Verwandte und Freunde nach alttestamentarischer Art im nahen Fluß.

Die „Kirche Jesu Christi" fügte vier Jahre später die Worte „der Heiligen der Letzten Tage" ihrem Namen bei. Im Volk hießen die Mitglieder schlicht „Mormonen", benannt nach dem „Buch Mormon".

Im Laufe der Jahre sind die verschiedensten Spekulationen darüber angestellt worden, aus welchen verschiedenartigen „Quellen" sich das Lehrbuch der Kirche zusammensetzt. Nachträgliche Überlegungen sind letztlich müßig, da Smith mit seinen „Eingebungen" nicht nur das Leben an der Grenze mitbestimmte, sondern auch für eine Ausbreitung der Kirche in alle Welt Sorge trug.

Bedingt durch die Intoleranz andersgläubiger Nachbarn, mußte bereits 1831 ein erster Umzug der Gemeinde nach Kirtland (Ohio) vorgenommen werden. Sieben Jahre später, nach einem Bankskandal, wurden sie nach Missouri vertrieben, wo die Heiligen ihren Garten Eden gefunden hatten.

Nach der Ankunft des Propheten rief Gouverneur Wilbur Boggs seinen Landsleuten zu: „Die Mormonen müssen

Joseph Smith jun. (1805—1844)

wie Feinde behandelt, ausgerottet oder aus dem Staat gejagt werden." Die mobilisierte Staatsmiliz sollte diese Anweisungen in die Tat umsetzen.

Nach blutigen Ausschreitungen ließen die Mormonen ihr Hab und Gut im Stich und flohen nach Illinois. Führer des Exodus war **Brigham Young,** den der vorübergehend inhaftierte Smith mit dieser Aufgabe betraut hatte.

Über dem Missouri entstand eine neue Siedlung, die die Heiligen „Nauvoo" nannten — das hebräische Wort für einen schönen und friedvollen Ort. Bekehrte aus Europa führten zu einer raschen Zunahme der Bevölkerung auf 15 000 Menschen. „Gottlose oder unschickliche Reden waren verboten," berichtete ein Durchreisender.

Smith regierte die Kommune mit unumschränkter Macht. Er war einer der berühmtesten Westerner seiner Zeit: Prophet, Seher, Autor, Generalleutnant der Nauvoo Legion (Miliz), Bürgermeister und Präsidentschaftskandidat.

In jene Zeit fällt auch die formelle Praktizierung jener Offenbarung: Ein Mann hat die religiöse Pflicht, soviele Frauen zu heiraten, wie er versorgen kann. Smith übte die Polygamie aus — mit mindestens 27 Frauen ist er eine „himmlische Ehe" eingegangen.

Diese Praktik mußte zwangsläufig Gegner auf den Plan rufen. Die erste und einzige Ausgabe der „Nauvoo Expositor" enthielt Angriffe auf den Propheten und seine Gesetzgebung. Daraufhin gab Bürgermeister Smith den Befehl, die Druckerpresse zu zerstören.

Die nichtmormonische Bevölkerung sah in diesen internen Unruhen ihre Chance, die unliebsamen Nachbarn auf gesetzlichem Wege loszuwerden.

So landeten Joseph und Hyrum Smith legal im Gefängnis von Carthage. Doch der Mob machte vor den Mauern nicht halt. Am 27. Juni 1844 stürmten sie das Gebäude, wobei die beiden Brüder den Tod fanden.

Ihr Märtyrertod hat mit Gewißheit dazu beigetragen, daß die junge Glaubensgemeinschaft sich nicht spaltete und noch heute eine festgefügte Gemeinschaft ist.

Bella (häufiger: Belle) Starr
1848 — 1889
Die Banditenkönigin

Sie war der berühmteste weibliche Bandit im Westen, obwohl sie nie auf einen Menschen geschossen hat. Bella Starr hat auch keinen Mord begangen, die einzige Gefängnisstrafe mußte sie wegen Diebstahl eines Pferdes absitzen. Ihr Name erscheint allerdings in Verbindung mit den bekanntesten Desperados — den James und Youngers.

Als Myra Maybelle Shirley kam sie am 5. Februar 1848 auf einer Farm bei George City (Jasper County, Missouri) zur Welt. Ihre Kindheit verbrachte sie in einem Land, das von bürgerkriegsähnlichen Unruhen erschüttert wurde. Trotzdem konnte sie die Carthage Female Academy besuchen.

Inzwischen hatten Richter John Shirley und seine Frau Elizabeth Hatfield ein Gasthaus erworben, das an der Straße nach Fort Smith lag. Restaurant, Bar und Spielhalle warfen Gewinn ab. Die Reisenden mußten auf jeglichen Komfort verzichten; es gab weder fließendes Wasser noch Bad oder Toiletten. Zehn bis fünfzehn Personen schliefen im gleichen Raum — fernab der Western-Film-Romantik.

Damals machte die Familie die Bekanntschaft eines **William Clarke Quantrill**, dessen Guerillabande Angst und Schrecken verbreitete. Zu seinen „Lieutenants" gehörte Thomas Coleman Younger (1843–1916), der Bellas erster Liebhaber wurde.

Gegen Ende des Bürgerkrieges zog John Shirley nach Scyene bei Dallas, wo er sich erneut als Farmer betätigte. Dort trafen im Juli 1866 einige Reiter ein, versprengte Quantrill-Leute. Es handelte sich um Bob, Cole, Jim und John Younger sowie um **Jesse James**.

Aus der engen Verbindung zwischen Bella und Cole ging eine Tochter hervor, die Pearl hieß (gest. 8. 7. 1925 in Douglas, Arizona). Der Vater hatte sich in der Folge um wichtigere Dinge zu kümmern, obwohl sich ein Versteck der Bande nahe der Shirley Farm befand.

Bella begab sich nach Dallas, wo sie als Animiermädchen in einer Tanzhalle und als Faro-Spielerin in Saloons arbeitete. Sie kleidete sich wie ein Mann, mit einem Stetson auf dem Kopf. Trotzdem ritt sie, wie als Frau üblich, im Damensitz.

Bella war vierundzwanzig Jahre alt, als sie einen Pferdedieb namens Jim Read aus Missouri kennenlernte. Aus dieser eheähnlichen Verbindung ist ein Sohn namens Ed hervorgegangen. Er wurde in Los Angeles geboren, wohin sich seine Eltern vorübergehend zurückziehen mußten.

Der erste Raubüberfall, an dem Bella beteiligt gewesen sein soll, ereignete sich am Abend des 20. November 1873. Vier Gangster, darunter eine Frau, hatten es auf einen wohlhabenden Creek-Indianer namens Watt Grayson abgesehen, der am North Canadian River wohnte. Ihnen fielen $ 30 000 in Gold und $ 12 000 in wertlosem Geld der Konföderation in die Hände. Den Indianer ließen sie am Leben.

Seit diesem Vorfall entstand die Legende um die „Bandit Queen". Ihr wurden, wie in solchen Fällen üblich, mehr Verbrechen nachgesagt, als sie überhaupt begehen konnte. Der schlechte Ruf ließ sie zeitlebens nicht mehr los.

Am 7. April 1874 wurde die San Antonio-Austin-Postkutsche ausgeraubt. Als Anführer der Bande konnte Jim Read identifiziert werden. Vier Monate später erschoß ihn der Deputy Sheriff John T. Morris nahe McKinney.

Bella ging wieder nach Dallas, wo sie alte Freundschaften neu knüpfte. Sie scharte eine Gang von Desperados um

Bella Starr (1848–1889)

sich, die in Texas und im Indianerterritorium ihre Räubereien begingen.

Sie war der uneingeschränkte Führer dieser Banditen, doch wirkte Bella ganz bewußt im Hintergrund. Dank ihres starken Willens, ihrer überlegenen Intelligenz und mit ihrem Sexappeal konnte sie sich bei den rauhen Gesellen in jeder Situation durchsetzen.

Nach einem Zwischenspiel mit einem Cherokee-Desperado namens Blue Duck heiratete Bella am 5. Juni 1880 Sam Starr, ebenfalls ein Cherokee-Renegat. Er gab ihr den Namen, unter dem sie bekannt ist.

Die Familie bezog ein zweiräumiges Blockhaus am Ufer des Canadian River, bekannt als Younger's Bend. Ihr Heim konnte nur durch einen engen, bewaldeten Hohlweg erreicht werden. Dort hielt sich für längere Zeit auch Jesse James auf, der nach dem Northfield-Desaster viel von seinem Einfluß einbüßte.

Wegen Pferdediebstahl angeklagt, hatten Bella und Sam Starr im Februar 1883 in Fort Smith zu erscheinen, wo der bekannte Richter **Isaac Charles Parker** Gericht hielt. Die Geschworenen mußten über eine Stunde beraten, ehe sie beide zu einer einjährigen Haftstrafe verurteilten. Wegen guter Führung konnten sie das Bundesgefängnis in Detroit bereits nach neun Monaten wieder verlassen.

In der Ehe begann es zu kriseln. Bella fand einen Ausgleich in John Middleton, mit dem sie gar eine Flucht nach Arkansas plante. Bald darauf fand man seine Leiche am Ufer des Poteau River, einige Meilen von der Grenze entfernt. Eine Schrotladung hatte sein Gesicht verunstaltet — dem eifersüchtigen Sam konnte man die Tat allerdings nicht nachweisen.

Schließlich fand Sam Starr sein vorbestimmtes Ende. Er geriet mit einem Nachbarn namens Frank West in Streit. Beide zogen fast gleichzeitig ihren Sechsschüsser, und beide fielen dem Schußwechsel zum Opfer.

Bella tröstete sich rasch. Sie heiratete einen 24jährigen Creek-Indianer namens Jim July. Auf ihren Wunsch hin änderte er seinen Namen in Jim Starr.

Am 2. November 1889 brach Jim nach Fort Smith auf, wo er in einem Prozeß aussagen sollte. Bella begleitete ihren Gatten rund fünfzehn Meilen weit, ehe sie sich gegen dreizehn Uhr am nächsten Tag auf den Heimweg machte.

Wenig später begann Pearl Younger nach ihrer Mutter zu suchen, nachdem ihr Pferd reiterlos in Younger's Bend eingetroffen war. Sie konnte Bella nirgends finden.

Gegen 16 Uhr am 3. November 1889 entdeckte ein Farmer namens Mike Hoyt den Leichnam von Bella Starr. Sie lag mit dem Gesicht im Morast der Straße; ihr Tod war durch zwei Schrotladungen in den Rücken verursacht worden.

Jim Starr durfte zur Beisetzung seiner Frau heimkehren. Er beschuldigte einen Nachbarn namens Edgar Watson, der Mörder zu sein, da man sich wegen Landrechten heftig gestritten hatte. Nach dreimonatiger Untersuchungshaft mußte Watson auf freien Fuß gesetzt werden.

Motiv und Täter sind bis heute unbekannt geblieben. Belle Starr, die „Banditenkönigin", war bereits zu Lebzeiten zur Legende geworden.

Johannes Augustus Sutter
1803 — 1880

Der Kaiser von Kalifornien

Die Senoritas im mexikanischen Kalifornien mögen im Sommer 1839 nicht schlecht gestaunt haben, als entlang dem Ufer des Sacramento River eine ungewöhnliche Karawane dahinzog. Sie bestand aus vier Europäern, 150 Kanaken, dreißig Wagen voll Waren und Saatgut, fünfzig Pferden, 75 Maultieren, Kühen und Schafen. An ihrer Spitze ein kleiner, dicker Mann: Johann August Sutter.

Dieser Pionier war am 23. Februar 1803 in Kandern (Großherzogtum Baden) geboren worden, rund zehn Kilometer nördlich von Basel. Sein Vater, Johann Jakob Sutter, besaß im Ort eine gutgehende Papiermühle.

Der Sohn absolvierte eine kaufmännische Lehre und kam in eine Tuchhandlung nach Aarburg (Aargau, Schweiz). Dort lernte er seine spätere Frau, Annette Dübold (1805–1881), kennen.

Johann August Sutter (1803–1880)

Unter Einbeziehung der Mitgift betrieb er ein selbständiges Tuchgeschäft. Im Mai 1834 ging dieses Unternehmen in Konkurs, und Sutter konnte sich einer Festnahme wegen Veruntreuung nur durch Flucht von Bern nach Le Havre entziehen. Frau und Kinder blieben zurück.

Das Land der unbegrenzten Möglichkeiten zog Sutter magisch an. Als Passagier auf einem Raddampfer gelangte er nach New York City, um sich weiter nach St. Louis zu begeben. Er fand im nahen St. Charles eine Bleibe und konnte sich erneut seinem erlernten Beruf als Kaufmann zuwenden.

In den Jahren 1835 und 1836 schloß er sich Handelsgesellschaften nach Santa Fe an, wo er seine Waren gewinnbringend absetzte. Sein Ziel war jedoch Kalifornien — leichter gesagt als getan.

1838 gelangte Sutter mit den Missionaren der Eels-Walker Party nach Oregon. Sie trafen im Oktober in Fort Vancouver ein. Durch den Winter aufgehalten, konnte die Weiterreise erst im Frühjahr fortgesetzt werden.

Über Sitka und Honolulu erreichte Sutter auf einem Segelschiff die San Francisco Bucht, wo er am 1. Juli 1839 an Land ging. Unverzüglich unterbreitete Johann dem Gouverneur Juan Bautista Alvarado und General **Mariano G. Vallejo** seine Pläne.

In Eigenverantwortung bekam Sutter ein großes Stück Wildnis mit der Auflage, es binnen einem Jahr gewinnbringend zu bewirtschaften. Somit kam die eingangs erwähnte Karawane zustande.

Um den 16. August 1839 erreichte die Gesellschaft das Südufer des American River, am Zusammenfluß mit dem Sacramento. Sutter ging ans Werk: Man rodete das Land, pflügte den Boden, zog Bewässerungsgräben, pflanzte Obstbäume und brachte Weinstecklinge in die Erde. So entstand die Kolonie „Nueva Helvetia".

Sutters Erfolg war gigantisch. Die Saaten trugen fünfhundert Prozent. Ungeachtet der fortwährenden Schwierigkeiten in der Provinz entwickelte sich Neu Helvetien zu einem wahren Paradies. Man versorgte nicht nur Vancouver und die Sandwichinseln, sondern auch alle Segler, die in Kalifornien anlegten.

Außerdem stärkte er Gouverneur Alvarado mit seiner „Truppe" den Rücken. Dafür wurde Sutter im August 1841 mexikanischer Bürger, dem nun formell Landbesitz zustand. Weitere Schenkungen folgten, so daß er auf dem Höhepunkt seiner Herrschaft ein Gebiet von rund 6 000 Quadratkilometern (Saarland: 2 568 qkm) besaß.

Bereits ein Jahr zuvor hatte man die Arbeiten am berühmten Sutter's Fort begonnen. In den Umfassungsmauern waren rechteckige Bastionen eingelassen, insgesamt mit achtzehn Kanonen bestückt. Auf diese Weise trug er der unruhigen Zeit Rechnung, ebenso den wild umherziehenden Indianerstämmen.

Neu Helvetien war ein Staat im Staate. Sutter herrschte wie ein „Kaiser" über seinen Besitz. Der Ehrentitel „General", vom neuen Gouverneur Pedro Micheltorena verliehen, stärkte sein Selbstbewußtsein ungemein.

Andererseits stand Sutter's Fort allen Reisenden offen, die sich über die Sierra Nevada Berge einen mühsamen Weg nach Kalifornien bahnten. Als Entschädigung nahm er jeweils ihre Dienste in Anspruch.

Sutters Landsmann Heinrich Lienhard hat in seinen Aufzeichnungen vermerkt:

„Die eingeborenen Arbeiter hatten es recht gut. Sie bekamen reichlich Maisbrei mit Gänsefleisch zu essen; daneben gab es morgens oder abends Rindfleisch, das sie sich über offenen Kohlefeuern zubereiteten. Während ich mich bemühte, mögliche Unterschlagungen an Brot oder Fleisch zu unterbinden, ließ der Boß eine oft unverständliche Freigebigkeit gelten."

Einen ersten Rückschlag mußte Sutter zu Beginn des amerikanisch-mexikanischen Krieges hinnehmen. Captain **John C. Fremont** besetzte den strategisch wichtigen Stützpunkt, der jedoch bald danach seinem rechtmäßigen Besitzer wieder übergeben wurde.

Der Anfang vom Ende kam am 24. Januar 1848, als beim Bau einer Mühle der Zimmermann James W. Marshall das erste Gold fand. Sutter, in dessen Gebiet sein Wort Gesetz war, gab sich keinen Illusionen hin. Er wußte, daß bei Bekanntwerden ein Schwarm von hartgesottenen Prospektoren sein Land überschwemmen würde.

Deshalb versuchte Sutter mit allen Mitteln, die Verbreitung der Nachricht zu unterdrücken — ein unmögliches Vorhaben. Es dauerte nur bis zum Mai, ehe die ersten „Neugierigen" aus San Francisco eintrafen.

Die Bestie Mensch fegte alle mühsam aufgebaute Ordnung dahin. Ohne zu fragen, steckten die Glücksritter ihre Claims wie Giftpfeile in das fruchtbare Land. Sutter sah sich allein gelassen und stand wenige Jahre später vor dem Ruin.

Sein letztes Geld ging mit den Prozessen um seine Rechte verloren. Und um das, was übrig blieb, stritten sich seine Verwandten.

Viel zu spät versuchte die amerikanische Regierung, Johann August Sutter zu rehabilitieren — erst nach seinem Tod am 18. Juni 1880 in Washington, D.C.

William Matthew Tilghman
1854 — 1924

Friedensoffizier in Oklahoma

Zur zweiten Amtseinführung von Präsident Teddy Roosevelt lud man indianische und weiße Persönlichkeiten des Westens zu den Inaugurations-Feierlichkeiten nach Washington ein. Unter ihnen befand sich ein bemerkenswerter Gesetzeshüter. Von Teddy darauf angesprochen, wie er die bewegte Zeit so unbeschadet überstehen konnte, gab der Angesprochene selbstbewußt zu verstehen:

„Es ist kein Geheimnis, daß ich viele Desperados und Gefechte mit Banditen überlebt habe. Ich besitze die Fähigkeit, ein Sechzehntel einer Sekunde schneller zu ziehen als mein Gegenüber. Nur auf diese Weise ist es mir möglich gewesen, dem Gesetz zur Geltung zu verhelfen."

Diese Antwort stammt von William Matthew Tilghman, der am Unabhängigkeitstag des Jahres 1854 in Fort Dodge (Iowa) zur Welt kam. Seine Eltern waren William M. und Amanda Shepherd Tilghman. Der erste Vorfahr dieses Namens hatte sich rund 200 Jahre zuvor, aus England kommend, in Maryland angesiedelt. Somit handelte es sich „um alten Neuengland-Adel".

Mit dem Kleinkind und seinen Geschwistern auf einem Planwagen zog die Familie im Sommer 1857 auf eine Farm in der Nähe von Atchinson (Kansas). Es ging ihnen nicht schlecht, obwohl sie immer wieder unter den Streitigkeiten zwischen Sympathisanten der Nord- und Südstaaten zu leiden hatten.

Mit Ausbruch des Bürgerkrieges blieb dem Vater und den ältesten Brüdern keine andere Wahl, als sich den regulären Verbänden der Union anzuschließen. Der kleine Bill mußte nun, als einziges männliches Wesen, den Hausherren vertreten — zumindest zeitweise. Denn die Mutter hatte sich noch um vier jüngere Schwestern zu kümmern.

Von frühester Jugend an lernte Bill den Gebrauch von Schußwaffen, an der Grenze ein notwendiges Übel. Im Laufe der Jahre perfektionierte er die Handhabung des Revolvers, der später zu seinem Handwerkszeug gehörte.

Als Sechzehnjähriger zog Tilghman, in Begleitung von drei gleichaltrigen Burschen, erstmals ins Büffelland, wo sie gute Beute machten. Auf dem Rückweg mußten sie um ihre kostbaren Felle bangen, als ihnen Comanche-Indianer begegneten.

Im nächsten Jahr (1871) beschloß Bill, sich in Fort Dodge (Kansas) selbständig zu machen. Schon bald gehörte er zu den erfolgreichsten Büffeljägern. Obwohl er nachweislich mehr Tiere erlegte als **William F. Cody,** machte er nicht so viel Propaganda für sich.

Die Kenntnisse des Landes und seiner Ureinwohner trugen ihm die Anstellung als Armeescout im Militärdepartement der Southern Plains ein.

Tilghman dachte frühzeitig an seine Zukunft: Von seinen Einkünften kaufte er sich ins Viehgeschäft ein. Auch als Viehzüchter wurde er sehr erfolgreich.

Schließlich wandte sich Bill seiner eigentlichen Berufung zu. 1877 ernannte ihn **William „Bat" Masterson** zum Deputy Sheriff im Ford County. Seine Popularität trug ihm einige Monate später die Ernennung zum Town Marshal von Dodge City ein; die Bürger hatten Ed Masterson durch Mörderhand verloren.

Im Alter von 24 Jahren heiratete der allseits geschätzte Gesetzeshüter ein nettes Mädchen namens Flora Kendall. Sie erwarben eine Ranch am Arkansas und trieben gewinnbringend Viehzucht. Zwischendurch verdingte sich Bill als Lawman, und da er alle Aktionen stets im Sinne von Gesetz und Ordnung über die Bühne brachte, vergrößerte sich sein Ruhm.

Bill Tilghman (1854–1924) um 1902

Tilghman war groß von Gestalt. Sein Benehmen entsprach dem eines Gentleman. Seine aufrichtige Freundschaft war bekannt, und es wird gesagt, daß er in Kinder ganz vernarrt gewesen sei. Und er hat, obwohl er es sich später leisten konnte, jeden Luxus gemieden.

Neben seinen vielen Beschäftigungen fand Tilghman noch genügend Zeit, sich ein ausgeprägtes Wissen über die bewegte Geschichte des amerikanischen Westens anzueignen. Nahezu akzentfrei beherrschte er die spanische Sprache, was ihm Sympathien bei den mexikanischen Mitbürgern eintrug.

Sein Ruf als mutiger und unerschrockener Mann verbreitete sich über die Ebenen. Schon sein bloßes Auftreten rief Respekt und Ansehen hervor.

Die Zeit verging, an den Grenzen wurde es ruhiger. Am 22. April 1889 erfolgte der erste Ansturm von Neusiedlern auf das letzte freie Land im Indianerterritorium. Tilghmans Aufgabe bestand darin, wenigstens einigermaßen für Ruhe zu sorgen. Als Dank überließen ihm die Landsucher einen Teil der abgesteckten Claims einer Siedlung namens Guthrie.

Zwei Jahre später nahm Tilghman in der Nähe von Chandler seinen ständigen Wohnsitz, wo er sich eine gutgehende Ranch schuf. Aber an Zurückgezogenheit war noch längst nicht zu denken.

Anfang 1892 wurde Tilghman vom Justizministerium zum stellvertretenden United States Marshal unter Evert Nix bestimmt. Obwohl er sich offen zur Demokratischen Partei bekannte, blieb er nahezu zwanzig Jahre im Amt der zumeist republikanischen Bundesregierungen. Zusammen mit Heck Thomas und Chris Madsen bildeten sie das Gesetzestrio, genannt die „Wächter von Oklahoma".

In dieser Eigenschaft hatte es Tilghman mit den letzten Outlaws im herkömmlichen Sinne zu tun, z. B. mit der Doolin- und **Dalton**-Gang. Nach der Ausschaltung dieser Banden war die wilde Zeit des Westens vorüber.

Einer der größten Schicksalsschläge für Tilghman war zweifellos der Tod seiner Frau Flora, die ihm vier Kinder schenkte. Der begehrte Junggeselle heiratete am 15. Juli 1903 Zoe Agnes Stratton. Aus dieser zweiten Ehe sind weitere drei Kinder hervorgegangen. Aber was besonders wichtig ist: Mrs. Zoe A. Tilghman hat eine bemerkswerte Biographie über ihren Mann hinterlassen.

Die Ehrungen nahmen kein Ende. 1910 wurde er in den Senat des neuen Staates Oklahoma gewählt. Als ihm allerdings im nächsten Jahr die Stadtverwaltung von Oklahoma City den Posten des „Chief of Police" anbot, ließ Tilghman von seiner politischen Karriere ab, um sich dem Polizeidienst voll zu widmen. Aus privaten Gründen hat er sich 1914 nicht wieder zur Wahl aufstellen lassen.

New York City, die erste Filmmetropole Nordamerikas, besann sich mit Vorliebe der Taten der überlebenden „Westernhelden". 1915 war Tilghman beteiligt am Zustandekommen des Stummfilmes „The Passing of the Oklahoma Outlaws". Jahrelang zog er mit dem Film und den Hauptdarstellern durch die Lande.

Der unverwüstliche Bill hatte sich bereits ins Privatleben zurückgezogen, als ihn im August 1924 der Ruf der Bürger von Cromwell erreichte. In der Nähe der Siedlung war Öl gefunden worden, und manch zwielichtige Gestalten überschwemmten das Gebiet.

Obwohl bereits siebzig Jahre alt, akzeptierte er die Ernennung zum Town Marshal. Drei Monate später, am 1. November 1924, wurde Bill Tilghman von einem Killer namens Wiley Linn auf offener Straße hinterrücks erschossen. Er fand auf eine Weise den Tod, wie er sie für einen Westmann angemessen hielt.

Über den Tod hinaus sorgte William Matthew Tilghman für Schlagzeilen. Gouverneur M. E. Trapp gab Anordnung, die sterblichen Überreste in die Hauptstadt nach Oklahoma City zu überführen und den Leichnam im Kapitol aufzubahren. Eine riesige Menschenmenge war bei der Beisetzung zugegen.

Zoe Agnes Tilghman und mehrere Kinder überlebten den berühmten Vater — Amerikas größten Friedensoffizier.

Mariano Guadalupe Vallejo
1808 — 1890

Der Gefangene der „Bear Flag"-Revolte

„Mr. Ide war ein aktiver und energischer Mann, der viele gute, aber auch utopische Ideen hatte. Er machte sich oft recht unbeliebt, so daß die Bärenflaggen-Republik schließlich von einem Rat geleitet werden mußte. Alle Aufständischen waren sichtlich froh, als reguläre Streitkräfte das ganze übernahmen." (William Baldridge, 1846)

Mariano Guadalupe Vallejo gehörte zweifelsohne zu den prominentesten Bürgern Kaliforniens. Der Sohn von Ignacio Vallejo und Maria Antonia Lugo war am 7. Juli 1808 in Monterey zur Welt gekommen. Wie in aristokratischen Familien üblich, sollte er die Laufbahn als Offizier einschlagen.

Mit fünfzehn Jahren kam Mariano als Kadett an die örtliche Militärakademie, die er 1827 als Fähnrich verließ. Er wurde Kommandant einer Kompanie im Presidio in San Francisco und konnte sich bei der Niederschlagung des Estanislao-Indianeraufstandes zwei Jahre später auszeichnen.

Von nun an hat Vallejo einen festen Platz in der Geschichte. Aus Dank für seine rasche Hilfe wählten ihn die Bürger in den territorialen Kongreß — als Offizier hätte er die Wahl nicht annehmen dürfen.

Während in Mexiko die politischen Verhältnisse in Revolutionen ausarteten, nahmen die Kalifornier ihr Geschick in eigene Hände. Sie setzten den mexikanischen Gouverneur Manuel Victoria ab, den sie durch José Figueroa ersetzten.

Im gleichen Jahr, am 6. März 1832, heiratete er Maria Francisca Felipa Benicia Carrillo aus San Diego. Aus dieser harmonischen Verbindung sind siebzehn Kinder hervorgegangen.

José Figueroa beauftragte seinen engen Freund Vallejo mit der Durchführung einer Expedition in das nördliche Grenzgebiet, wohin bislang nur die Russen von Fort Ross aus vorgedrungen waren. Mariano fand ein gutes Verhältnis zu den russischen Pelzhändlern, die sich nicht in kalifornische Belange einmischen wollten.

Dagegen konnte Don Vallejo berichten, daß kriegerische Indianer eine ständige Gefahr für diese Region darstellten. Außerdem mußte man mit weiteren amerikanischen Einwanderern rechnen. Diesen beiden unerfreulichen Entwicklungen sollte wirksam ein Riegel vorgeschoben werden.

Gouverneur Figueroa ordnete die Errichtung eines Militärpostens an. Befehlshaber der neuen Garnison Sonoma

Mariano Vallejo (1808—1890)

wurde General Vallejo. Er organisierte die Grenzverteidigung und schuf ein System zur Kontrolle der Indianer. Im Norden Kaliforniens kehrte bald Ruhe ein.

1835 starb Figueroa, dem der Zentralist Mariano Chico nachfolgte. Daraufhin unterstützte Vallejo seinen Neffen Juan Bautista Alvarado (1809—1882), der im nächsten Jahr den „Freistaat Kalifornien" proklamierte. Mariano wurde Befehlshaber der Truppen.

Vallejo herrschte in seinem „halbautonomen Reich" wie ein Patriarch. Spätere Versuche, seine Machtbefugnisse zu beschneiden, schlugen fehl. Abgesandte aus der Hauptstadt mußten mit ihrer Festnahme rechnen, wenn sie ungebeten in Sonoma erschienen.

Dagegen gestattete Vallejo amerikanischen Familien, sich in seinem Gebiet niederzulassen. Die Anwesenheit der **Fremont**-Expedition ermutigte seinen politischen Gegner, einen ehemaligen Mountain Man namens Ezekiel Merritt, sich mit einem Dutzend Yankee aus **Sutter**'s Fort in ein planloses Abenteuer einzulassen — die „Bear Flag"-Revolte.

Man faßte den Beschluß, Sonoma zu „erobern". In der Morgendämmerung des 14. Juni 1846 besetzten die Gringos die Ortschaft, welche nur aus einigen Adobehäusern bestand. Diese Ansiedlung hätte auch von Tom Sawyer oder Huckleberry Finn (Mark Twains Romanfiguren) eingenommen werden können.

Die Besetzer überraschten Vallejo im Schlaf. Seine Wache leistete keinen Widerstand. Man weckte den General und eröffnete ihm, daß er ihr Kriegsgefangener sei. Mariano blieb gelassen und ließ den Americanos Brandy und Gebäck servieren. Dann begannen sie gemeinsam über die neue Situation zu sprechen.

Eroberer und Gefangene setzten sich an einen Tisch. Sie verfaßten eine Proklamation zur Gründung der „Republik Kalifornien", als deren Präsident William B. Ide ausgerufen wurde. Die „Ein-Dorf-Nation" benötigte, wie jeder autonome Staat, auch eine Flagge.

Auf ein weißes Hemd malte man mit roter Farbe in die linke obere Ecke einen fünfzackigen Stern und in die Mitte einen Bären. Das Tier sah so dick und fett wie ein Schwein aus. Unter den Bären schrieb man die Worte ‚California Republic' — und die „Bear Flag" konnte gehißt werden.

Das Unternehmen amerikanischer Abenteurer ging am 9. Juli 1846 zu Ende, nach 25 Tagen, als Marinesoldaten Sonoma formell für die Vereinigten Staaten in Besitz nahmen. Auf dem Plaza wurde das Sternenbanner aufgezogen. Damit begann die weitere Eroberung Kaliforniens durch U.S. Verbände.

General Vallejo, sein Bruder Salvador und siebzehn Bürger aus Sonoma verbrachten zwei Monate in der Gefangenschaft des unberechenbaren Fremont. Sie trugen in dieser Zeit in Sutter's Fort keinen Schaden davon, lediglich eine „konfiszierte" Rinderherde war zu beklagen.

In der Folge setzte sich Vallejo für eine rasche Aufnahme Kaliforniens in den Verband der Union ein. 1849 wurde er in die verfassunggebende Versammlung und schließlich zum ersten Senator gewählt.

In späteren Jahren hat er sich einer „Historia de California" gewidmet, die leider unvollendet geblieben ist. Er war berühmt für seine Gastfreundschaft und sein Haus stets ein Treffpunkt des Geisteslebens.

Am 18. Januar 1890 starb Mariano Guadalupe Vallejo in Sonoma. Mit seinem Ableben war die gute alte Zeit in Kalifornien vorüber.

Henry Wells
1805 — 1878

und

William George Fargo
1818 — 1881

Frachtunternehmer im Westen

Das bekannteste Expreß-Unternehmen im Fernen Westen war Wells/Fargo & Company. Es ist allerdings fast in Vergessenheit geraten, daß es sich hierbei um zwei Partner gehandelt hat.

Henry Wells erblickte am 12. Dezember 1805 in Thetford (Vermont) das Licht der Welt. Sein Vater, ein presbyterianischer Geistlicher namens Shipley Wells, zog wenig später auf eine Farm in Zentral-New York.

Der Junge besuchte eine Schule in Fayette und kam mit sechzehn Jahren in die Dienste einer Gerberei und Schuhmacherei in Palmyra — Heimat des ersten Mormonen-Präsidenten **Joseph Smith.**

Anno 1841 trat die entscheidende Wende in Wells Leben ein. Er wurde Agent von Hardens Expreß Company, die zwischen New York City und Albany verkehrte. Binnen kürzester Zeit war er Teilhaber der Firma Livingston, Wells & Pomeroy, die Passagiere und Fracht von Albany nach Buffalo beförderte.

Henry Wells (links) und William Fargo

Wells tat den wohl entscheidenden Schritt in dieser Art von Geschäft: Er arbeitete eng mit den Eisenbahngesellschaften zusammen, wodurch deren natürliche Konkurrenz vermieden werden konnte. Und mit Dumping-Preisen gestaltete er einen sehr lukrativen Postversand. Ein Brief kostete sechs Cents, für einen Dollar wurden zwanzig Stück befördert — der Postdienst der Regierung war zwei- bis dreimal so teuer.

1844 nahm Wells & Company den Verkehr zwischen Buffalo und Detroit auf.

Sein Kompagnon war William George Fargo, am 20. Mai 1818 in Pompey (New York) geboren. Das Unternehmen beförderte seine Fracht im Sommer auf Dampfschiffen der Großen-Seen-Flotte und in Wagen und Kutschen während des Winters.

Die Ausdehnung gen Westen ging weiter, nach Chicago, Cincinnati und St. Louis.

Beide Geschäftspartner waren bemüht, weitere Gesellschaften aufzukaufen. Schließlich schloß man sich 1850 zur American Expreß Company zusammen. Henry Wells wurde ihr Präsident für die nächsten achtzehn Jahre, ehe W. G. Fargo die Geschicke dieses Unternehmens in seine Hände nahm.

In den Gründerjahren hatte der Goldrausch in Kalifornien einen ersten Höhepunkt erreicht. Es lag auf der Hand, die Interessen der Gesellschaft über den Missouri hinaus bis zum Pazifik auszudehnen. Der entscheidende Schritt zum Staaten verbindenden Expreß-Unternehmen war getan.

Fünf Jahre später (1857) nahm John Butterfield einen Überland-Dienst auf einer südlichen Route durch New Mexico und Arizona nach Kalifornien auf, wobei er die Interessen von Wells/Fargo in diesem Gebiet vertrat. Beide waren gegen Ende ebenso am Pony Expreß beteiligt.

Die Firma eröffnete Banken und übernahm den Transport des kalifornischen Goldes per Schiff nach Osten. Darüber hinaus entstanden private Postdienste. Fenton Whiting betrieb im Winter den „California Dog Expreß" mit Schlittenhunden, und John A. „Snowshoe" Thompson überquerte die Berge der Sierra Nevada auf selbstgefertigten Schiern.

1859 gab es 159 Wells/Fargo-Stationen an der Westküste und das Geschäft konnte auf die Minenbezirke in Nevada ausgedehnt werden. Das Unternehmen stellte das zuverlässigste Bindeglied zwischen dem Fernen Westen und dem Rest der Nation dar.

Bald darauf brach der Bürgerkrieg aus, der den vorhandenen Aktivitäten keinesfalls einen Abbruch tat. Passagiere und Fracht mußten weiterhin in die entlegensten Gebiete im Westen transportiert werden.

Das Jahr 1868 brachte bemerkenswerte Veränderungen: Die bevorstehende Vollendung der transkontinentalen Eisenbahnverbindung führte zu neuen Überlegungen. Wells und Fargo konnten für 1,8 Millionen Dollar die restliche Konkurrenz in Ost und West ihrem Imperium einverleiben und sich somit in die Eisenbahngesellschaften einkaufen.

Wells zog sich persönlich immer mehr aus dem Unternehmen zurück und machte sich als Mäzen einen Namen. Zahlreiche Schulen tragen bis heute seine Bezeichnung. Henry Wells starb am 10. Dezember 1878 in Glasgow (Schottland). Seine Gebeine ruhen in Aurora im Staate New York.

Fargo, der nun die Geschicke der Gesellschaft leitete, war während des Krieges als Bürgermeister von Buffalo tätig gewesen. Trotz aller Popularität blieben seine Bemühungen um einen Senatssitz vergebens. In England wären beide ins Parlament eingezogen und mit Ehrentiteln überhäuft worden.

Sechs seiner Brüder und ein Schwager waren ebenfalls im Expreß-Geschäft tätig. William George Fargo verschied am 3. August 1881 in Buffalo.

Es ist bemerkenswert, daß weder Wells noch Fargo jemals den Fernen Westen kennenlernten. Schiffe, Wagen und Eisenbahnen wurden von ihnen, vom Schreibtisch aus, gleichsam wie an Zügeln über das Land geführt.

Ihr Unternehmen, das sie unsterblich gemacht hat, trug wesentlich zur „Eroberung" des Landes bei. Es hatte auch nach dem Tode der beiden Gründer weiterhin Bestand.

Zu den bekanntesten Wells/Fargo-Postkutschenfahrern gehörte „Old Charley" Parkhurst. Als „er" 1879 starb, stellte sich heraus, daß es sich um eine Frau handelte.

Innerhalb von zehn Jahren raubte ein Gentleman 28 Wells/Fargo-Kutschen aus. Detektive der Gesellschaft konnten ihn 1883 zur Strecke bringen. Er ist als „Black Bart" in die Geschichte eingegangen.

Dr. Marcus Whitman
1802 — 1847
Missionare in Oregon

„Er ist ein edler Pionier und befähigter Mann, der es schaffen kann, mit seiner Moral ein Empire in der Wildnis zu errichten." (Horace Greeley, 1843)

Diese Beschreibung bezieht sich auf Marcus Whitman, Arzt, Missionar und Pionier. Er stammte aus Rushville (New York), wo er als dritter Sohn von Beza und Alice Green Whitman am 4. September 1802 geboren wurde. Seine Vorfahren gehörten zu den frühen Siedlern in Neuengland.

Nach einer guten Schulbildung studierte er Medizin bei Dr. Ira Bryant, nachdem er sein Praktikum in Kanada und Wheeler (New York) gemacht hatte. Marcus war dreißig Jahre alt, als er dem American Board of Commissioners for Foreign Missions beitrat.

Im Dezember 1834 unterbreitete Whitman den Plan, als Arzt und Lehrer nach Oregon zu gehen. Das Amt griff seine Anregung auf. In Begleitung von Reverend Samuel Parker sollten sie die Voraussetzungen für eine intensive Missionsarbeit erkunden.

Die beiden Männer schlossen sich einem Packzug zum jährlichen Trappertreffen in den Bergen an. Dort hieß man die Gäste willkommen. Whitman gewann den Respekt der Mountain Men, indem er **Jim Bridger** eine Pfeilspitze aus dem Rücken entfernte. Als der Arzt den Veteranen der Fallensteller fragte, wie er über so viele Jahre eine Infektion vermieden habe, entgegnete Jim gelassen: „Fleisch verdirbt nicht in den Bergen!"

Nach dem Juli-Rendezvous am Green River, wo sie mit zahlreichen Indianern zusammengetroffen waren, kehrte Whitman in den Osten zurück. Er brachte die Information mit, daß die Stämme Missionare benötigten. Außerdem konnten Frauen und Wagen auf dieser Überlandroute in den pazifischen Nordwesten gelangen.

Whitmans Überlegungen beruhten auf der Hoffnung, daß sich seine Auffassung auch wirklich realisieren ließe. Er war verliebt und träumte von einem gemeinsamen Heim mit Missionsstation. Anfang Februar 1836 heiratete er die reizende Narcissa Prentiss in Angelica (New York), die wie er dem American Board angehörte.

Der Kongregationalist Marcus und seine 28jährige Frau machten sich auf den Weg in die Wildnis. In ihrer Begleitung befanden sich Reverend Henry Harmon Spaulding mit Frau und ein Laie namens William H. Gray, Whitmans Assistent. Hinzu kamen zwei Indianerjungen, vom Rendezvous in die „Zivilisation" mitgenommen, die sich um ihr Vieh und die Packtiere kümmerten.

Bis zum Green River reiste die Gesellschaft unter dem Schutz der American Fur Company, wobei **Tom Fitzpatrick** als ihr Führer fungierte. Dann schlossen sie sich einer Karawane der Hudson's Bay Company nach Fort Vancouver an.

Der beschwerliche Weg und der Mangel an Frischfleisch machten den Amerikanern zu schaffen. Wagen waren bislang noch nicht über Fort Hall hinausgekommen. Narcissa schrieb öfters in ihr Tagebuch: „Mein Mann hat sich schon wieder der nichtsnutzen Arbeit zugewendet, das Gefährt in Stand zu setzen."

Whitmans Ehrgeiz bestand darin, mit dem ersten Wagen

Die Whitman-Mission bei Walla Walla

in Oregon einzutreffen. In Fort Boise, kurz vor dem Ziel, mußte er sein leichtes Gespann zurücklassen. Doch er hatte den Nachweis erbracht, daß Wagen den Oregon Trail befahren konnten. Es war nurmehr eine Frage der Zeit.

Mit „den ersten weißen Frauen auf der Überlandroute" traf die Whitman Party am 1. September 1836 in Fort Vancouver ein, nach sechseinhalbmonatiger Reise. Dabei hatten sie fast 6 400 Kilometer zurückgelegt.

Vor Einbruch des Winters gingen die Pioniere daran, sich

in der Fremde eine feste Bleibe zu errichten. Die Whitmans und W. H. Gray schlugen im Walla Walla Valley die Waiilatpu Mission bei den Cayuse-Indianern auf; die Spauldings erwählten Lapwai als ihre Station.

Die Arbeit unter den Indianern war erfolgreich. Neben religiösen Belangen lehrte Whitman den Ureinwohnern, wie sie durch Regulierung der Wasserläufe eine Farm kultivieren, Vieh züchten, feste Häuser errichten und „die natürlichen Vorzüge der Zivilisation" kennenlernen konnten.

Meinungsverschiedenheiten innerhalb des American Board führten dazu, daß eine Station aufgegeben und ein Teil der Betreuer nach Hause zurück beordert wurden. Whitman war sicher, daß es sich um Mißverständnisse handeln müsse.

Ein Mann hatte sich persönlich nach Boston zu begeben. Schließlich galt es, das Oregon-Gebiet für Amerika zu bewahren. So kam es zu einer Winterreise, die Geschichte machte.

Am 3. Oktober 1842 brach Whitman, in Begleitung von A. L. Lovejoy, zum Ritt über die Berge auf. Man wollte binnen zwei Monaten am Missouri anlangen. Aber in Fort Hall erfuhren sie, daß feindliche Indianer den Oregon Trail bedrohten.

Daraufhin schwenkten die Reiter nach Süden ab und gelangten nach Taos und Bent's Fort. Sie hatten unter Kälte und Schnee zu leiden. Doch im April erreichten beide Boston, wo sie dem American Board einen authentischen Bericht vorlegten.

Whitman machte sich unverzüglich auf den Rückweg. Er traf auf nahezu tausend Auswanderer, die sich über die Anwesenheit des erfahrenen Pioniers freuten. Marcus wurde ihr Führer. Und es gelang ihm tatsächlich, erstmals Wagen nach Oregon zu geleiten.

Immer mehr Weiße strömten ins Indianerland, die alle möglichen Zivilisationskrankheiten einschleppten. Darunter waren die Masern, die sich unter den Eingeborenen zu einer wahren Epidemie ausweiteten. Während die Kinder der Siedler wieder gesundeten, starben die Papoose wie die Fliegen.

Die Medizin des weißen Doktor Whitman schien ausgerechnet bei den Cayuse keine Wirkung zu zeigen. Diesem bösen Treiben mußte Einhalt geboten werden. Häuptling Tiloukaikt erschien mit seinen Kriegern am Morgen des 29. November 1847 in Waiilatpu. Sie trafen Marcus Whitman in seinem Arbeitszimmer, schlichen sich von hinten heran und schlugen ihm mit einem Tomahawk den Schädel ein.

Dem Massaker fielen 11 Männer, eine Frau (Narcissa) und zwei Kinder zum Opfer. 47 Weiße gerieten in Gefangenschaft, darunter Mary Ann, die adoptierte Tochter von Jim Bridger. Dr. John McLoughlin von der HBC konnte sie jedoch freikaufen.

Der nachfolgende Cayuse-Krieg führte zur endgültigen Ausrottung des Stammes.

Henry Wickenburg
1819 — 1905

Die Geschichte der Vulture-Goldmine

Der Goldrausch in Kalifornien ist eng verbunden mit dem Namen des **Johann August Sutter,** wodurch die größte Völkerwanderung der amerikanischen Geschichte ausgelöst wurde. Über Nacht strömten Glücksritter und Abenteurer zum neuen Eldorado am Pazifik.

Es sollte ebenfalls einem Deutschen vorbehalten bleiben, im benachbarten Arizona von sich reden zu machen.

Johannes Heinrich Heinsel wurde am 21. November 1819 in Holsterhausen bei Essen geboren. Er lernte Mineralogie, und mit zwanzig Jahren entdeckte er ein ausgedehntes Kohlelager auf dem Grundstück seines Vaters.

Es liegt nahe, daß Heinsel seine Heimat aus politischen Gründen verließ. Über New York City und Kap Hoorn gelangte er nach San Francisco. Den Landweg hatte er wegen des Bürgerkrieges gemieden.

Europa lag für immer hinter ihm, und nun wollte er auch ein ganz neues Leben beginnen. Deshalb änderte Heinrich Heinsel seinen Namen in „Henry Wickenburg" um.

Da kam ihm das Gerücht zu Ohren, wonach ein gewisser Pauline Powell Weaver eine Goldader entdeckt habe. Unverzüglich brach er nach La Paz am Colorado River auf.

Im Spätsommer 1862 hielt sich Weaver in der gefährlichen Apacheria von Zentral-Arizona auf. Gerade dorthin wollte sich nun Wickenburg, das Greenhorn, begeben. Auf dem sogenannten „Weg der Gräber" gelangte Henry ins Indianergebiet.

Schließlich fand er Weaver im Peeples Valley — 200 Meilen durch das Land der Apache lagen hinter ihm. Mit dieser Tat beeindruckte der einsame Reiter aus Deutschland die erfahrenen Trapper ungemein. Ohne Umschweife trug er sein Anliegen vor:

„Du bist Weaver?"
„Ja!"
„Ich heiße Wickenburg."
„Well."
„Laß uns nach Gold suchen!"
„Allright, Wickenburg."
„Wo wollen wir zuerst suchen, Weaver?"
„Well. In den Harquahala Mountains."
„Welche Richtung?"
„Südwesten."
„Laß uns gleich morgen aufbrechen, Weaver."
„Allright, Wickenburg."

Am nächsten Tag brachen sie gemeinsam in die Harquahala Mountains auf. Das Unternehmen war jedoch eine einzige Enttäuschung, denn es konnten keine nennenswerten Funde getätigt werden.

Einige Wochen später zog Wickenburg zum Hassayampa River. Ein Tonto-Apache hatte ihm von „einem Berg aus purem Gold" berichtet. Und am Rich Hill stieß er tatsächlich auf „Goldklumpen, so groß wie Hagelkörner". Henry fand Nuggets im Wert von $ 200 000 — der Grundstock zu seinem Vermögen.

In den Monat Oktober des Jahres 1863 fällt die Entdeckung der Vulture Mine: eine der bedeutendsten Goldminen in der amerikanischen Geschichte.

Nach der Legende soll Wickenburg eines Tages einen Schatten über seinem Haupt bemerkt haben. Als er aufsah, erblickte er einen Geier (eng.: vulture), der am blauen Him-

Wickenburg, Arizona

mel seine Kreise zog. Das Tier stieß zur Erde nieder und setzte sich auf einen nahen Felsen. An dieser Stelle wurde Henry fündig.

Im nächsten Jahr ging Wickenburg daran, eine Mühle zum Zerkleinern des Gesteines zu bauen. Der Tagesrekord der Mine lag bei $ 3 000 bzw. $ 21 000 in einer Woche.

Nahe der Mine entstand eine Niederlassung namens Wickenburg, die sich zu einer blühenden Gemeinde entwickelte. Outlaws verübten mehrere Überfälle auf Goldtransporte, für deren Schutz das Frachtunternehmen von „**Wells**, Fargo & Company" verantwortlich zeichnete.

Ursprünglich gab es in der Ortschaft kein Gefängnis. Delinquenten kettete man an die sogenannte „Jail Tree", die in der Mitte der Hauptstraße stand. Eines Tages wurde ein gewisser George Sayer zwecks Ausnüchterung festgemacht. Am nächsten Morgen verlangte er nach einem Drink. Als seine kräftige Stimme ungehört verhallte, nahm er die Angelegenheit, und das darf wörtlich genommen werden, in seine Hände. Der hühnenhafte Kerl riß den Baum aus der Erde und ging damit zum nächsten Saloon, wo er sich einen großen Whiskey bestellte. Sayer bekam sein Getränk.

Ein Dammbruch, der achtzig Menschen tötete, führte zur Vernichtung der Wickenburg Ranch. In den folgenden Jahren hörten die Leute Henry verbittert sagen, daß er des Lebens überdrüssig sei.

Bei Sonnenuntergang am 14. Mai 1905 fand man Henry Wickenburg an jener Stelle liegend, an der er erstmals auf den Hassayampa River gestoßen war. Ein Revolver in seiner Hand und ein Loch an der rechten Stirnseite führten zu der Annahme, daß der alte Mann Selbstmord begangen habe.

In der Stadt Wickenburg lebten 1970 genau 2 445 Personen; Haupteinnahmequelle ist der Tourismus.

Brigham Young
1801 — 1877

Ein Denkmal im Westen: Utah

Ein Wink des Schicksals scheint es zu sein, daß seine Eltern stets unbewußt in unmittelbarer Nähe des Religionsstifters **Joseph Smith** siedelten.

Brigham Young, am 1. Juni 1801 in Whitingham (Windham County, Vermont) geboren, befand sich von Jugend an auf der Suche nach der wahren Religion. Vater und Mutter, John und Abigail Howe Young, waren gläubige Farmer.

In seinem Leben hat Brigham nur zwei Monate lang eine Schule besucht. Da er handwerklich begabt war, brachte er es als Zimmermann, Glaser und Landwirt zu einem angesehenen Geschäftsmann.

Mit nahezu dreißig Jahren bekam Young ein Exemplar des von Smith übersetzten „Buch Mormon" in die Hände, dessen Inhalt ihn gefangennahm.

Nach zweijährigem Studium dieses Werkes fühlte er sich den Mormonen zugehörig und bekannte sich zu ihrer Lebensphilosophie. Einmal dazu entschlossen, sollte fortan sein ganzes Leben dieser Weltanschauung gewidmet sein. Am 14. April 1832 erfolgte in Mendon (Ohio) die Taufe.

Begeistert und aktiv folgte Brigham den noch ruhelosen Glaubensbrüdern nach Missouri und Nauvoo in Illinois. Als im Februar 1835 der „Rat der Zwölf Apostel" geschaffen wurde, war er einer der Auserwählten — an dritter Stelle der Rangordnung.

In den folgenden Jahren unternahm Young ausgedehnte Missionsreisen, und zwar nicht nur auf dem amerikanischen Kontinent, sondern auch in England.

Danach bereitete er den Wahlkampf von Joseph Smith zum Präsidenten der Vereinigten Staaten vor. Dessen gewaltsamer Tod im Juni 1844 in Carthage machte die Kirche führerlos.

Eine Katastrophe wäre über die Mitglieder gekommen, hätten sie in dem tatkräftigen und energischen Young keinen so unerschütterlichen Stützpfeiler gehabt. Seinem mitreißenden und überzeugenden Redetalent war es zu verdanken, daß die Gemeinde nicht im Chaos unterging.

Die Gewißheit einer steten Vertreibung und das Gespür, bei den Landsleuten eigentlich unerwünscht zu sein, hielten seinen Instinkt wach für die Dinge, die zu geschehen hatten.

Als Ratsältester der „Zwölf Apostel" besaß seine Stimme das größte Gewicht, und somit stand er unausgesprochen schon damals als Nachfolger von Joseph Smith fest.

Die Rechnung der „Nichtgläubigen", die Mormonen durch die Ermordung ihres Anführers zugrunde zu richten, war nicht aufgegangen. Trotzdem wurde versucht, sie mehr und mehr aller Rechte zu beschneiden. Brigham Young konnte schließlich eine Übereinkunft erreichen, mit dem Versprechen, sich zukünftig weiter westlich zu orientieren.

Brigham Young (1801—1877)

Der erste größere Zug in die neue Heimat verließ Nauvoo im Februar 1846. Über den gefrorenen Mississippi zog man nach Westen. Gegenüber dem heutigen Omaha entstand Winter Quarters, der Sammelplatz für 16 000 „Heilige".

Daß an diesem Ort keine dauerhafte Bleibe war, erkannten die Vertriebenen bald. 700 Menschen überlebten nicht die erste kalte Jahreszeit. Es mußte ein Land gefunden werden, das so abgelegen war, daß kein Nichtgläubiger es in Besitz nehmen wollte.

So stöberte Young in alten Forschungsberichten (anscheinend auch von **Jed Smith** und **Fremont**) die nur schwer zu erreichende und angeblich unfruchtbare Ebene mit dem Salzsee in seiner Mitte auf — zur neuen und endgültigen Heimat erkoren.

Mit einem kleinen Voraustrupp — 143 Männer, drei Frauen, zwei Kinder und 73 Wagen — machte sich Young auf den Weg ins gelobte Land. Dieser Pfad ist als Mormon Trail (nördlich des Platte River) in die Geschichte eingegangen.

Unter unsagbaren Strapazen erreichten die Suchenden am 24. Juli 1847 ihr Ziel: „Das ist der Platz!" Später interpretierte Brigham diese Worte dahingehend: „Der Geist des Herrn kam über mich und schwebte über dem Tal. Ich fühlte, daß die Heiligen nur hier Schutz und Sicherheit finden würden."

Mit Feuereifer ging man daran, nicht nur die ersten Behausungen zu errichten, sondern vor allem die erste Saat in die Erde zu bringen. Alles schien zum Besten zu gelingen.

Brigham Young, noch im gleichen Herbst bei den zurückgelassenen Brüdern angekommen, wurde mit der guten Nachricht auf eine dauerhafte Bleibe offiziell zum Kirchen-Präsidenten (5. Dezember 1847) erhoben.

Die Ernte des Jahres 1848 sollte schicksalhaft werden. Das in voller Frucht stehende Getreide wurde von Millionen von Heuschrecken bedroht, und alle glaubten an eine göttliche Strafe, als sich, wie ein Symbol, große Scharen von Seemöwen auf die Schädlinge stürzten und den verzweifelten Gläubigen das Recht auf ihre Heimat vor Augen führten.

Brigham Young wurde Gouverneur des Staates Deseret, von der U.S. Regierung in Utah-Territorium umbenannt (bis 1857).

Seine sozialen und ökonomischen Pläne sind in abgewandelter Form beispielhaft für viele unserer heutigen Lebensformen und haben sich über Zeiten der Anfechtung und Verspottung bei den Mormonen bis heute bewährt.

Brigham beherrschte meisterlich den beißenden Spott. Es wird berichtet, daß sich die Heiligen mehr vor seiner geißelnden Stimme als vor irgendeiner anderen Strafe fürchteten. Im Privatleben war Young gemütlich, der auch Tanz, Musik und Theater zu schätzen wußte.

Der „Löwe des Herrn" starb am 29. August 1877 im Lion's House in Salt Lake City. Er hatte, eingedenk der Wirren beim Tode von Joseph Smith, seinen Nachfolger bestimmt und seine Glaubensbrüder nicht in einem Chaos zurückgelassen, so daß am begonnenen Werk ohne Unterbrechung weiter gearbeitet werden konnte.

Im Jahre 1896 ist Utah als Bundesstaat in den Verband der Union integriert worden.

Literatur-Hinweis

Anderson, Charles B.
Outlaws of the Old West, 1973
Barnard, Edward S.
Story of the Great American West, 1977
Breihan, Carl W.
The Bandit Belle, 1970.
Brooks, Juanita
John D. Lee, 1972
Brown, Dee
The Westerners, 1974
Coates, Robert M.
The Outlaw Years, 1930
Coble, John C.
Life of Tom Horn, 1964
Crosby, Alexander L.
Steamboat up the Colorado (Joseph Christmas Ives), 1965
Croy, Homer
He Hanged Them High (Judge Parker), 1956
Drago, Harry Sinclair
Road Agents and Their Robbers, 1973
Great American Cattle Trails, 1959
Elman, Robert
Badmen of the West, 1975
Garrett, Pat F.
The Authentic Life of Billy the Kid, 1959
Gautt, Paul H.
The Case of Alfred Packer, 1952
Gish, Anthony
American Bandits, 1938
Goetzmann, William H.
Army Explorations in the American West, 1803—1863, 1965
Horan, James D.
The Gunfighters — The Authentic Wild West, 1976
Johnson, Allan
Dictionary of American Biography, Vol. I—XI, 1964
Kelly, Charles
The Outlaw Trail, 1959

Kügler, Dietmar
Sie starben in den Stiefeln, 1976
Der Sheriff, 1977
Lake, Stuart N.
Wyatt Earp, 1931
Lockridge, Ross F.
George Rogers Clark, 1927
Newark, Peter
Illustrated Encyclopedia of the Old West, 1980
O'Connor, Richard
Bat Masterson, 1957
Wild Bill Hickok, 1959
Richardson, Albert D.
Beyond the Mississippi, 1867
Rywell, Martin
Samuel Colt, 1952
Sabin, Edwin
With Carson and Fremont, 1912
Smith, Arthur D.
John Jacob Astor, 1929
Sonnichsen, C. L.
Roy Bean, Law West of the Pecos, 1958
Stewart, George R.
Ordeal by Hunger, 1936
Tilghman, Zoe A.
Marshal of the Last Frontier, 1964
Webb, Walter Prescott
The Texas Rangers, 1935
Yost, Nellie Snyder
Buffalo Bill, 1979
u.a.m. wie Artikel, Zeitungsberichte, Dokumente und Manuskripte

Außerdem möchte der Autor folgenden Institutionen für ihre bereitwillige Unterstützung danken:

German-American Westerners Association e.V. (Memmingen);
Historische Gesellschaften (Weststaaten der USA);
Little Big Horn Association;
Time-Life International;
United States Information Service.